From the library of

SOPHENE

Published by Sophene 2020

Aristakes Lastivertc'i's History,
first translated into English by Robert Bedrosian in 1985.

A searchable, digital copy of the English translation can be accessed at:

https://archive.org/details/AristakesLastivertsisHistory

www.sophenebooks.com
www.sophenearmenianlibrary.com

ISBN-13: 978-1-925937-55-8

ՊԱՏՄՈՒԹԻՒՆ ԱՐԻՍՏԱԿԻՍԻ ԼԱՍՏԻՎԵՐՏՑԻՈՅ

ՏՊԱՐԱՆ
ԾՈՓՔ
Լոս Անճելըս

ARISTAKES LASTIVERTC'I'S HISTORY

IN CLASSICAL ARMENIAN
WITH AN ENGLISH TRANSLATION BY
ROBERT BEDROSIAN

SOPHENE BOOKS
LOS ANGELES

*Dedicated to the memory of my aunt
Sahakanush (Mary) Der Bedrosian.*

GLOSSARY

Avan (*աւան*), a village, town or district.

Azat (*ազատ*), (lit. freeman), a member of the Armenian nobility ranking below nakharars.

Azatagund (*ազատագունդ*), a military regiment composed of azats.

Dahekan (*դահեկան*), a unit of mass, or a corresponding unit of currency.

Dev (*դեւ*), spirirs (good or evil).

Sepuh (*սեպուհ*), a junior class of Armenian nobility.

Shahastan (*շահաստան*), a large, commercial city or the capital of a province.

TRANSLATOR'S PREFACE

Aristakes Lastivertc'i was an eleventh century Armenian cleric and historian. His History (Regarding the Sufferings Occasioned by Foreign Peoples Living Around Us) was written between 1072 and 1079, and describes the events of 1000-1071, including information on Byzantine-Armenian relations, the Saljuq invasions, and the T'ondrakac'i movement in the Armenian Church. The work opens with a poetic summary of the disasters befalling the Armenian people in the eleventh century. Subsequent chapters describe Byzantine attempts to subjugate the Armeno-Georgian district of Tayk'/Tao (1000-1022); conflicts and cooperation among Armenian and Georgian princes; and the Saljuq invasions from 1047 to the capture of the city of Ani (1064) and the battle of Manzikert (1071). His information confirms and supplements what is known from Byzantine, Arab, and Iranian sources.

Little is known about the author of this work. The village of Lastivert whence he hailed, is believed to have been located near the city of Arcn in the district of Karin/Erzurum. It is clear that he was well-versed in the Bible, which he cites frequently. His religious worldview leads him to attribute everything to God's design, and makes him blame the Armenians for the massacres committed against them by the Byzantines and Saljuqs. Unlike earlier Armenian historians, Aristakes had no patron and was not writing a eulogistic account of the role of a particular noble family in Armenia's history. Rather he was a patriotic historian who heaps scorn on those clerical and lay Armenian lords whose actions he considered detrimental to Armenia's national church and to the preservation of Armenian states. The History displays equal aversion to Armenia's foreign overlords, Byzantine and Saljuq.

The present translation was completed in 1978. It was made from the critical edition of the classical Armenian text, published by Yuzbashyan.[1] A full bibliography by Anasyan is contained in Yuzbashyan's edition. Additional bibliography is available in a French translation by Canard and Berberian[2], as well as in Yuzbashyan's article in the Armenian Review[3] and Toumanoff's article in The Cambridge Medieval History[4]. For a fascinating description of the history and subsequent fate of the Tondrakians (Armenian dissidents descended from the earlier Paulicians), see Moosa (1988)[5]. For a discussion of the Saljuq invasions see Volume 5 of The Cambridge History of Iran[6]; for Armenia in particular, see Bedrosian (1979)[7]. This translation uses a modification of the Hübschmann-Meillet-Benveniste transliteration for Armenian.

Robert Bedrosian
New York, 1985

TRANSLATOR'S PREFACE
BIBLIOGRAPHY

1. Yuzbakshyan, K. N. (1963). Patmut'iwn Aristakisi Lastivertc'woy. Erevan.

2. Canard, M., & Berberian, H. (1973). Recit des malheurs de la nation armenienne. Paris.

3. Yuzbakshyan, K. N. (1979). The Daylamites in the History of Aristakes Lastivertc'i. Armenian Review, 31, 378-384.

4. Toumanoff, C. (1966). Armenia and Georgia. In J. M. Hussey (Ed.), The Cambridge Medieval History, Volume IV (pp. 593-637). Cambridge University Press.

5. Moosa, M. (1988). Elements in the beliefs of Kizilbash Kurds. In M. Moosa (Ed.), Extermist Shiites: The Ghulat Sects (pp. 432-563). Syracuse University Press.

6. Boyle, J. A. (1968). The Cambridge History of Iran, Volume 5: The Saljuq and Mongol Periods. Cambridge University Press.

7. Bedrosian, R. (1979). The Turco-Mongol invasions and the lords of Armenia in the 13-14th centuries. Columbia University, New York, NY.

ARISTAKES
LASTIVERTC'I'S
HISTORY

ԳԼՈՒԽ Ա

Ժամանեցին մեզ աւուրք չարչարանաց,
Եւ գտին զմեզ նեղութիւնք անհնարինք.
Քանզի լցեալ զեղաւ չափ մեղաց մերոց,
Եւ ել աղաղակ մեր առաջի Աստուծոյ:
Ապականեաց ամենայն մարմին զճանապարհս իւր,
Եւ երկիր լցաւ յանաւրէնութենէ.
Արդարութիւն նուազեաց, եւ անառակութիւն յաճախեաց,
Ժողովուրդ եւ քահանայ ստեաց Աստուծոյ.
Որոյ աղագաւ ազգք աւտարածնաց
Աւտարացուցին զմեզ ի բնակութենէ մերմէ,
Եւ դարձան փառք մեր յապականութիւն:
Տունչ ի մեզ ոչ մնաց,
Եւ կորեաք ի հատման յուսոյ մերոյ.
Զորացաւ մահ եւ եկուլ,
Եւ դժոխք շատ ասել ոչ կամեցան.
Ամենեցուն յարձակեցան ի մեզ ձեռք,
Եւ յանգման յաւուրս մեր ժամանակ ոչ ծանեաւ
Զմնացորդս պատուհասին վճարմամբ անցելոց:

Յաջորդք ի յաջորդաց փոխանակեցին,
Եւ նուազեաց արդիւն արծարծիչ շնչոյ կենդանութեան:
Հաստատունք յաշխարհի ի պանդխտութեան իւրեանց
Պանդխտեցան երկրորդ անգամ եւ եղեն վտարանդիք
Ի ձեռանէ պանդխտաց ապստամբաց.
Ի սիրելեաց քակտեալք զորս ոչ սուր սատակեաց
Ցրուեցան զաւրէն աստեղաց մոլորական կոչեցելոց.
Յոր յաւուրս մեր զարթեան պատերազմունք ի չորից կողմանց՝
Յարեւելից սուր, յարեւմտից սպանումն,
Ի հիւսիսոյ հուր, ի հարաւոյ մահ.
Բարձան ուրախութիւնք յերկրէ,
Լռեցին ձայնք քնարաց,
Լռեցին բմբիւնք թմբկաց,
Բարձրացան աղաղակք լալեաց...

CHAPTER I

Days of torments came to us,
Unbelievable troubles found us,
Because the measure of our sins, having filled up
Overflowed, and our cry arose before God.
Everyone sullied his own road,
And the country was filled with impiety.
Justice declined, and licentiousness increased.
The people and the priests broke their word to God.
For this reason, foreign peoples
Alienated us from our habitation
And turned our glory to ruin.
No breath remained within us
And we became lost through our despair.
Death grew strong and swallowed [us].
Nor did hell wish to say "Enough!"
Everyone attacked us,
And in our dying days there was no time
[To be healed] from the agonies we had already borne.

Thus were successors replaced by successors.
And the animating breath of life was reduced.
Those who were settled in the land,
Migrated a second time, in their exile,
And were banished by rebellious exiles.
Those who were torn from their loved ones,
If not slain by the sword, were dispersed like erratic stars.
In our day, wars sprung up on all sides:
Sword in the East, killing in the West,
Fire in the North, and death in the South.
Joy at the country vanished.
Sounds of the lyre were silenced,
Beatings of the drum were silenced,
And cries of woe arose...

CHAPTER I

Եւ այսորքիկ այսքան. բայց ժամ է մեզ ի գլուխ պատմութեանս ընթանալ, եւ աստի սկիզբն առնել, որպէս զի դիւրածան լիցի մեզ բանս:

Եւ եղեւ յետ մահուան Դաւթի Կիւրապաղատի, որ էր այր հզաւր եւ աշխարհաշէն, մեծապարգեւ եւ աղքատասէր, որ էրարդար եւ սահման խաղաղութեան. քանզի յաւուրս նորա հանգչէր ամենայն մարդ, ըստ մարգարէութեանն, ընդ որթով իւրով եւ ընդ թզենեաւ: Իսկ զկնի մահուան նորա խաղաց ինքնակալ թագաւորն Հոռոմց Վասիլն՝ ի քսան եւ հինգերորդ ամի թագաւորութեանն իւրոյ ծանր զինու. եւ դէմ եդեալ գայ հասանէ յԵկեղեաց գաւառ, զանց արարեալ զբազում աւթեւանաւք: Եւ ընդառաջ ընթանան նմա ազատագունդ զաւրքն Տայոց, եւ առատատուր պարգեւաւք մեծարեալ ի նմանէ իւրաքանչիւր ոք ըստ արժանեաց՝ յիշխանութիւն, ի պատիւ, ի գահ ժամանեալ՝ ցնծացեալ բերկրեցան յոյժ: Բայց կատարեցաւ առ նոսա մարգարէութիւն հոգերգողին Դաւթի, թէ «Ընդ առաւաւտս որպէս դալարի բուսցին, ընդ առաւաւտս որպէս դալարի զուարճասցին եւ ծաղկեսցին. ընդ երեկոյս թարշամեսցին, չորասցին եւ անկցին»:

So much for such things. Now it is time for us to turn to the history [of these events] and to begin right from this point so that our words are intelligible to you.

Dawit' the Curopalate[1] was a mighty man, a builder of the world, very honorable, a lover of the poor, indeed, the definition of peace. For in his day it was as the prophecy states: everyone reposed under his vine and his fig tree. Now after his death, the emperor of the Romans,[2] Basil, in the 25th year of his reign, came forth with a large army, and reached the Ekegheac' district, having avoided [stopping] at numerous resting places. The cavalry force of Tayk' went before him and everyone was honored by him with generous gifts according to his worth, receiving authority, honor, and station, and was exceedingly happy. However, the prophecy of the psalmist David was fulfilled with regard to them, that "In the morning they bloom like grass, in the morning they flourish and rejoice, in the evening they wilt, dry up, and fall."[3]

---
1 *Dawit' the Curopalate* (990-1000 A.D.).
2 *Romans:* i.e., Byzantines.
3 Psalm 90:5-6.

CHAPTER I

Քանզի թագաւորն անցեալ յաշխարհն Աղաւրի՝ մերձ յամուրն որ Հաւաճիչն կոչի, երեկաւթս առնէ: Եւ ոչ գիտեմ յորպիսի պատճառանաց ընդ միմեանս անկեալ արեւմտական զաւրն, որ կոչի Ըռուզք, եւ ազատագունդն, եւ ի նմին տեղւոջ մեռան յազատացն երեսուն այր ի յոյժ պատուաւորացն: Եւ այս ոչ եթէ առաւիր եւ ի զուր անց ընդ նոսա, այլ քանզի նոքա յաւուր մեծի հինգշաբաթին դեղ մահու խառնեալ ի խորհուրդ պատարագին արբուցին նմա, եւ հեղձամահ արարեալ զերանելի անձն՝ բարձին ի կենացս, ձանձրացեալ կենաւք նորա, վասն առաջիկայ խոստմանցն՝ որ ի թագաւորէն ակն ունէին. վասն այնորիկ Աստուծոյ արդարադատ իրաւունքն՝ ըստ գործոց նոցա հատոյց նոցա: Եւ յայնմ աւրէ եւ այսր ոչ յաջողեցաւ երբէք ազատ ի տանէ Տայոց ելանել, եթէ յերկարեաց զկեանս իւր, այլ վաղահուպ մահու վճարեցան եւ բարձան ի կենաց: Կշտամբեալ յանդիմանէ զնոսա բարձրն Եսայիաս՝ յորս ասէ. «Փոխանակ զի ոչ ախորժեաց ժողովուրդ այդ զջուրն Սելովմայ որ գնայր խաղաղ, այլ կամեցան առնել իւրեանց թագաւոր զՀռասիմ եւ զորդին Տաբէէլայ, վասն այնորիկ այսպէս ասէ տէր. Ես ածեմ ի վերայ ձեր զջուր գետոյն զհզաւրն եւ զյորդն, զարքայն ասորեստանեայց եւ զփառս նորա»: Եւ այսորքիկ այսքան:

For when the emperor was crossing the Aghorhi land, he [decided to] pass the evening near the stronghold called Hawachich'. I do not know what the reasons were, but the western army which was called Erhuzk', and the *azatagund* clashed and 30 of the most honorable of the *azatagund* fell at that very place. This did not happen to them for no reason or in vain; for they had mixed poison into the communion on Good Thursday, and had given it to him [Dawit'] to drink, causing that venerable man to choke to death. [This was] because they had wearied of him, and were interested in promises [made to them] earlier by the emperor. Because of this, the righteous judgment of God requited them in accordance with their deeds. From that day on no *azat* has been able to arise in the House of Tayk'—even if he should manage to live—rather they were met with premature death and were eliminated. The great Isaiah in rebuke to them said, "Because this people have refused the waters of Shiloah that flow gently, and melt in fear before Rezin and the son of Remaliah; therefore, behold, the Lord is bringing up against them the waters of the River, mighty and many, the king of Assyria and all his glory."[4] So much on this matter.

---

4 Isaiah 8:6-7.

CHAPTER I

Եւ ի նմին տեղւոջ գայ հանդիպի թագաւորն Ափխազաց Բագարատ, եւ հայր նորա Գուրգէն, եւ մեծապէս փառաւորէ զնոսա ինքնակալ թագաւորն: Եւ տայ Բագարատայ զպատիւ կիւրապաղատութեան եւ հաւր նորա՝ զմագիստրոսութեան, եւ արձակէ զնոսա խաղաղութեամբ: Եւ ինքն երթեալ անցանէ ընդ Հարք եւ ընդ Մանազկերտ եւ զետող առեալ դառնայ ի վերայ Բարգրեւանդայ եւ գայ ի քաղաքն Ուխթեաց, եւ տիրէ բազում գաւառաց եւ բերդից եւ քաղաքաց: Եւ կացուցանէ ի վերայ նոցա գործակալս եւ դատաւորս եւ վերակացուս. եւ ինքն դառնայ զճանապարհս իւր խաղաղութեամբ, եւ հասանէ ի թագաւորական քաղաքն իւր ի Կոստանդնուպաւլիս: Այս եղեւ ի չորեքհարիւր յիսուն թուականիս եւ դադարեալ երկիրն հանգեաւ ամս չորեքտասան:

Եւ ինքն թագաւորն երթեալ վճարէ զհօգս արեւմտական կողմանն. քանզի տիրէ Բուլղարաց աշխարհին, գաւառաց եւ քաղաքաց նոցա, զոր ի բազում ժամանակաց հետէ ի սկզբան թագաւորութեան իւրոյ՝ անհանգիստ պատերազմաւք ո՛չ կարաց ընդ ձեռամբ առնել. իսկ այժմ պատեհութիւնքն նմա ի դէպ ելանէին: Քանզի որ ունէր զաշխարհն՝ յաղթողն ի պատերազմունս, վախճանեցաւ իւրային մահուամբ. իսկ որդիք նորա՝ քանզի ո՛չ հնազանդեցան միմեանց, անձնատուր եղեալ ելին առ թագաւորն. քանզի «Ամենայն թագաւորութիւն բաժանեալ յանձն՝ ո՛չ կարէ կեալ»: Այս է Բուլղարաց երկրի առնլոյն աւրինակ:

At the same place the king of Abkhazia, Bagarat, and his father, Gurgen, came to meet the emperor, and he greatly glorified them, giving to Bagarat the honor of Curopalate, and to his father that of Magister, and dismissed them in peace. Then he himself went and crossed through Hark' and Manazkert, halted, then turned upon Bagrewand and came to the city of Uxtik'. He ruled numerous districts, fortresses and cities. He set up officials, judges and overseers in them. Then he went on his way in peace, reaching his royal city of Constantinople. This transpired in the year 450 [1001 A.D.], and then the country rested for 14 years.

Now as for the emperor himself, he went and concerned himself with [matters in] the western parts, for he had mastered the land of the Bulgars, their districts and cities which for a long time following the commencement of his reign, [waging] uneasy wars, he had been unable to get under control, But now favorable opportunities presented themselves, for the one who had held the land, [a man] victorious in warfare, had died, while his sons, because they did not reconcile themselves one with the other, surrendered, going to the emperor. For "A kingdom divided against itself cannot stand."[5] Such was the case with the country of the Bulgars.

---

5 Mark 3:24.

CHAPTER I

Իսկ թագաւորն զորդիս Բուլղարաց բռնակալին հանեալ ի ժառանգութենէ իւրեանց զարմաւք եւ ազգաւ, եւ տայ նոցա տեղիս յաշխարհին Հոռոմց. իսկ զզաւրսն աշխարհին՝ խաբանաւք ի մի վայր ժողովէ, որպէս թէ պարգեւս տալ նոցա, եւ գրով զհամար նոցա կալեալ՝ առաքէ զնոսա յարեւելս անդառնալի եկիւք որք եկեալ զաշխարհիս յաւեր դարձուցին: Վա՜յ նոցա գալոյն յարեւելս, եւ վա՜յ ուր նոքա անց եւ դարձ արարին. ահա ազգ չար եւ անողորմ, ազգ դառնասիրտ եւ հարկանաւղ. ի դէպ է ասել առ նոսա զմարգարէական ողբսն. «Առաջ նորա դրախտ փափկութեան, եւ վերջ նորա դաշտ ապականութեան»: Եւ այսոքիկ այսքան. բայց մեք ի կարգ պատմութեանս դարձցուք:

Յամի չորեքհարիւրերորդի վաթսներորդի չորրորդի թւականիս մերոյ՝ մեռաւ թագաւորն Ափխազաց Բագարատ, եւ թագաւորէ Գէորգի որդի նորա ընդ նորա. առ որ գրէ ինքնակալ թագաւորն Վասիլ հրովարտակ, որ ունի աւրինակ զայս. եթէ՝ Զոր ի Կիւրապաղատին բաժնէ ետու հաւր քում ի պարգեւ՝ թո՛ղ, եւ քո հայրենեացն միայն լեր իշխան: Իսկ նա ո՛չ առնու յանձն. այլ ի մանկական տիսն հպարտացեալ՝ զընդդէմսն առնէ պատասխանի, եթէ՝ Զոր իմ հայրն կարեալ է իշխանութեամբ, յայնմանէ եւ տուն մի չտամ ումեք: Իսկ ինքնակալին լուեալ զայս, զաւր առաքէ բռնութեամբ տիրել աշխարհին: Որոց ընդդէմ եկեալ քաջացն Տայոց՝ մաւտ ի մեծ աւանն Ուխթեաց, ի փախուստ դարձուցին զզաւրս Հոռոմց. բայց քաղաքին եւ այլ շինանիստ տեղեացն՝ չմեղան ինչ: Այս եղեւ սկիզբն կործանման տանն Տայոց:

Now the emperor removed the sons of the Bulgar tyrant from their inheritance, clan and family, and gave them places of habitation in the land of Byzantium. Then he treacherously assembled in one place all the troops of that land as if he were going to give them gifts and record their numbers, but then sent them without [chance of] return to the East. They came and ruined the land. Alas their coming to the East, and woe to the place where they moved about! Lo, [they were] a wicked and merciless people, a hard-hearted, assaulting people. This prophetic lament may appropriately be recited about them, "The land was like the garden of Eden before them, but after them, a desolate wilderness."[6] We have said enough about this. Let us return to the course of our narration.

In the year 464 of our era [1015] Bagarat, [king] of Abkhazia, died and his son, Georgi, succeeded him [1014-1027]. The emperor Basil sent him an edict which read as follows: "Abandon [those territories] which I gave to your father out of the Curopalate's portion as a gift, and be prince solely over your patrimony." But [Georgi] did not consent to this; rather, taking pride in his youth, he wrote a contrary reply: "I shall not give anyone even one single House [from the territory] over which my father held sway." Now when the emperor heard this, he sent an army to forcibly master the land. The braves of Tayk' came forth to resist [this army] near the great Uxtik' *awan*, and they put the Byzantine army to flight, but in no way did they harm the city or other cultivated places. Yet this was the beginning of the destruction of the House of Tayk'.

---

6 Joel 2:3.

ԳԼՈՒԽ Բ

Յայնմ ժամանակի էր եւ Հայոց աշխարհին թագաւոր Գագիկ որդի Աշոտոյ, եղբայր Սմբատայ եւ Գուրգենայ, ի ցեղէն Բագրատունւոյ, այր հզաւր եւ յաղթաւղ ի պատերազմունս. սա ի խաղաղութեան կալաւ զաշխարհս Հայոց: Ի սորա ժամանակս պայծառացան կարգք եկեղեցւոյ, եւ լուսաւորեցան մանկունք ուխտի սրբութեան. ի սորա աւուրս «Լցաւ երկիր գիտութեամբ տեառն՝ իբրեւ զջուրս բազումս որ ծածկեն զծովս:» ըստ մարգարէին կանխաձայնութեան: Քանզի ունէր զաթոռ հայրապետութեան տէր Սարգիս, սնեալ սրբութեամբ ի ծոց եկեղեցւոյ եւ վարժեալ կրաւնաւորական ճգնութեամբ ի կրաւնաստանն՝ որ կոչի Սեւանայ կղզի. զոր շնորհիւն Աստուծոյ կոչեն ըստ արժանաւորութեան. եւ նստուցանեն յաթոռ մերոյ Լուսաւորչին. որ նորին կարգաւքն քաղաքավարեալ ի մարմնի, բարի հանդիսիւք աւարտեաց զկեանս իւր:

Եւ էին յայնմ ժամանակի վարդապետք՝ Սարգիս եւ Տիրանուն եւ Յենովք, որ կաթուղիկոսարանին էին վարդապետք. եւ Սամուէլ, որ Կամրջացն Ձորոյ վանացն առաջնորդութեամբ հովուէր. եւ Յովսէփ որ Հնձուց վանացն էր նախագահ. եւ Ստեփաննոս Տարաւնացին որ զաշխարհապատում գիրսն շարագրեաց սքանչելի յաւրինուածովք, սկսեալ ի մարդն առաջին եւ գայ բովանդակէ զպատմութիւն իւր ի վախճան Գագկայ, վասն որոյ պատմութիւնս է. եւ Յովհաննէս ի նոյն գաւառէ, զոր վերադիր անուամբ Կոզեռն կոչէին, որ զհաւատոյ գիրսն գրեաց. եւ Գրիգոր յոյժ իմաստունն բանիւք. եւ այլք բազումք, յորոց աւուրս բարձրանայր յոյժ եղջիւր եկեղեցւոյ ուղղափառ խոստովանութեամբ: Իսկ որք խէթ աչաւք հայէին ի մեզ, ի սոցա վարդապետական հանդիսիցն կորակնեալք իբրեւ զմկունս ի ծակս որմոց սողոսկեալ մտանէին: Եւ այսորիկ այսքան:

CHAPTER II

In that period the king of the land of Armenia was Gagik,[7] son of Ashot, brother of Smbat and Gurgen, from the Bagratid clan, a man mighty and successful in warfare. He had kept the land of Armenia in peace. In his day the orders of the Church shone forth, and priests of the Holy Oath [the Church] were illuminated. In his time it was as the prophet predicted: "The earth was full of the knowledge of the Lord as the waters cover the sea."[8] For the patriarchal throne was occupied by lord Sargis who had been nourished with holiness in the bosom of the Church and schooled in religious asceticism at the monastery called Sewan island. By the grace of God, they summoned [Sargis] in accordance with his merits, and seated him on the throne of our Illuminator. [Like Gregory the Illuminator, Sargis], having spent his life doing good deeds, ended his life.

At that time there were [many noteworthy] *vardapets* [such as] Sargis, Tiranun and Yenovk' who were *vardapets* at the Catholicosate; Samuel, who directed the monastery of Kamrjac' Jor; Yovsep', the primate of Hnjuc' monastery; Step'annos Taronac'i, who wrote a history of the world in a marvelous style, beginning with the first man and concluding with the death of Gagik, about whom this [present] history is concerned; Yovhannes from the same district [Taron] who was nicknamed Kozerhn, who wrote a book on the faith; and Grigor an exceedingly learned man, and many others, who in their time greatly elevated the horn of the Church with orthodox confession. Those who look upon us with distrust [would be] humiliated by the doctrinal works of these [scholars] and [should] crawl into holes in the walls like mice. Enough on this matter.

---

7 Gagik I, 989-1020.
8 Isaiah 11:9.

CHAPTER II

Իսկ թագաւորն Գագիկ յերկար ժամանակաւ վարեալ զթագաւորութիւնն, եւ բարի յիշատակաց արժանի լեալ, ի խորին ծերութեան լուծանէ զկեանս իւր. եւ պայազատեն զիշխանութիւնն որդիք նորա Սմբատ՝ զոր Յովհաննէս կոչէին, եւ Աշոտ նորին հարազատն: Եւ էր Սմբատ մարմնով հարստի եւ յոյժ թանձր, բայց իմաստութեամբ ասեն առաւել գոլ քան զյոգունս. իսկ Աշոտ բարեկարգ ունելով զդիրս մարմնոյն, քաջասիրտ եւ պատերազմասէր գոլով: Սոքա ընդ միմեանս անկեալք հակառակութեամբ վասն բաժնից երկրին՝ կարաւտացան իրաւանց եւ դատաստանի: Որոց եկեալ թագաւորնԱփխազաց Գէորգի՝ ի խաղաղութիւն համոզեաց զնոսա. եւ տայ բաժին երկանուանն Սմբատայ՝ զամուրն Անի եւ որ շուրջ զնովաւ գաւառք, վասն անդրանկութեանն. իսկ Աշոտոյ զներքին կողմն աշխարհին՝ որ հայի ի վերայ Պարսից եւ Վրաց: Եւ հաւանեալ Սմբատ դարձաւ ի քաղաքն իւր. եւ ի ճանապարհին իջեւանս աւարեալ վասն ծանրութեան մարմնոյն, յանհոգս ննջէր. իսկ մի ոմն յիշխանացն ի կողմանէն Աշոտոյ՝ ի դատ կացեալ առաջի Գէորգէ, ասէ՝ թէ «Շատիկ իմ բնական տեղի է, զոր անիրաւաբար տարաւ յինէն Սմբատ»:

Now king Gagik reigned for a long time and died in hoary old age, being worthy of a fine remembrance. [Gagik's] sons, Smbat, who was called Yovhannes, and his brother Ashot, inherited his principality. Smbat was physically large and quite fat, but they say that he was more learned than many; while Ashot was handsome, stout-hearted and warlike. They fell into disagreement with each other regarding the division of the country, and stood in need of laws and judgment. So Georgi, king of Abkhazia, came and reconciled them. He gave to the doubly-named Smbat as his share the stronghold of Ani and the districts surrounding it, on account of [Smbat's] seniority. He gave the lower part of the land, facing Persia and Georgia, to Ashot. Smbat accepted this and was returning to his city. On the way, he dismounted to spend the night because of the weight of his body, and he slept unconcernedly. Now a certain one of the princes on Ashot's side came before Georgi for judgment, saying: "Shatik, which Smbat unjustly took from me, is my own place."

CHAPTER II

Զոր լուեալ Գէորգէ, մեծաասատ ցասմամբ ի բարկութիւն բրդեալ՝ զաւրս առաքեաց զկնի նորա. որք եկեալ հեղան յանկարծուստ ի վերայ նորա, եւ նա վասն ծանրութեան մարմնոյն ոչ կարաց նստել յերիվարն: Իսկ իշխանքըն որ զհետ նորա, քաջապէս ի փախուստ դարձեալ՝ բազում կոյտս դիականց զհետ մտելոցն ի ճանապարհին կացուցանէին մինչեւ ի դուռն Անւոյ: Եւ անտի դարձեալ, զեկեղեցիս կաթուղիկոսարանին ի զարդուց կապուտ կողոպուտ արարին. եւ զբեւեռս խաչիցն. հանեալ՝ նախատանաւք ասէին՝ թէ Տանիմք եւ ձիոցն լուսին առնեմք. զոր ի դիպող ժամու հատոյց նոցա արդարադատն Աստուած ի ձեռն Հոռոմց, զոր յիւրում տեղւոջն ասասցուք: Իսկ զԱմբատ կալեալ տարան առ Գէորգի, զոր հրամայեաց ունել ի պահեստի. եւ ապա առեալ երիս բերդս՝ արձակեաց զնա:

Իսկ Աշոտ՝ վասն զի որ շուրջ զսահմանաւ նորա մեծամեծք էին, զբազումս ի տեղեաց նորա տարեալ էին անիրաւաբար, առ որս ոչ կարաց համբերել. վասն որոյ թողեալ զաշխարհն՝ երթեալ հասանէ ի դուռն թագաւորին Հոռոմց. եւ հաճոյ եղեալ նմա՝ խնդրէր զաւրս յաւգնականութիւն, եւ առեալ գայ անցանէ յաշխարհն իւր: Եւ յաջողեալ նմա յԱստուծոյ, տիրէ բազում գաւառաց եւ բերդից. եւ զաւրանայ քան զամենեսեան, որ յառաջ քան զնա էին. մինչ զի բազումք ի մեծամեծացն՝ զհայրենի տեղիս իւրեանց ի նա թողեալ, նմա զանձինս կամաւք ի հնազանդութիւն ետուն: Մինչեւ ցայս վայր պատմութիւնս մեզ հեշտալի է:

When Georgi heard this, greatly angered and enraged he sent a force after [Smbat]. They came and pounced upon him unexpectedly. But because of his great physical weight, [Smbat] was unable to mount a horse. Now the princes who were with [Smbat] quickly took to flight, but their pursuers littered the road all the way up to the gate of Ani with corpses. [The pursuers] then turned back, stripped and plundered the adornments of the churches of the *Catholicosate*, unnailed the crosses, and said insultingly: "We shall take and make horseshoes [from them]." But at the appropriate time righteous God punished them by means of the Byzantines, as we shall relate in [the proper] place. As for Smbat, they took him to Georgi who ordered that he be put in prison. But then, having taken three fortresses from [Smbat], he released him.

Now because there were grandees in the environs [of Ashot's holdings] they unjustly took many places from him. He was unable to bear this, and so left his land and went to the court of the Byzantine emperor. Since he pleased him, [Ashot] requested auxiliary troops. He took them and came to his own land. God helped him to master many districts and fortresses and to grow stronger than all who had come before him. So much so, that many of the grandees left their patrimonial places to him and voluntarily submitted to him. Up to this point the narration is pleasing.

CHAPTER II

Իսկ ի չորեքհարիւր վաթսուն եւ եաւթն ամի թուականիս մերոյ՝ առաքէ ինքնակալ թագաւորն զնիկոմիտացի իշխան ոմն, որ եկեալ մարդահարկ արկանէ յերկրիս. եւ ժողովեալ բազմութիւն մարդկան՝ սկիզբն առնէ վերստին շինելոյ զԹէոդոսուպաւլիս:

Եւ ի չորեքհարիւր վաթսուն եւ ութ թուականին՝ ձեռնադրի տէր Պետրոս ի կաթողիկոսութիւն առ կենաւքն տէր Սարգսի: Եւ ի չորեքհարիւր եաւթանասուն թուականին՝ դարձեալ խաղայ ինքնակալ թագաւորն ծանր զաւրու եւ գայ յարեւելս: Եւ եկեալ իջեւանս առնէ յընդարձակ դաշտն Կարնոյ. եւ առաքէ դեսպանս առ Գէորգի վըրաց իշխեցաւղն, գալ ինքեան ի հնազանդութիւն: Քանզի եւ եպիսկոպոս ոմն վրացի ազգաւ՝ որ նստէր ի քաղաքն Վաղարշակերտ, երթեալ թագաւորին ընդառաջ, վստահութիւն տայր բանից, թէ «Յորժամ յԵկեղեաց կամ ի Կարին ելանես, քեզ ընդառաջ գայ»: Եւ նա նորա բանիցն հաւատացեալ, եւ յայն ապաստան՝ մնայր նորա գալստեանն աւթեւանէ յաւթեւանս փոխելով: Այլ նա ոչ առնոյր յանձն գալ ի կոչ թագաւորին. քանզի բազումք ի նորայնցըն ահ արկանէին նմա, թէ «ի տեսանելն զքեզ՝ կամ մեռանիս, կամ արգելական առնէ, եւ ոչ ժամանես ի քո պատիւն»:

In 467 of our era [1018] the emperor [of Byzantium] sent a certain Nicomedian prince who came and placed a capitation tax on the country, and, assembling a multitude of men, began reconstructing Theodosiopolis.

In 468 [1019] lord Petros[9] was ordained Catholicos during the lifetime of lord Sargis. And in 470 [1021] once more the emperor came to the East with a large army. He came and encamped in the large plain of Karin, and sent emissaries to Georgi—who was ruling the Georgians—to come to him and submit. For a certain bishop of Georgian nationality who resided in the city of Vagharshakert, had gone to the emperor and assured him that "When you come to Ekegheac' or Karin, [Georgi] will come before you." And [Basil] believed him, and placed his hopes on that [happening]. He awaited [Georgi's] arrival, moving from lodging-place to lodging-place. But [Georgi] did not agree to come at the emperor's summons, for many of his people had frightened him [by saying]: "When he sees you, either you will die, or he will shackle you and you shall not receive your honor."

---
9 *Petros* I Getadardz, 1019-1058.

Իսկ թագաւորն անցեալ ի Բասեան, երկուս եւ երիս պատգամաւորս առաքէ, քանզի յոյժ կամէր խաղաղութեամբ վճարել զիւր ճանապարհորդութիւնն, եւ աշխարհի մնալ ի շինութեան: Ապա ի սպառել պատգամաւորացն, ի բարկութիւն շարժեալ թագաւորն՝ հրաման տայր հրով եւ սրով եւ գերութեամբապականել զմեծ աւանն՝ որ կոչի Աւկաւմի, եւ որ շուրջ զնովաւ գիւղք եւ ագարակք որ ի բաժնին էին. զորոյ զգերիսն առեալ, հրաման տայ խաղացուցանել ի գաւառն Խաղտեաց, եւ ինքն դէմ եդեալ անցանէ ընդ Բասեան, եւ հասանէ ի գաւառն Վանանդ, ի Կարմիր Փորակ:

Իսկ Գէորգի դիպաւղ ժամ գտեալ՝ հասանէ ի վերայ քաղաքին Ուխթեաց, եւ հրամայէ զաւրացն հրով կիզուլ զգեղեցիկ դաստակերտս նորա, եւ յաւարի վարել զինչս նորա, բայց մարդոյ մի՛ ինչ մեղանչել: Իբրեւ լուաւ զայս թագաւորն, եւս քան զեւս ի բարկութիւն բրդեալ՝ դառնայ ի վերայ նորա. եւ պատահեալ զաւրքն միմեանց մերձ ի ծովակն որ կոչի Պաղակացիս, ահագին դղրդմամբ զմիմեանս հարկանէին: Ուստի ի շողալ սուսերացն եւ ի փայլիւն սաղաւարտացն՝ հրոյ փայլատակունք զլերամբն անկանէին, եւ ի կոփիւն սուսերացն կայծակունք հրոյ հատեալ՝ յերկիր անկանէին: Ընդ որս եւ ինքն իսկ թագաւորն նայեցեալ՝ զարմանայր ընդ քաջութիւն պատերազմողացն, զի իբրեւ զյորձանս գետոց ընդ վիմի հարեալ, այնպէս զաւրքն Հոռոմց ընդ նոսա հարեալ՝ ընդ կրունկն դառնային: Յորում տեղւոջ մեռաւ մեծ իշխանն Ըռատ, մաւրից պատահեալ երիվարին՝ ոչ կարաց անցանել. յորոյ վերայ սուր եդեալ սպանին զգովելի անձնն, որ մեծ սուզ հասոյց տանն Տայոց:

Now the emperor, crossing over to Basean, sent messengers [to Georgi] two and three times, since he greatly desired that his journey end in peace and that the land remain in a flourishing state. However, when the sending of messages had ended in vain, the emperor, moved to anger, ordered that the great *awan* [hamlet] known as Okomi and the villages and fields around it and belonging to it be disfigured through fire, sword, and captivity. He ordered the captives to be taken to Xaghteac' district, while he himself crossed Basean and reached Karmir P'orak in the Vanand district.

Now Georgi, having found an appropriate time, went against the city of Uxt'ik' and ordered his troops to scorch its beautiful estates with fire, and to loot its goods, but not to injure a single person. When the emperor heard this he became increasingly enraged, and turned back against him. The two armies met near the small lake called Paghakac'is, and clashed with a frightful roar. The flashing of swords and glittering of helmets sent fiery sparks flying about the mountain, and blazing sparks from the clash of swords fell to the ground. Looking upon this all, the emperor himself was astonished at the bravery of the combatants for, just as the rapids of a river strike against a rock, so did the Byzantine army strike against them, turning them to flight. In that spot the great prince Erhat died, because his horse fell into a swamp, and was unable to pass. They attacked that praiseworthy individual and slew him with swords, [an act] which caused great mourning to the House of Tayk'.

Իսկ Գէորգի զաւրոքն իւրովք երթեալ ամրանայ յամուրն Ափխազաց. եւ թագաւորն ընդ չորս կողմանս աշխարհին զաւրս առաքէ, ասպատակս արձակէ, պատուէր տայ մեծաասաստ հրամանաւ մի՛ ողորմել ծերոյն եւ մի՛ երիտասարդին, մի՛ տղային եւ մի՛ հասակաւ կատարելոյն, մի՛ առն եւ մի՛ կնոջ, եւ մի՛ ամենեւին ամենայն հասակի. եւ այսու ձեռնարկութեամբ քանդեալ ապականէ զաւառս երկոտասան։

Յորս էր տեսանել տեսութիւն ողորմելի եւ բազում արտասուաց արժանի. քանզի բարձրաձեղուն ապարանք արքունաշէն տաճարաց՝ որք մեծամեծ ծախիւք եւ հնարագիտութեամբ ճարտարաց՝ ի սքանչանս տեսողաց եւ ի վայելս ուրախութեան բնակողացն շինեալ էին, հրայրեացք անկեալ կործանեցան, եւ որք նո՛ցին տեարքն՝ առ նմին սրակոտորք։ Աւա՜ղ պատմութեանս, աւա՜ղ չար արարուածին. զիա՞րդ կարացից ես աղքատս գիտութեամբ եւ տխմարս քան զամենեսեան ընդ գրով արկանել զայն ժամու զլեալսն, եւ կամ ողբալ ըստ արժանւոյն զմեր թշուառութիւնս. այսոքիկ Երեմիայի հոգւոյն են, որ գիտէ զողբսն ըստ թշուառութեանն յաւրինել։

Բայց մեք խուն բանիւք զերկայնս զայսոսիկ արձանացուցանեմք զպատմութիւնս ի լուր լսելեաց ազգի՝ որ գալոց է. որպէս զի որդիք որ ծնանիցին՝ յարիցեն եւ պատմեսցեն զայս որդւոց իւրեանց. որպէս զի մի՛ մոռասցին զգործս Աստուծոյ, որ արդար կշռով հատուցանէ ամենեցուն՝ որք խստորին յիրաւանց նորա, ըստ Յոբայ բանիցն. «Հատուսցէ, ասէ, յանդիման ատելեացն իւրոց, եւ ոչ յամեցուսցէ»։

Now Georgi went with his troops and secured himself into the stronghold of Abkhazia. Meanwhile the emperor sent troops to the four directions of the land, commanding them with a wrathful order not to spare either old or young, neither child nor adult, neither man nor woman nor anybody. And in this way he demolished and polluted 12 districts.

It was a pitiful scene there and one worthy of many tears. For the lofty regal palaces which had been constructed with very great expense and with the craft of architects, [creating] wonder in the beholder and joy in the occupants, fell down, gutted by flames, while their lords fell before them, stabbed by swords. Alas this narration, alas, this wicked deed! How can I, poor in wisdom and more ignorant than an one else, put into writing how things were at that moment, or how can I lament our misfortunes in a fitting way? [This task belongs] to the spirit of Jeremiah who knew how to fashion laments to suit the misfortune.

But we are recording these lengthy events in brief for the benefit of the generations coming [after us], so that when children are born and grow up they will relate this to their children so that they not forget the acts of God Who justly requites all that stray from His laws, as Job said: "He shall requite those who hate Him, and not delay."[10]

---

10 Deuteronomy 7:10.

CHAPTER II

Արդ ե՛կ համարեա՛ ինձ զաւրինակն զայն ժամու ա-բարուածին եւ զպատուական եւ զհարկաւոր ալիս ծերոցն ընդ արիւն եւ ընդ ապաժոյժ թաթաւեալ, զերիտասարդսն սրակոտորս, զանթիւ եւ զանհամար զաչացուսն զորոց զլուսարանս խաւարեցուցին: Կարծեմ թէ այսոքիկ ի դէպ անց ընդ նոսա, փոխանակ զի զարքունադրոշմ նշանին բեւեռսն հանեալ ի դուռն սուրբ կաթուղիկէին, նախատա-նաւք ասէին՝ «լուսին առնել երիվարացն». այս իրաւամբք անց ընդ նոսա, եւ որ առ սոքաւք դառն տեսութիւնն: Ազատ կանայք ի հրապարակ ելեալ, եւ զքաւղն ի գըլ-խոցն ի բաց առեալ, անպատկառ ընդդէմ արեւու ի խայ-տառականս անկեալ. եւ որք հետի ոտիւք ի տես հիւան-դաց կամ յուխտի տեղիս հազիւ երթային, այժմ մերկ գլխով եւ ոտամբ առաջի գերչացն գնան, մերկ ի զար-դուց, անկեալ ի պատուոյ, մատնեալ ընդ բիւր անար-գանաւք: Իսկ զկաթնասուն տղայսն, զկէսն ի գրկաց մարցն առեալ զքարի հարկանէին. եւ զայլս ի գիրկս մարցն աշ-տէիւք խոցեալ՝ ընդ կաթն մարցն զարիւն մանկանցն խառնէին. եւ զկէսս ի կիցս ճանապարհացն ընկեցեալ ի սմբակս երիվարացն՝ առհասարակ սատակէին: Ո՞վ Աստուած քո յայնժամ ներողութեանն. ո՞վ թագաւորին անողորմ հրամանատութեանն: Սակայն այսու ամենայնիւ ո՛չ շիջաւ բարկութիւն նորա. այլ տակաւին ձեռն իւր բարձրացեալ է ա՛յլս ի վերայ սորին յաւելուլ չարիս: Եւ այ-սու գործով զքարեշէն երկիրն անմարդի արարեալ՝ յաւեր յամայի կացուցանէր մինչեւ ի գալ ձմերայնոյն:

Come now and tally up for me the numbers [slain] at that time: the venerable, respectworthy elderly who fell, their white hairs stained with blood; the youths stabbed to death with swords, the countless incalculable eyes which were blinded. It seems to me that these things befell them in return for removing the nails of the regal Symbol [the Cross] from the door of the blessed cathedral and saying insultingly, "We shall make horse-shoes out of it." This bitter lesson befell them and those with them, deservedly. *Azat* women, having come forth, their veils removed from their heads, were shamelessly disgraced in the open sunlight. Those who had hardly been able to travel on foot to visit the sick or to go to a place of pilgrimage, now bare-headed and barefoot went before the captors, stripped of adornments, having fallen from honor, and subject to myriad humiliations. Of the suckling babes, some were torn from their mothers' embrace and hurled against the rocks, while others were pierced by lances in their mothers' arms, such that the mothers' milk mingled with the babies' blood. Yet others were thrown down at crossroads, trampled under horses' hooves, and they died, everyone. Oh God, [for] Your forgiveness at that time! Oh the merciless commands of the king! But despite all of this, [Basil's] anger did not fade, rather, he continued to raise his hand and to visit on them yet more evil. And through this deed he made the well-cultivated country devoid of people, a devastated wasteland, until the onset of winter.

CHAPTER II

Բայց ո՛չ գիտեմ որպիսի՛ աւրինակաւ անց ընդ նոսա այս ամենայն՝ եթէ ըստ կարգի խրատու, եթէ վասն առաւելեալ ամբարշտութեանց բնակչաց երկրին, եթէ վասն դժնեայ բարուց արեւմտական զաւրացն ի խուժադուժ ազգաց ժողովելոցն: Իսկ թագաւորն դառնայ ի ձմերոցն ի մարմանդսն Պոնդոսի, եւ իջեալ ի գաւառն Խաղտեաց՝ երեկաւթս առնէ: Որում զհետ եկեալ հայրապետին Պետրոսի՝ հանդիպի նմա յաւուրս Աստուածայայտնութեան մեծի տաւնին, եւ մեծարեալ պատուի ի նմանէ:

Իսկ ի լուսաւորութեան աւուրն, յորում աւրէն է քրիստոնէից թագաւորաց եւ իշխանաց ի բարեպաշտութեան կացելոց՝ զի ընդ առաջնորդս եկեղեցւոյ հաւասարեն զանձինս, եւ հետի ոտիւք ի ջուրս իջանեն, եւ անդ կատարեն զխորհուրդ տէրունական մկրտութեանն՝ արդ ի հանդիպման աւուրն՝ հրամայէ թագաւորն հայրապետին Պետրոսի աւրհնել զջուրն ըստ մերոյ կանոնիս, եւ Հոռոմոց եպիսկոպոսացն, որ անդ դիպեցան՝ ըստ իւրեանց կանոնին: Եւ ի հեղուլ հայրապետին զտէրունական իւղն ի ջուրսն, ցնցուղս լուսոյ ճառագայթից յանկարծակի ծագեաց ի ջուրցն. զոր տեսին առ հասարակ ամենեքեան, եւ փառաւորեցին զԱստուած. եւ բարձրացաւ եղջիւր հաւատոյս մերոյ: Եւ եւս առաւել պատուով մեծարեալ ի թագաւորէն եւ ի սպայիցն հայրապետն Պետրոս դառնայ ի տուն իւր:

I do not know why all of this befell them, whether it was a fitting lesson for the excessive impiety of the country's inhabitants, or whether it resulted from the fierce behavior of the western troops which had been gathered from barbaric peoples. Now the emperor turned to his wintering quarters in temperate Pontus, he encamped in the Xaghteac' district and passed the night. Patriarch Petros followed after him and met him on the great feast-day of the Revelation of God, and was exalted by him.

On the day of the Revelation, the day when the Christian kings and princes are pious, making themselves equal to the directors of the Church, descending to the waters on foot and performing there the sacrament of the Lord's baptism, on that day, the emperor commanded the patriarch Petros to bless the waters in accordance with our [Armenian] canons, while the Byzantine bishops who happened to be there [were to celebrate] in accordance with their canons. When the patriarch sprinkled holy chrism on the water, suddenly rays of light streamed forth from the waters. Everyone saw this and glorified God, and the horn of our faith was raised up. Then, yet more honored by the emperor and the officers, patriarch Petros returned to his home.

CHAPTER II

Բայց անդ եղեւ Հայոց կորստեան գիր եւ նամակ. քանզի Յովհաննէս պատուէր տուեալ էր հայրապետին, եթէ՝ Գրէ գիր եւ տո՛ւր կտակ թագաւորին, զի յետ իմոյ վախճանին՝ զիմ քաղաքս եւ զերկիրս նմա տաց ի ժառանգութիւն. քանզի իւր ոչ գոյր որդի թագակալ թագաւորութեանն. վասն զի որդին նորա Երկաթ վաղ վախճանեցաւ, եւ չժամանեաց ի պատիւ հաւրն: Եւ թագաւորն երթեալ հասանէ ի ձմերոց յառաջասացեալ տեղիսն. եւ զաւրքն զմարդագերին վաճառակուր արարին ի հեռաւոր ազգս:

Ի սոյն ժամանակս փոխի յաշխարհէ սուրբ եւ արժանաւոր հայրապետն տէր Սարգիս, եւ է գերեզման նորա ի Հոռոմոսի վանքն:

But it was there that the destruction of Armenia occurred [through] a written letter. For Yovhannes had ordered the patriarch: "Give the emperor a written will so that after my death he shall inherit my city and country." For he had no royal heir for his kingdom, since his son Erkat'[11] had died prematurely without succeeding to his father's position. The emperor went and reached his wintering place at the aforementioned spot; and the troops sold their captives to distant peoples.

In these very times the blessed and worthy patriarch, lord Sargis, passed from this world. His grave is at Horhomos monastery.

---

11 *Erkat'*: Iron.

ԳԼՈՒԽ Գ

Իսկ ինքնակալն զձմեռոցսն ի գլուխ հանեալ ի մարմանդսն Պոնդոսի, ի հասանել գարնանաբեր ժամանակին, խաղայ դարձեալ նոյն հետայն ի վերայ Տայոց. եւ անցեալ ընդ բազում աւթեւանաւք, գայ բանակի ի գաւառն Բասենոյ: Իսկ բազումք յիշխանացն Հոռոմց, զորս ընդ ժամանակս ժամանակս յայլեւայլ պատճառս ի պատուոյ յիշխանութենէ ընկեցեալ էր թագաւորին, որք իբրեւ առիծունս ի գառագիղս մռնչէին, աստ դիպող ժամ գտեալ՝ ի մի վայր ժողովեցան: Եւ խորհուրդ վատ ի մէջ առեալ, խորհուրդ՝ զոր ոչ կարացին հաստատել, խորհեցան միաբանութեամբ ապստամբել ի թագաւորէն եւ կացուցանել թագաւոր զոր ինքեանք կամիցին: Եւ իբրեւ յայս հաստատեցան, ապա լուսացուցին զխորհուրդսն, յընդարձակ դաշտին բանակ կապեցին. յորում անթիւ բազմութիւն մարդկան ի մի վայր ժողովեցան, եւ սկսան զթագաւորական պատիւն յիրեարս հարկանել:

Եւ ապա միաբանեալ ամենեցուն բուռն հարին զորդւոյն Փոկասայ, զոր Ծռավիզն կոչէին, որ վասն հաւրն մեղանաց ի վաղնջուց հետէ յիշխանութեան պատուոյ անկած էր: Որոյ ոչ հաւանեալ՝ չառնու յանձն. որք ոչ թուլացան ի խնդրոյն, այլ բռնադատեալ հաւանեցուցին մինչեւ յանձն էառ:

CHAPTER III

When springtime came, the emperor, having spent the winter in temperate Pontus, turned back upon Tayk'. Bypassing numerous lodging stops, he came and camped in the Basean district. Now many of the Byzantine princes, who at various times, for diverse reasons, had been deposed from their honor of rule by the emperor, and who [now] were roaring like lions in cages, finding the time appropriate, assembled in one place. They made bad counsel, counsel which they were unable to implement. They planned to unite and rebel against the emperor and to establish whomever they chose as emperor. When they had confirmed this, they embellished the plan and placed an army on the vast plain. A countless multitude of people were assembled in one spot, and they commenced urging the royal honor on each other.

Then, in unity, they all seized the son of Phocas called Crhaviz,[12] who on account of his father's crimes had long since been removed from the honor of princedom. But [Nicephor Phocas] did not consent, and did not want [the office]. Nonetheless, those urging him did not slacken, rather, they forcibly convinced him until he accepted.

---

12   *Crhaviz:* "Crooked Neck"

CHAPTER III

Զոր իբրեւ լուաւ ինքնակալն՝ ի մեծի տարակուսանաց միջի անկեալ կայր, եւ երթեալ ամրանայ յամուրս բերդի միոջ որ կոչի Մազդատ. քանզի հին սովորութիւն է այս տանն Յունաց: Բայց ոչ գիտեմ եթէ աստուածային իրաւունքն են այս, որ չէ պարտ ծառայից ի վերայ տերանց յառնել, եւ եթէ թագաւորին յայնժամ առանձինն բարեշընորհութիւն էր. զայս հաւաստեաւ գիտեմ, եւ աչաւք իմովք տեսի, զի որք յարեան ի վերայ նորա՝ ծիծաղելի մահուամբ ելին ի կենացս: Որպէս յառաջինսն ի սկզբան թագաւորութեան իւրոյ ապստամբեաց ի նմանէ Վարդ որ կոչի Սիկլառոս, եւ տարաւ զՀոռոմս՝ համարեա թէ զբնաւ զամենն զհետ իւր, մինչ զի թագաւորին խնդրել զաւր յաւգնականութիւն ի Վրաց կիւրապաղատէն: Որովք հարեալ զբռնակալն՝ փախստական հանեն յաշխարհէն. որ երթեալ անկանի ի Բաբելովն ի քաղաքն Քաղդէացւոց: Եւ ապա զհետ նորա զնոյն ախտ ախտացաւ նորին անուանակիցն Փոկաս, եւ տիրեաց ամենայն արեւելից ամս եւթն: Որ եւ չորս հազար մարդով միայն անցեալ գիշերի ընդ ծով, ի վերայ անկանի բիւրաւոր զաւրաց ապստամբին, եւ յայնքան բազմութեան ոչ ոք մեռանի, բայց միայն ինքն ապստամբն գլխովին: Զորոյ զգլուխն հատեալ՝ հրամայէ հարկանել փող խաղաղութեան: Եւ ի դադարել պատերազմին՝ իւրաքանչիւր ոք ի զաւրացն դառնան ի տունս իւրեանց. եւ ինքն թագաւորն մեծաւ յաղթութեամբ երթեալ մտանէ ի քաղաքն իւր Կոստանդնուպաւլիս:

As soon as the emperor [Basil] heard about this, he fell into great uneasiness, and went and secured himself into a certain strong fortress called Mazdat, for such was the ancient custom of Greece. However, I do not know whether this is a divine law—that servants must not arise against their lords—or whether the emperor then had some special goodness. But I do know for sure, and saw with my own eyes, that those who arose against him died laughable deaths. The same sort of affair had transpired at the beginning of his reign when Vard [Phocas], called Siklarhos [Scleros] rebelled against him, and took with him almost all the Byzantines, to the point that the emperor [had to] request an auxiliary army from the Georgian Curopalate. With these troops [Basil] struck at the tyrant and made him flee the land. Then [Vard] went to Babylon, the city of the Chaldeans. After [Vard Phocas] his homonymous [relative, Nicephor] Phocas was infected with the same disease, and ruled the entire East for seven years. [Basil] with only 4,000 men crossed the sea at night and attacked the myriad troops of the rebel. No one died of that multitude excepting the rebel himself. Having severed his head, [Basil] commanded that the trumpet of peace be sounded, and all the troops returned to their homes. Then the emperor himself, in great triumph, went and entered his city of Constantinople.

CHAPTER III

Նոյնպէս եւ աստ ոչ ինչ յերկարեցաւ նոցա մանկական խաղուն արարուած, եւ կամ ի վերայ աւազոյ շինուած, որ ի բախել հեղեղացն վաղվաղակի անկեալ կործանեցաւ. քանզի Դաւիթ որ Սեննեքերիմ կոչիւր, որ նեղեալ ի Պարսից՝ տայ զհայրենի ժառանգութիւն իւր զտունն Վասպուրականի յինքնակալն Վասիլ, եւ առնու փոխարէն զքաղաքն Սեբաստիա եւ որ շուրջ զնովաւ գաւառք: Եւ այսոքիկ ոչ հեռի ժամանակաւ, այլ երկու կամ երեք յամաւք առաջ գործեցաւ. եւ յայնմհետէ եւ այսր տիրեցին Հոռոմք արեւելից: Սա յայնժամ, ի խորհուրդ միաբան ապստամբիցն էր, եւ հաւատարիմ առ նոսա. որ յանկարծակի իբրեւ ի քնոյ զարթուցեալ, կամ իբրեւ զհզաւր այր՝ զի թափէ զգինի, տեսեալ զգործսն անպատեհութեան, եւ զի ո՛չ գոյր այլ իւիք հնար խափան առնել չար միաբանութեանն, ապա ի միում աւուր յեղակարծ ժամու՝ առնուն զոր թագաւորն անուանեցին, ելին արտաքս ի բանակէն որպէս թէ ի խորհրդական բանից պատեհութիւն. եւ յանկարծակի սուր ի վեր առեալ սպան զնա: Եւ հատեալ զգլուխն եւ տուեալ ցծառայսն իւր՝ փութապէս հասուցանէ առ թագաւորն:

Իսկ ժողովուրդքն՝ ի լինել այսորիկ այսպէս, այր զաւրամբ ելանէին փութապէս զանխլաբար ի տունս իւրեանց հասանել. եւ առժամայն խափանեցան ամենայն խորհուրդք նոցա:

Similarly here, their [the rebels'] childish game was not prolonged, [but was] rather like a structure built on sand which quickly falls into ruin from the blows of a flood. For Dawit', who was called Senek'erim, being harassed by the Persians, gave his patrimonial inheritance, the House of Vaspurakan, to the emperor Basil, receiving in exchange the city of Sebastia and the districts surrounding it. Now these events did not transpire in the distant past, but only two or three years previous. From then on, up to the present, the Byzantines ruled the East. [Senek'erim] at that time was united in counsel with the rebels, and loyal to them. But then suddenly, as a person awakening from sleep, or as a mighty man coming to himself after drunkenness, he realized the impropriety of the deed. And because there was no other way of disrupting the wicked union, one day, at an unexpected hour, he took the one whom they had styled king and went away from the army as if to advise him. Suddenly, pulling out his sword he killed [Nicephor Phocas], beheaded him, gave the head to his servants and had it speedily taken to the emperor.

Now when this happened every one of those assembled scrambled over the next man to quickly, secretly reach his own home. And all of their plans came to nought forthwith.

Իսկ թագաւորն տեսեալ զգլուխ բռնակալին, հրամայէ ի վերայ ձողոյ բարձրացուցանել ի տեսիլ ամենայն բանակին. քանզի էին բազումք ի նոցանէ որ թէպէտ ոտին ընթացիւք զհետ թագաւորին էին, այլ բանիւ եւ խորհրդով ընդ ապստամբին միաբան էին: Զայս առնէ ըստ իւր խորհին իմաստութեանն, որպէս զի տեսեալ զայն՝ ի բաց կացցեն ի նանիր խորհրդոցն, եւ ուղղեսցեն զսիրտս իւրեանց ի հնազանդութիւն թագաւորին:

Յետ այսորիկ իջանէ թագաւորն զաւրաւքն յընդարձակ դաշտն Բասենոյ, եւ առաքէ հեծեալս ի հեթանոսական զաւրացն կալանաւորս ապստամբին Փերսի. եւ ինքն խաղացեալ հասանէ ի սպառուածն Բասենոյ, ի տեղւոջն որ կոչի Սալքորայ, եւ խոր փոսիւ պատնէշ արարեալ շուրջ զբանակաւն՝ դադարէ անդ ամսական աւուրբք կամ եւս առաւելագունիւք:

Իսկ առաքեալքն ի թագաւորէն կալեալ զՓերս եւ զԱնդրոնիկէ զնորուն փեսայն, որ էր համախորհ նորին, եւ ածեալ մինչեւ յամուրն որ կոչի Խաղտոյ Առիճ ի սպառուածն Կարնոյ. Եւ հասեալ յագարակն՝ որ հայի ընդդէմ ամրոցին, իջեւանս արարեալ, եւ յառաջ ածեալ զՓերսն եւ Անդրոնիկոսն՝ հատին զգլուխս նոցա: Քանզի զայն պատուէր տուեալ էր նոցա թագաւորին. վասն զի նոքա յապստամբելն իւրեանց դաշնաւորք եղեն Ափխազին եւ խոստացան մինչեւ յայն տեղի տալ նմա ի բաժին. վասն զի յառաջ ժամանակաւ կալեալ էր զայն Դաւթի Կիւրապաղատի, բայց ոչ իբրեւ զիւր հայրենի ժառանգութիւն, այլ պարգեւք էին այսոքիկ ի թագաւորէն վասն նորա միամիտ հնազանդութեանն:

When the emperor saw the tyrant's head, he ordered it raised aloft on a pole in view of the entire army, for there were many among them who though they followed after the emperor with their feet, nonetheless, in word and thought they were one with the rebels. [Basil] did as he did out of his deep wisdom, so that seeing [Nicephor's head] they would stand clear of such vain plots, and [re]direct their hearts toward obedience to the emperor.

After these [events], the emperor and his troops descended to the large plain of Basen. He sent cavalrymen of the heathen troops to capture the rebel P'ers, while he himself went to the border of Basen, to the place called Salk'ora, dug a deep trench around the army as a barricade, and remained there for a month or longer.

Now those who had been sent by the emperor seized P'ers and his son-in-law, Andronike [Andronicos], who was his partisan. They brought them as far as the stronghold called Xaghtoy Arhich at the border of Karin, and reaching the field which is opposite the stronghold, they camped, and bringing forth P'ers and Andronicos, they beheaded them. For the emperor had so commanded them. [This was because] during their rebellion, the Abkhazes had been allies, and they had promised to give to him [territory] up to that place as his share. For previously that [territory] had been ruled by Dawit' the Curopalate, not, however, as his patrimonial inheritance, but as gifts received from the emperor in return for [Dawit's] loyal obedience.

CHAPTER III

Եւ զի խոստացեալ էր՝ յետ իւր վախճանին զիւր գաւառն տալ ի թագաւորն, նոքա զայն չածէին զմտաւ, այլ առատամիտ ի պարգեւսն լինէին՝ որ չէր իւրեանց։ Վասն այնորիկ անդ հրամայեաց թագաւորն զգլուխս նոցա բառնալ։

[Dawit'] had promised that after his death, his district would be returned to the emperor; but [the conspirators] did not bother about that. On the contrary they generously gave gifts which were not theirs to give. For this reason, the emperor ordered them to be beheaded at that spot.

ԳԼՈՒԽ Դ

Այլ թագաւորն զաւուրսն զորս եկաց ի Սալքորայ, քանզի ե-
րիս բերդս իւրեանց դաստակերտաւքն խնդրէր ի Գէորգէ,
զոր Գուրգենայ տարեալ էր ի բաժնէն Կիւրապաղատին
անիրա-ւաբար, առաքէր առ նմա դեսպանս, եւ քաղցրա-
կան բանիւքգրէր առ նա, թէ Զոր քո չէ հայրենի ժառանգու-
թիւն՝ թո՛ղ,եւ կա՛ց խաղաղութեամբ ի քո բաժնիդ, եւ մի՛
խափան առնէր իմ ճանապարհին որ ի Պարսիկս: Այլ
նա ոչ առնու յանձն. յետոյ առաքէ զԶաքարիա՝ զոր յա-
ռաջ սակաւ մի յիշեցաք, զեպիսկոպոսն Վաղարշուկերտոյ.
որոյ երթեալ եւ հաւանական բանիւք պատրեալ զԳէորգի,
որում յանձն առնու, եւ գրէ առ թագաւորն տալ զոր խնդ-
րէրն. որոյ առեալ զգիրն դարձաւ ուրախութեամբ:

Եւ եկեալ աւրագնաց մի ճանապարհ, ի յիջեւանսն՝
յորաւթեւանս առնլոց էր, փութանակի հասին զկնի նորա
սուրհանդակք ի խնդիր գրոյն, քանզի զղջացաւ անմիտն.
եւ առեալ դարձան անդրէն: Իսկ նա երթեալ հանդիպի
թագաւորին, եւ պատմէ զեղեալսն. ապա հարցանէ թա-
գաւորն վասն զաւրացն, եւ վասն կազմ լինելոյ նոցա ի
պատերազմական հանդէսս: Պատասխանի տուեալ Զա-
քարիայն ասէ, թէ Բազում զաւրս ունի որպէս ոչ այլ ոք,
եւ հզաւրս զաւրութեամբ եւ պատրաստ առ ի պատե-
րազմել: Զոր լուեալ թագաւորին, ի բարկութիւն շարժեալ
ասէ, թէ Եւ դու յապստամբիցն ես եկեալ, ահ արկանես
ինձ: Եւ հրամայէ խաղացուցանել զնա ի Կոստանդնու-
պաւլիս, ասելով. Ե՛րթ դադարեա անդ, մինչեւ ես փախս-
տական ի քեզ եկից: Եւ հրամայէ տարողացն հատանել
զլեզու նորա: Որոյ երթեալ ոչ եւս դարձաւ ի տեղի իւր. այլ
մնաց ի նոյն մինչեւ ցաւր մահուան իւրոյ:

CHAPTER IV

The emperor, during the days he remained at Salk'ora, sent emissaries to [Georgi] and wrote to him using pleasant words, for he was demanding three fortresses with their estates from him, [territories] which Georgi had unjustly expropriated from the Curopalate's portion. [Basil] wrote: "Abandon that which is not your patrimonial inheritance, and dwell in peace in your sector, and do not be an impediment on my road toward Persia." [Georgi], however, did not agree to this. But then [Basil] sent Zak'aria, the bishop of Vagharshakert, whom we recalled a little earlier, who went and deceived Georgi with convincing words. [Georgi] then consented and wrote to the emperor giving him what he requested. [Bishop Zak'aria] took the document and joyfully turned back.

But scarcely had [Zak'aria] gone a day's journey when messengers came in haste to the lodging-place where he was spending the night, to demand the letter back; for the foolish [Georgi] had regretted his action. They took it and left. Now [Zak'aria] went on to the emperor and related to him what had occurred. The emperor inquired about the troops, about their organization and preparedness for war. Zak'aria responded: "[Georgi] has more troops than anyone. He is militarily strong, and ready for battle." When the emperor heard this, moved to anger he said: "You have come from the rebels to terrify me." And he ordered that [Zak'aria] be led off to Constantinople, saying: "Go and remain there until I come to you as a fugitive." But he commanded those taking him to cut out his tongue. [Zak'aria] went and never again returned to his place. No, he remained [in Constantinople] until the day of his death.

CHAPTER IV

Յետ այսորիկ թողեալ թագաւորին զբանակետղ իջեւանին Սալքորայ, խաղայ զաւրաւքն յառաջին տեղւոջն որ կոչի Շղփայ: Զոր իմացեալ Ափխազին, մինչդեռ չեւ էին բանակեալ եւ պատնշաւ ամրացեալ, խորամանկի այսպիսի աւրինակաւ: Գլխաւոր զոմն յիւրոց եպիսկոպոսացն դեսպան առաքէ եւ ինքն զկնի դեսպանին զաւրաւքն զհետ ընթանայ՝ որպէս թէ յանպատրաստից ի վերայ հասեալ՝ զարհուրանաւք զնոսա ի փախուստ դարձուցանիցեն: Որք ելեալ սթափ ձիով՝ այր զընկեր յառաջէր ոչ պատերազմի աւրինակաւ, այլ որպէս թէ յառ յապուռ. որպէս ի հնումն յաւուրսն Յովրամայ՝ Մովաբացիքն ի վերայ Իսրայէլի եկեալ հարան ի սուր դառնութեան, նոյնպէս եւ սոցա հանդիպեցաւ: Վասն զի յանդգնաբար հասեալ ի վերայ երիվարացն, ի զաւրութենէ պակասեալ՝ վասն ծանրութեանն եւ վասն երկաթակուռ զինուցն, եւ վասն արագ եւ յերկար ընթացիցն, որք առժամայն անաշխատ ի մէջ առեալ զնոսա զաւրացն Հոռոմց, կոտորեցին անթիւ բազմութիւն: Իսկ մնացեալքն թագաւորաւն իւրեանց փախստական եղեալ՝ անկան ի յամուրն Ափխազաց. որոց զհետ երթեալ զաւրացն՝ կոտորեցին մինչեւ ի մուտս արեւուն: Ապա հրամայէ թագաւորն զգլուխ սպանելոցն ի մի վայր հաւաքել, եւ առ մի մի բերողացն տալ մի մի դահեկան. որք խոյզ արկեալ ընդ ամենայն սահմանսն՝ զանկելոցն զգլուխսն առաջի թագաւորին ի մի վայր հաւաքէին. զոր հրամայէ ի վերայ ճանապարհին կոյտս դնել ի զարմանս եւ յերկիւղ տեսողացն:

After these [events] the emperor left his camp at Salk'ora and went with his troops to the forward position called Shghp'ay. When the Abkhaz [Georgi] learned about this, since they had not yet encamped or secured themselves with a rampart, he attempted the following wily scheme: he sent one of his bishops as an emissary, then he, with the troops, proceeded after the emissary so that coming upon [the Byzantines] unexpectedly, he could put them to flight in terror. Those who arrived riding spirited horses did not proceed in war formation, but rather as if they were out for looting. It was [then] just as it had been in antiquity, in the days of Yovram when the Moabites having come against Israel were themselves subjected to the sword of bitterness. So now [the Abkhazes] encountered the same [fate]. Although they arrived boldly on their horses, they were exhausted from the weight of their iron weapons, and from the rapid and lengthy journey. Immediately and without trouble, the Byzantine troops surrounded them and killed a countless multitude. The survivors, together with their king, fled to the stronghold of Abkhazia. The [Byzantine] troops who pursued them [continued] killing until sunset. Then the emperor ordered that the heads of the slain be gathered together at one spot, and that everyone who brought a head would be given one dahekan. Searching everywhere they collected the heads of the fallen in one place, before the emperor. He commanded that [the heads] be made into piles and placed along the road, to shock and terrify the beholders.

CHAPTER IV

Յետ այսորիկ իբրեւ ետես Գէորգի զինքն անկեալ յամենայն յուսոյ, ապա աղաչէ զթագաւորն գալ ի խաղաղութիւն: Զոր լուեալ գթացաւ ի նա, եւ գրէ հրովարտակ առ նա աւրինակ զայս. Մի՛ կարծէր, ասէ, թէ յաղթեցի քեզ, աւելի ինչ խնդրեմ ի քէն՝ քան զոր յառաջն. այլ տո՛ւր զիմ հայրենիքն՝ զոր Կիւրապաղատն ինձ տուեալ է, տո՛ւր զքո որդիդ ինձ պատանդ. եւ այլ ընդ իս եւ ընդ քեզ խաղաղութիւն է: Որում հաւանեալ յանձն առնու. եւ թագաւորին իշխանս ի վերայ գաւառին կացուցեալ, բաժանեն տուն առ տուն եւ գիւղ առ գիւղ եւ ագարակ առ ագարակ, որպէս յառաջինսն լեալ էր: Եւ թագաւորին Վասլի առեալ զպատանդսն՝ եւ խոստանայ զկնի երից ամաց դարձուցանել. եւ ինքն խաղացեալ զաւրաւքն պատի զՀայովք, եւ իջանէ բանակի յընդարձակ դաշտն Հերայ. եւ հրամայէ զաւրացն կոտորել զծառատունկս քաղաքին: Իսկ որ քաղաքին իշխանն էր, աղաչէր հարկաւք պաշտել զթագաւորն եւ կալ նմա ի հնազանդութիւն:

Եւ մինչեւ նա յայս խորհրդի էր, քանզի ամենայն աշխարհն Պարսից առ հասարակ զարհուրանաւք պաշարեալ կային յերկիւղի, եւ խնդրէին հնարս փրկութեան, յանկարծակի խտացան ամպովք երկինք եւ յորդութիւնք անձրեւաց յերկիր հեղան. եւ զկնի այնր շնչեաց հիւսիսային կծու հողմ, եւ դարձոյց զանձրեւն ի կարկուտ եւ ի ձիւն եւ ի սառն, եւ թանձրամած իջիւք ծածկեաց զերեսս երկրին. քանզի եւ ժամանակն իսկ ձեռնատու էր այնմ, զի քաջ ի ձմերոց հասեալ էր: Եւ երկարեալ յորդութեան ձեանն, եւ խստութեան սառնամանեացն, ջոկք ձիոցն եւ ջորեացն ընդարմացեալ ոչ կարացին շարժել:

After this, when Georgi saw himself stripped of all hope, he beseeched the emperor to come to terms. Hearing this, [Basil] pitied him, and wrote [to Georgi] an edict having the following import: "Do not think that having vanquished you, I shall demand more from you than previously. Rather, give me the patrimony which the Curopalate had given me, and give me your son as a hostage, and there will be peace between us." [Georgi] consented to this. The emperor set up princes over the district who divided [it up] House by House, village by village, and field by field, just as it had been before. Emperor Basil took the hostages, promising to return them after three years. Then he and his troops circulated around Armenia, camping in the extensive plain of Her. He commanded the troops to cut down the city's orchards. He who was prince of that city beseeched the emperor that [he permit him] to be tributary and subject to him.

While [Basil] was occupied with this proposal—since the entire land of Persia was in terror and quaking and [the people] were seeking some means of salvation—suddenly the sky became thick with clouds, and torrents of rain poured down to earth. Then the bitter north wind blew, turning the rain to hail, snow, and ice, falling heavily and covering the face of the country. This was the time for [such a downfall], since winter had arrived. With the prolongation of the snowstorm and [the continued] severity of the icy cold, herds of horses and mules became numbed and were unable to move.

Իսկ հետեւակքն՝ ի զաւրացն՝ ի դառնութենէ սառնամանեացն ծայրք ոտիցն եւ ծայրք ձեռացն իբրեւ ի հրոյ կիզեալք, հատեալք անկանէին. եւ վրանացն լարքն եւ ցիցքն ընդ երկիր կապեալ ի սաստկութենէ դառնութեան արկածիցն՝ անշարժ մնացին: Եւ այս որպէս ինձ թուի հատուցումն նոցա անողորմ սրոյն, զոր նոքա ի վերայ քրիստոնէիցն ածին. այլ թէպէտ նոքա վասն մեղացն մատնեցան, որ սոցա պարտ էր ողորմել, որպէս եւ ցԲաբելացին ասէր Աստուած. «Ես մատնեցի զժողովուրդ իմ ի ձեռս քո. եւ դու ոչ արարեր ի վերայ նորա ողորմութիւն»:

Վասն այնորիկ դառն սառնամանեաւք տանջեցան, ոչ ի բարձր լերինս, այլ ի խորագոյն դաշտս եւ ի կարի ջերմինս՝ ի տեսիլ թշնամեացն իւրեանց. որպէս առ Մովսէսիւ Եգիպտոս հարաւ կարկտիւ եւ եղեմամբ, որ չէր ըստ բնութեան երկրին. ուստի բարբարոսքն ծանեան յայտնապէս, եթէ ձեռն ամենակալին պատերազմի ընդ նոսա: Եւ ի լինել այսորիկ այսպէս, որք ուժով եւ զաւրութեամբ մնացին՝ ելեալ յերիվարսն թագաւորաւն հանդերձ, իբր ի թըշնամեաց հալածեալք ի սառնամանեացն՝ ոչինչ փոյթ առնելով ընչից, անցանէին ի գաւառն Արծրունեաց: Զոր տեսեալ քաղաքին, յանկարծակի գրոհ տուեալ ի դուրս ելանէին, եւ մեծաւ խնդութեամբ դիմեալ ի վերայ, լցան աւարաւ ի ձիոց եւ ի ջորեաց եւ ի վրանից եւ յայլ կազմածէ, զոր նոքա չկարացին պէտ առնել, այլ ի ցրտոյն վարանեալ էին: Իսկ թագաւորն նախատեալ յաւարառուացն՝ ծանեաւ յայտնապէս թէ ձեռն տեառն մատնեաց զՎիրս ի ձեռս նորա, որպէս ի գիրս թագաւորութեանն գրեալ է.

As for the army's infantrymen, the cold caused their fingers and toes to fall off, as if scorched by fire. Furthermore, the cords and stakes for the tents could not be moved, since they had become stuck to the ground from the severity of the bitter storm. It seems to me that this was recompense for the merciless sword which they had let loose on the Christians. For although [the Abkhazes] were subjected to this [treatment] because of their sins, nonetheless, they should have been pitied, as God had said to the Babylonians "I gave My people into your hand; you showed them no mercy."[13]

Consequently, they were tormented with the bitter cold, not on lofty mountains but on deep and very temperate plains, in full view of their enemies. [Her] was just as Egypt had been in Moses' day—afflicted with hail and drizzling rain—quite out of keeping with the nature of the area. Thus, did the barbarians clearly realize that it was the hand of the Almighty which was warring with them. Now when this had so transpired, those who had any power and strength left, mounted their horses, together with the king, and crossed over to the Arcrunik' district, forgetting about their belongings, and driven by the cold as if pursued by enemies. When [the inhabitants] of the city [of Her] saw [the Byzantine departure], they suddenly rushed forth and joyfully pounced upon [what had been left], filling up with booty of horses, mules, tents and other stuff which [the Byzantines] had been unable to concern themselves with, being dazed by the cold. Now the emperor, ridiculed by the looters, clearly realized that the hand of the Lord had given the Georgians into his hand, as is written in the book of Kings [Samuel]:

---

13 Isaiah 47:6.

«Ոչ, ասէ, իւրով զաւրութեամբ զաւրանայ հզաւրն, այլ տէր տկարացուցանէ զհակառակորդն»: Ապա շարժեալ թագաւորն զաւրաւքն՝ անցանէ ընդ բազում աւթեւանաւք, երթեալ հասանէ ի քաղաքն իւր ի Կոստանդնուպաւլիս. եւ կացեալ ամս երիս, արձակէ բազում պարգեւաւք զորդի Ափխազին, եւ ինքն զմահու ցաւ ջերանի:

Բայց քանզի Կոստանդին նորին հարազատն եւ թագակիցն ի Նիկիացւոց գաւառին էր, զոր հրամայէ թագաւորն խնդրակս առաքել, որպէս զի փութով առ նա հասցէ: Իսկ որք հրամանատարքն էին՝ բանիւք հաւանութիւն տային, բայց թագուցանէին առ ինքեանս զհրամանս թագաւորին. քանզի ոչ կամէին եթէ Կոստանդին թագաւորեսցէ: Զոր յետ բազում հրամայական բանից ծանուցեալ ինքնակալին զխորամանկութիւն նոցա, հրամայէ սպասաւորացն՝ եթէ ձի ածէք ինձ. եւ յարուցեալ ի մահճացն նստաւ ի վերայ ձիոյն, եւ ելեալ արտաքս ի պալատէն ի տեսիլ քաղաքին. զոր տեսեալ բազմաց՝ յերկիւղէն ի խաւարչտին տունս երթեալ սուզանէին:

"The mighty does not wax strong by his own might; rather the lord weakens his adversary."[14] Then the emperor and his troops moved on, passing numerous lodging-places, and reached his city of Constantinople. After three years he released the son of the Abkhaz [king] with many gifts. He himself grew ill with the pain of death.

However, since [Basil's] brother and co-emperor, Constantine, was in the district of the Nicaeans, the emperor ordered that messengers be sent so that [Constantine] would come to him speedily. Now those who were [the military] commanders, although they verbally consented [to the order], nonetheless concealed the emperor's command amongst themselves, because they did not want Constantine to be emperor. After issuing many commands, the emperor perceived their guile and he ordered his attendants: "Bring me a horse!" Getting out of bed, [Basil] mounted the horse, and rode outside the palace in view of the city. When many [people] saw this, in dread they went and submerged themselves in dark [underground] chambers.

---

14 1 Samuel 2:9.

CHAPTER IV

Ապա խնդրակքն ելեալ զԿոստանդին փութապէս անդր հաստուցանէին, զոր տեսեալ թագաւորին՝ եդ զթագ թագաւորութեանն ի գլուխ նորա եւ հաստատեաց զնա թագաւոր, եւ պատուէր ետ նմա՝ որպէս Դաւիթ Սողոմոնի, զխռովիչս թագաւորութեանն, եւ զայնոսիկ որ ոչ կամէին զթագաւորելն նորա ի վերայ իւրեանց, ոչ պահել կենդանի. բայց ոչ որպէս Դաւիթ, թէ Պատճառաւ որսաջիր: Եւ ինքն առեալ զոտս ի մահիճս իւր՝ պակասեաց, եւ զկնի երկու աւուր բարձաւ ի միջոյ. որ թագաւորեաց ամս յիսուն: Բայց եւ ի մահուան նորա նշան իմն սքանչելեաց ցուցաւ յերկնից, ի ժամու երեկոյին՝ յորում նա զհոգին փչեաց, վերին եթերն հերձեալ հրոյ փայլակն յանկարծակի ի դուրս անկեալ. զոր առհասարակ ամենեցուն տեսեալ, զմահ թագաւորին, ասեն, գուշակէ:

Then the messengers, having picked up Constantine, quickly brought him [to Constantinople]. When the emperor saw this, he placed the crown of the kingdom on [Constantine's] head and confirmed him as emperor. He instructed him, as David [had advised] Solomon not to leave alive those who were stirring up the realm and those who had not wanted him to rule over them. But not as David, [rather] he should seek other causes [for putting them to death]. Then [Basil] took himself to bed, and grew weak, and after two days, died [A.D. 1025]. He had reigned for fifty years. While he was dying a certain marvelous sign appeared in the heavens. In the evening, as he was breathing his last, a lightning bolt of fire split the upper ether and suddenly fell down. Everyone saw it and said that it presaged the emperor's death.

ԳԼՈՒԽ Ե

Թագաւորեաց զկնի Վասլին Կոստանդին նորուն հարազատն՝ ամս չորս. եւ քանզի այր խաղաղասէր էր եւ առատ, յառաջին ամի իւրոյ թագաւորութեանն եկաց ի լռութեան. եւ հանգեաւ երկիր ի մեծամեծ տագնապէ. եւ զիշխանս որ գաւառակալք էին, զոր մեծն Վասիլ կարգեալ էր, ի նոյն հաստատեաց: Իսկ Կոմիանոս ոմն՝ այր քաջ եւ պատերազմասէր, զոր կացուցեալ էր եղբայր նորին՝ տէր գաւառին Վասպուրականի, սա մեծամեծ գործս արութեան ցուցեալ ի դուռն Պարսից, եւ եղեւ անուանի յամենայն արեւելս. սա ի մահուան թագաւորին խորհուրդ վատ ի մտի արկեալ, դաշնակից լինի Գէորգեայ թագաւորել յարեւելս: Զոր ծանուցեալ կապադովկացի զաւրուն, միաբանեալ յանկարծակի ի վերայ հասին, եւ զլարս վրանին հատեալ ի վերայ ընկեցին. եւ կալեալ զնա եւ զնորին խորհրդակիցսն՝ եդին ի բերդի միոջ ի բանտի, եւ ծանուցին թագաւորին: Այս եղեւ յառաջին ամի թագաւորութեանն Կոստանդիանոսի, յորում էր թուականիս մերոյ ամք չորեքհարիւր եաւթանասուն եւ հինգ:

Իսկ թագաւորն իբրեւ լուաւ, առ ետեղեաւն չէած ինչ նմա պատուհաս. այլ ներեաց զամն ողջոյն, մինչեւ քաջ ի վերայ եհաս իրացն: Ապա ի գալ երկրորդ ամին, առաքեաց դահիճ, որ եկեալ խաւարեցոյց զլուսարանս նորա եւ զորս ընդ նմա՝արանց իբրեւ ութից.

CHAPTER V

After Basil, for four years his brother Constantine[15] ruled. Because he was a peace-loving and generous [man], he was quiet for the first year of his reign, and the country rested from that great crisis. He confirmed [in office] those princes who were in charge of districts, who had been designated by the great Basil. Now there was a certain brave and war-loving [man] named Komianos whom [Constantine's] brother had set up as lord of the district of Vaspurakan. He had displayed extremely great feats of bravery at the Persian court,[16] and was renowned throughout the entire East. Now on the emperor's death, [Komianos] devised a bad plan, to become an ally of Georgi and to rule in the East. When the Cappadocian army heard about this, unitedly, unexpectedly, they came against him, cutting the cords of [his] tent and causing it to collapse [on him]. They seized him and his advisors, and placed them in prison in a fortress, and then informed the emperor. This transpired during the first year of Constantine's reign, which was, according to our calendar, the year 475 [1026].

Now when the emperor heard about this, he did not do anything immediately to punish [Komianos], rather, he bided his time for an entire year until he was more in control. Then, at the commencement of the second year, he sent an executioner who came and blinded [Komianos] and some eight men who were with him.

---
15 *Constantine* VIII, 1025-1028.
16 Alternatively, "by the Persian border".

Որ յոյժ ապաշաւանաց արժանի է, թէ զիա՛րդ զառածեալ անկաւ ի մտաց այնպիսի պատուական այր եւ բարեաց յիշատակաց արժանի. քանզի զԱրճէշ իւրով դաստակերտաւքն նա ած ընդ ձեռամբ Հոռոմոց:

Իսկ ի գալ երկրորդ ամին՝ առաքէ թագաւորն յարեւելս վերակացու աշխարհին զՆիկիտ ոմն ներքինի, որ եկեալ անցանէ ի գաւառն Վրաց, եւ պատիր բանիւք զբազումս յազատաց աշխարհին հանեալ ի հայրենեաց՝ առաքէ ի դուռն թագաւորին: Զոր տեսեալ եւ ուրախացեալ՝ մեծամեծ պարգեւաւք եւ իշխանական գահու պատուէ զնոսա, եւ տայ նոցա ըստ արժանեաց գիւղս եւ աւանս գրով եւ մատանեաւ ժառանգութիւն յաւիտենից: Իսկ ի մտանել երրորդ ամին՝ ելանէ յարեւելս Սիմովն ներքինի բազում զաւրաւք, որ ունէր զիշխանութիւն կէս թագաւորութեանն, զոր ըստ յունական լեզուին պառեկիմանոս անուանեն. որ եկեալ անցանէ յաշխարհն Վրաց: Բայց չժամանեաց գործ ինչ վճարել, զի բաւթ մահու թագաւորին զհետ եկն. զոր իբրեւ լուաւ՝ առանց յապաղանաց դարձեալ զաւրաւքն չոգաւ ի Կոստանդնուպաւլիս:

It is very worthy of repentance that such an honorable man and one worthy of good remembrances should have fallen into such wicked deeds. For it was [Komianos] who had placed [the city of] Archesh with its estates under Byzantine control.

Now when the second year had come, the emperor sent to the East a certain eunuch named Nikit, who was to be overseer of the land. He arrived and crossed through the district of Georgia. Through deception he expelled from their patrimonies numerous *azat*s of the land, and sent them to the emperor's court. Seeing this, in joy, [the emperor] honored them with very great gifts and princely station, bestowing upon each in accordance with his worth villages and *awan*s by signed and sealed documents, as perpetual inheritance. At the start of the third year, the eunuch Simon, who held sway over half the kingdom and was styled in Greek parakoimomenos, came to the East with numerous troops. Having arrived, he crossed the land of Georgia. But he was unable to do anything, since the bad news of the emperor's death followed. As soon as [Simon] heard about this, taking the troops, he immediately returned to Constantinople.

ԳԼՈՒԽ Ջ

Քանզի Վասիլն, հզաւրն ի թագաւորս եւ միշտ յաղթաւղն ի պատերազմունս, որ զքազում աշխարհս կոխեաց ընդ ոտիւք, յարիական քաջութեանց ոչ պարապեաց առնուլ կին, եւ յարուցանել որդիս ժառանգ թագաւորութեանն, որպէս աւրէն է ամենայն թագաւորաց: Զկնի նորա փոխանորդէ զթագաւորութիւն յառաջասացեալն Կոստանդիանոս նորին հարազատն: Եւ սորա եւս քանզի որդի ոչ գոյր, այլ էին դստերք երկու, տայ զԶոյի զանդրանիկն ի կնութիւն Ռոմանոսի, որ էր մի ի զաւրացն սպայից Հոռոմոց, եւ թագաւորեցուցանէ զնա փոխանակ իւր, եւ ինքն մահուամբ ճեպի զհետ ամենայն երկրածնաց:

Սա յառաջին ամի իւրոյ թագաւորութեանն՝ զաւրաժողով լինի, եւ ճանապարհ առնէ ի կողմանս Անտիոքացւոց. եւ կամէր երթալ ի վերայ քաղաքին որ կոչի Հալպ, առնուլ աւերել զնա: Եւ եկեալ հանդիպի լերինն որ կոչի Սեաւ, եւ տեսանէ անդ բազմութիւն վանորէից եւ զմենաստանս մենակեցաց, որք ի մարմնի գոլով զանմարմնոցն բերէին զնմանութիւն: Որք միով այծէիւ կամ բաճկոնաւ շատանան, զՅովհաննու բերելով զնմանութիւն. բայց միայն զի նա մարախով եւ վայրենի քաղցու կերակրեալ լինէր, իսկ սոքա երկաթի բրիչ ի ձեռն առեալ՝ խոնջեալ աշխատին ի գարի սերմանեաց պատրաստեալ զաւրապահիկն կերակուր: Այլ զզանազան խորտիկս եւ զքաղցրահամ կերակուրս հանդերձ ուրախարար գինւով զոր մատռուակեն որթք այգեաց, զայսոսիկ զամենեսեան աշխարհասիրացն թողին: Ի գլուխ լերինն բարձրացեալ նախամարգարէին կաճառակից գոլով՝ միշտ ընդ Աստուծոյ խաւսին:

CHAPTER VI

Basil, [the man] mighty among kings and always victorious in battle, who had trampled underfoot many lands, had not, in his manly feats of bravery, taken a wife and raised a son to be heir to the realm, as is the custom for all kings. Following [Basil], his brother, the aforementioned Constantine, succeeded him. Like [Basil], he too did not have a son, rather, he had two daughters. He gave Zoe, the senior [daughter] in marriage to Romanus,[17] who was one of the officers of the Byzantine army, and [Constantine] enthroned him in his stead. Then dying, he followed [the path of] all mortal beings.

[Romanus], in the first year of his reign, assembled troops and set out for the area of the Antiochans, wanting to go against the city called Aleppo, to take and destroy it. He came upon the mountain called Seaw[18] where he saw a multitude of monks and cenobites who, although possessed of physical bodies, were more like incorporeal [beings]. [With respect to dress], they were satisfied with a wrapping or jacket of goat hair, similar to John [the Baptist], but [with this difference, namely] that he had eaten locusts and wild honey, while they, with iron hoes in hand, fatiguingly labored to ready their daily meal from barley seeds. They left to those who love this world the diverse delicacies, delicious foods and the joy-producing wine supplied by the vine. Having climbed to the mountain's summit, they became conversants with the first prophet [Moses], and were always speaking with God.

---
17 *Romanos* III, Argyrus, 1028-1034.
18 *Seaw:* "Black."

CHAPTER VI

Զսոսա տեսեալ թագաւորին՝ հարցանէր արժանաւորաց իւրոց. Զի՞նչ են այն բազմութիւն հերետիկոսացն: Եւ նոքա ասեն. Սոքա ամենեքեան երամք աղաւթողաց են, որք աշխարհի խաղաղութեան եւ կենաց ձերոց առողջութեան միշտ խնդրուածս առնեն: Պատասխանի տուեալ թագաւորն ասէ. Չէ ինձ պիտոյ աղաւթք նոցա. այլ գերեցէք յամենայն վանորէիցն աղեղնաւորս ի ծառայութիւն իմում թագաւորութեանս: Քանզի յոյժ հաւանեալ էր քաղկեդոնական սահմանադրութեանն՝ ատելի գոլով ամենայն ուղղափառ հաւատոց: Որ եւ զԱսորւոց եպիսկոպոսն տարեալ ի Կոստանդնուպաւլիս, ձաղ եւ ծանակ արարեալ, հրամայէ խուզել զմաւրուսն, եւ ի վերայ իշոյ եդեալ շրջեցուցանել ընդ հրապարակս եւ ընդ փողոցս, թքակոծ առնել զնա. զոր յետոյ հրամայեաց ի մետաղս տանել զնա, որ եւ ի նմին իսկ վախճանեցաւ: Այսպէս խակամիտ ումն էր թագաւորն. որ եւ զառաջին թագաւորսն չէած զմտաւ, թէ որպէս խնամակալութիւն ցուցին առ ազգս՝ զորս ընդ ձեռամբ ունէին. այլ ինքնաւրէն հրամանաւ կամէր նորաձեւս առնել յեկեղեցիս Աստուծոյ՝ ոչ յիշելով զտէրունական զանսուտ հրամանն, թէ «Ամենայն որ հարցի ընդ վիմիս ընդ այսմիկ՝ փշրեսցի. եւ յոյր վերայ անկցի՝ հոսեսցէ զնա»: Վասն որոյ ի մաւտոյ հասանէն արժանահաս դատաստանքն Աստուծոյ ի վերայ նորա: Որ եւ ի նմին ճանապարհի ելեալ զաւր ի տաճկաց՝ ոչ աւելի քան զութ հարիւր կամ զհազար այր, եւ անկեալ ի վերայ բիւրաւոր բազմութեանցն, անչափ կոտորուածս առնէին. եւ զզանձս թագաւորին եւ զաւրացն առեալ յաւարի՝ դարձան ի քաղաքն իւրեանց:

When the emperor saw them, he asked of his worthies: "What is this multitude of heretics?" They replied: "They are flocks who pray, always asking for peace for the world, and for your health." The emperor returned: "I do not need their prayers. Record all the monks as bowmen for service in my realm." For [Romanus] greatly approved of the declaration of Chalcedon, and hated all orthodox[19] believers. He took the Syrian bishop to Constantinople, subjecting him to ridicule and ignominy. He ordered that his beard be shorn off, and that he be led around the squares and streets seated on an ass, to be spat upon. Later he ordered [the bishop] taken into exile, where he died. The emperor was just such a fool. He did not think about how previous kings had displayed concern toward those peoples under their sway. Instead, with a capricious order he wanted to introduce changes into God's churches, not remembering the Lord's unerring command: "And he who falls on this stone will be broken to pieces; but when it falls on any one, it will crush him."[20] Consequently, the righteous verdicts of God quickly came upon him. For on the very road [which Romanus] was traveling, an army of *Tachiks* arose. [This army, comprising] not more than 800 or 1,000 men, pounced upon the numberless [Byzantine] hosts. They killed an inestimable number [of men], took as booty the treasures of the emperor and his soldiers, and returned to their city.

---

19 *Orthodox:* i.e., Monophysite.
20 Matthew 21:44.

CHAPTER VI

Իսկ թագաւորն մեծաւ անարգանաւք փախստական եղեալ՝ ձիաթափ անկանի ի քաղաքն թագաւորութեան իւրոյ: Ապա ցածուցեալ ի սաստիկ ամբարտաւանութենէն, կարաց ածել զմտաւ զբան դաւթական երգոյն որ ասէ, թէ «Բարի է յուսալ ի տէր եւ յաղաւթս սրբոց, քան յուսալ յիշխանս եւ ի գանձուց առատութիւնս»: Քանզի ոչինչ աւգնեն ինչք յաւուր բարկութեան: Եւ յայնմ հետէ եւ առ յապայ ո՛չ եւս յաւել ելանել ի թագաւորանիստ քաղաքէն մինչեւ ցաւր մահուան իւրոյ:

Now with great indignities the emperor took to flight, racing to his capital city. Then, humiliated by his grievous impiety, he managed to recall the words of the Song of David: "It is better to take refuge in the Lord and the saints' prayers than to put confidence in princes and plentiful treasures."[21] For in no way can they be of help on the day of wrath. From that [defeat] onward until the day of his death, [Romanus] never again ventured forth from the royal city.

---

21 Psalm 118:9.

ԳԼՈՒԽ Է

Որ քաղաքին իշխանն էր, զոր ինքեանք ամիրայ կոչէին, որ ի նախննեացն ունէր զժառանգութիւն տեղւոյն, մեռաւ անորդի. իսկ կին նորա զմի ի ծառայից իւրոց՝ որում անուն էր Սալամայ, առ տրփական ցանկութեան սիրեաց զնա, եւ կացոյց զնա տէր քաղաքին ի տեղի առն իւրոյ:

Իսկ նա երկուցեալ ի գլխաւորաց քաղաքին՝ թէ ոչ հընազանդին նմա, առաքէ զմի ի հաւատարիմ ծառայիցն իւրոց առ Մանեակ, որ յայնժամ ունէր զիշխանութիւն յեզերս գաւառին Հոռոմց, որ նստէր ի քաղաքին որ կոչէր Սամուսատ, զոր ասեն ի հինսն շինեալ Սամփսոնի, որպէս զի զգացուցէ թագաւորին, զի տացէ նմա իշխանութիւն եւ ժառանգութիւն յաւիտենից, գրով եւ թագաւորական մատանեաւ յաշխարհին Հոռոմց. Եւ ես տաց, ասէ առանց պատերազմի զքաղաքս ի ձեռս նորա: Զոր լուեալ թագաւորին Ռոմանոսի, գրէ նմա գիր հաւանական. եւ առնէ զնա անթիպատոս պատրիկ, եւ զկին նորա պատուէ մեծ եւ երեւելի պատուով: Իսկ քաղաքացիքն իբրեւ լուան զձայն աղաղակին եւ զհնչիւն փողոցն, սրտաթափ լի դողութեամբ՝ ի դուրս ելանէին զարհուրեալք եւ խռովեալք, իբրեւ զալիսծովու կուտակեալք զմիմեամբք զեղուին: Եւ իբրեւ ոչ կարէին զելս իրացն իմանալ, որք մահմետական աւրինաւքն սովորեալք էին, ելեալ ի գիշերի՝ անկանէին ի մաւտաւոր քաղաքսն, պատմելով նոցա զյանկարծահաս շտապ տագնապին որ եհաս նոցա:

CHAPTER VII

[The man] who had been prince of the city [of Edessa], whom [the inhabitants] called emir and who had inherited that place from his forebears, died without leaving an heir. Now his wife passionately loved one of her servants named Salamay, and set him up as lord of the city in place of her husband.

[Salamay], afraid that the chief [men] of the city would not obey him, sent one of his loyal servants to Maneak, who at that time held sway over the borders of the Byzantine district and resided in the city called Samusat (which they say was built by Sampson). [Salamay] had done this so that [Maneak] would inform the emperor to give [Salamay] princedom and eternal inheritance in the Byzantines' land [confirmed] by writ and the royal seal. "And," [Salamay] said, "I shall give him the city, without warfare." When emperor Romanus heard this, he wrote [to Salamay] a document of consent, making him an *antipatos* patrician, and subsequently exalting him with great and prominent honor. Now the citizens [of Edessa], as soon as they heard the sound of clamor and the blare of trumpets, came forth dismayed and full of trepidation, terrified and agitated, crowded one on the other as waves of the sea. When they were unable to discern any way out, those who were Muslims, departed during the night and hurried to a nearby city where they informed [the people] about the unexpected emergency which had developed.

CHAPTER VII

Իսկ նոքա իբրեւ լուան, ձայն տուեալ ի մի վայր ժողովեցան բազմութիւն զաւրաց. եւ եկեալ ի վերայ քաղաքին՝ խրամատեցին զպարիսպ նորա, եւ մտեալ ի ներքս՝ բազում կոտորուածս առնէին: Ուստի բազումք ի քաղաքէն ի մեծ կաթուղիկէն ելեալ ամրանային, եւ այլք յամուր տեղիս կամ յաշտարակս: Իսկ պաշարիչքն զբազում տեղիս հրով ապականեցին մինչեւ ի նոյն ինքն ի սուրբ կաթուղիկէն հուր ընկեցին: Եւ բացեալ զգանձարանս տանն սրբութեան՝ զոր յառաջին թագաւորացն Հայոց ամբարեալ էր ի սպաս պիտոյից տաճարին տեառն, եւ հանեալ զամենայն մեծաւ շտապով՝ գնացին ի տեղիս իւրեանց: Եւ յայնմ աւրէ եւ այսր նուաճեցաւ քաղաքն ի ձեռն Հոռոմոց:

As soon as they [the Byzantines] heard what had happened, an order was given and a multitude of troops assembled at one spot. They came against the city, breached its wall and entered, causing great destruction. Thus, many citizens went and secured themselves in the cathedral, others [took refuge] in secure places or towers. The besiegers destroyed many places with the flame and even set fire to the blessed cathedral itself. They opened the treasuries of that house of holiness, which former kings of Armenia had provided with vessels suitable for a temple of the Lord, and removing everything in great haste, they returned to their places. From that day forth the city [of Edessa] fell into the hands of the Byzantines.

ԳԼՈՒԽ Ը

Իսկ թագաւորն ոչինչ բարի յիշատակաց արժանի լեալ, յաւուր մեծի հինգշաբաթուն ելեալ ի պալատանն՝ հրապարակախաւս լինէր ընդ զաւրս իւր, մինչեւ ի հասարակ աւուրն տալ ըստ իշխանութեան զարքունատուր պարգեւսն. եւ ապա պարապեալ ի գործոյն՝ հրաման տայ ոսկի լականաւ ջուր պատրաստել առ ի լոգանալ նմա: Եւ իբրեւ եմուտ յոսկի ծովակն լցեալ ջերմ ջրով, սպասաւորքն բուռն հարեալ զգիսոյ գլխոյ նորա ծածկեցին ընդ ջրովն մինչեւ վրճարեցաւ ի կենաց՝ թագուհւոյն կամակից լինելով առնելեացն: Որ կալաւ զթագաւորութիւնն ամս եաւթն:

CHAPTER VIII

Now as for this emperor, in no wise is he worthy of good remembrances. On Holy Thursday he left the palace to give an address to his troops, and [spent] until noontime giving royal gifts in accordance with [his] authority. When he had completed this matter, he commanded that a golden pool be filled with water for him to bathe in. As soon as he entered that golden basin filled with warm water, attendants seized him by the hair of his head and submerged him under water until he gave up the ghost. The queen had supported this. [Romanus] reigned for seven years [1028-1034].

ԳԼՈՒԽ Թ

Դանիէլ յիւրում մարգարէութեանն՝ զոր ետես, որոյ գլուխն ոսկի էր, եւ թիկունքն եւ ձեռքն արծաթի, իսկ մէջքն եւ կողքն պղնձի, սոքա անցեալ են. իսկ սրունքն եւ ոտքն երկաթի խառնեալ ընդ խեցի, որ է Հոռոմոց թագաւորութիւնն. զի ոչ ըստ ազգի վարի, որպէս եւ այլ ազգաց թագաւոր եւ որդի թագաւորի: Որ ի հարց եւ ի հաւուց ունի զիշխանութիւնն՝ այն երկաթն է. իսկ եկամուտն՝ որ չէ ի թագաւորական տոհմէ՝ այն խեցին է: Եւ այս յոլովակի լինի առ նոսա, որպէս եւ այժմ իսկ տեսանեմք յառաջի կացեալ թագաւորս: Սա ոչ ի թագաւորական տոհմէ, եւ ոչ որդի թագաւորի, եւ ոչ իշխանութեամբ յերեւելի սպայից. այլ այր մի աննշան ի պալատին պաշտաւնէից, յոր տրփացեալ թագուհւոյն պոռնկական մոլեգին ախտիւն, ի պատճառս նորա ջրահեղձոյց արար զարն իւր որ եւ ի սպանողաց մի զսա ասեն լինել:

Իսկ զկնի սատանայական գործոյն ի գլուխ ելանելոյ, հրամայէ թագուհին զգլխաւորս քաղաքին կոչել առ ինքն: Եւ ցուցանէ զթագաւորն վախճանեալ՝ յանկարծամահ զնա համբաւելով. եւ ապա հուպ ընդ հուպ զՄիխայիլ զայս յառաջ ածեալ թագաւորեցուցանէ՝ այր իւր առնելով, որոյ գործս յայտնի եղեւ ամենեցուն:

CHAPTER IX

In his prophecy, Daniel saw an apparition whose head was of gold, whose shoulders and arms were silver, and whose back and sides were copper. That was in the past. Now [the apparition] possessing legs and feet of iron mixed with crockery is the Byzantine kingdom. For they did not [follow the ways] of other peoples whereby the emperor's son succeeds his father. He who holds sway [having inherited it] from his fathers and grand-fathers is iron; but he who comes from the outside, not belonging to the royal clan, such a one is crockery. This [non patrilineal inheritance] is quite frequent among [the Byzantines], as indeed we shall see [in the case] of the present monarch. [Michael] was neither from the royal clan, nor the son of an emperor, nor did he have the authority of a prominent officer [of the army]; rather he was an insignificant palace functionary. The queen had lusted after him with a prostitute's diseased passion, and had her own husband drowned on [Michael's] account. They say that he was one of the murderers.

After completing this satanic deed, the queen ordered that the chiefs of the city be summoned to her. She showed [them] the deceased emperor['s body] and claimed that he had died accidentally. Shortly thereafter, she brought forth this Michael, enthroned him and then married him—at which the matter became clear to all.

CHAPTER IX

Սա քանզի բազում ազգականս ունէր եւ եղբարս, զգլխաւորագոյն իշխանութիւնն ետ ի ձեռս նոցա: Զմի յեղբարցն առնէ մագիստրոս, եւ տայ զԹէսաղոնիկն ի ձեռս նորա, եւ հաւատայ ի նա զհոգս Բուլղարացն եւ արեւմտական կողմանցն. եւ զմինն անուանէ դեմեսլիկոս, եւ առաքէ ի մեծն Անտիոք զՏաճկաստանի եւ զհարաւային կողման զհոգսն յանձն առնելով նմա: Իսկ զերրորդն յեղբարցն՝ որ էր այր ներքինի եւ աբեղայ, որում անուն կոչիւր աւռթանաւռաւս, կացուցանէ զնա ի թագաւորական քաղաքն Կոստանդնուպաւլիս՝ առնելով զնա սինկլիտոս, զամենայն հոգս եւ զիրաւունս պալատին տալով ի ձեռս նորա:

Եւ ինքն քանզի չարապէս հարաւ ի դիւէ, մինչեւ յեկեղեցիս եւ ի հանգիստս սրբոցն ընթանայր. բայց ոչ գիտեմ եթէ վրէժխնդրութիւն էր այս Ռոմանոսին մահուն՝ որ անիրաւապէս մեռաւ, եթէ ի բնէ ունէր զդիւահարութիւնն: Բայց ասեն եւ այլ պատճառս, եթէ վասն զի չէր անգ նմա թագաւորութիւնն, վասն որոյ երթեալ ի քաղաքն Թեսաղոնիկեցւոց առ կին մի կախարդ, որպէս ի հինսն առ Բաւղի՝ երիտասարդին պատմին գործք ի ձեռն կախարդին, տուեալ զինքն ի ծառայութիւն հայրն ամենայն չարեաց: Որ ի ձեռն պոռնկական դիւին ջեռեալ թագուհւոյն՝ առ զնա եւ կացոյց զնա թագաւոր ի վերայ աշխարհաց:

Since [Michael] had numerous relatives and brothers, he placed the supreme authority in their hands. One of his brothers he made a magister giving him Thessalonica, and entrusting him with the concerns of the Bulgars and the western parts; one [brother] he styled *demeslikos* and sent him to the great [city of] Antioch, entrusting him with the concerns of *Tachkastan* and the southern region; while the third brother, who was a eunuch and a monk named Orht'anorhos, [Michael] set up in the royal city of Constantinople, making him a *sugkletikos*, and entrusting him with all the concerns and rights of the palace.

[Michael] himself was wickedly afflicted by a *dew*, even while he went to the churches and the resting-places of the saints. However, I do not know whether this [affliction] was vengeance for the death of Romanus, who died unjustly, or whether [Michael] was naturally possessed. They say that there were other causes, that because the kingdom was not properly his, he would go to the city of the Thessalonians to a certain woman witch giving himself in service to the father of all evil, just as in ancient times, in the time of Basil they say, a youth had done [similar] things by means of a witch. [And they say] that through a demon of prostitution he had inflamed the queen with love for himself, and that she had set him up as emperor of the lands.

Իսկ յետ գործոյն ի գլուխ ելանելոյ, ըստ աւրինի թագաւորաց յեկեղեցիս ի հարկէ երթեալ ի տաւնս տէրունականս, ոչ կարացեալ համբերել չար դիւին, ի յիւրմէ ապստամբ զնա կարծելով։ Եւ զայս այնու հաւատարմացուցանեն՝ որ ասեն, զի յաճախ թագաւորն ի Թեսաղոնիկն կայր, զոր կարծէին առ կախարդին լինել։ Այլ թէպէտ այսպէս, թէպէտ այնպէս, սակայն մինչ ի վախճանն ոչ հեռացաւ ի նմանէ այսն որ լկէր զնա։

Ի սորա թագաւորութեանն եղեւ մեծ կոտորած զաւրացն Հոռոմոց՝ ի բերդաքաղաքն որ կոչի Բերկրի, որ է ի վիճակի Արծրունեաց աշխարհին, զոր վաղնջուց յափշտակեալ էր Պարսից՝ հանդերձ իւրովք դաստակերտաւքն, եւ ունէին ընդ ձեռամբ։ Յորոյ վերայ եկեալ Կաւասիլաս ոմն՝ որ Վասպուրականի զաւառապետն էր՝ բազում զաւրու, էառ զքաղաքն եւ կացոյց գունդս հեծելոց պահապան քաղաքին։ Յայնժամ այլ ոմն փոխանորդեաց զիշխանութիւն նորա, եւ առեալ զայլ զզաւրսն երթեալ դադարեաց հեռագոյն ի տեղւոջ ուրեք որ կոչի Արծակ, վասն առատութեան դարմանին եւ այլ պիտոյից հեծելոց։ Իսկ տէր քաղաքին, որում անուն կոչիւր Խտրիկ, ի բերդին արգելական եղեալ՝ ազդ առնէ առ գլխաւորս Պարսից աշխարհին։ Որք յանկարծակի ձայն տուեալ միմեանց՝ ի մի վայր ժողովեցան, եւ հասեալ ի վերայ քաղաքին պաշարեցին զնա պատնիշաւ։

Now after this deed had been done, [Michael] in accordance with royal custom was obliged to go to church on the Lord's feast-days. But the wicked *dew* was unable to abide this, thinking that [Michael] was rebelling from him. People who say this confirm it [by the fact that] the emperor was in Thessalonica frequently, probably with the witch. In any case, until his death, [the demon] which tormented [Michael] did not leave him.

During [Michael's] reign,[22] a great destruction of the Byzantine troops occurred in the fortified city named Berkri. [This city] which is on the territory of the Arcrunik' land had, together with its estates, long since been ravished by the Persians, who controlled it. The district chief of Vaspurakan, a certain Kawasilas, came [against the city] with numerous troops, took it, and established cavalry brigades to guard the city. Then another individual replaced [Kawasilas], took the troops and went to a very distant place called Arcak, on account of the abundance of victuals and other things needed by the cavalry [to be found there]. Now the lord of the city, who was named Xtrik, being shut up in the fortress, informed the chiefs of the land of Persia, and they, quickly spreading the word around, assembled in one place, came against the city, investing it with a rampart.

---
22 Michael IV, 1034-1041.

Իսկ զաւրքն Հոռոմոց յանառակ գործոց եւ ի գինւոյ թմբրեալ, ոչ կարացին զգուշանալ անձանց: Այլ եւ պահապանն Իսրայէլի զերծ ի նոցանէ զաւգնականութիւն իւր. յորոց վերայ սուր եղեալ կոտորեցին արս իբրեւ քսան եւ չորս հազար: Եւ այս եղեւ ո՛չ վասն արդարութեանն Պարսից, այլ վասն անաւրէնութեան մերոց զաւրացն, որք հարան ի սուր դառնութեան ըստ տեառն բանի, եթէ «Զչարսն չարաւ կորուսցէ»: Իսկ զաւրքն որ յԱրծակ՝ ոչ ժամանեցին նոցա յաւգնականութիւն: Եւ առեալ զաւրացն Պարսից զկապուտ եւ զաւար սպանելոցն՝ չոգան յաշխարհն իւրեանց: Բայց ի ճանապարհին, քանզի ունէին բազում կալանաւորս, հրամայէ Խտրիկն յիջեւանին ըստ անձին փորել զերկիր, եւ զկապեալսն զենուլ ի վերայ փորուածին՝ մինչեւ լի իսկ լինել, եւ մտեալ լուացաւ արեամբ սպանելոցն առ ի հանգուցանել զայրուցս սրտին:

Իսկ ի գալ երկրորդ ամին, դարձեալ ա՛յլ զաւրք առաքեցան ի թագաւորէն, որք եկեալ մեքենայս եւ մանգղիոնս եղեալ, սկսան փլուզանել զպարիսպ ամրոցին: Եւ տեսեալ որք ի բերդին էին՝ թէ ոչ գոյ նոցա հնարս ապրանաց, քանզի եւ բազումք իսկ մեռան ի նոցանէ, աղաչեցին զզաւրագլուխսն՝ զի արձակեսցեն զնոսա առանց վնասու յաշխարհն իւրեանց եւ ինքեանք կալցեն զամուրն եւ զդաստակերտս նորա: Որք իբրեւ լուանն՝ արարին որպէս եւ ուսանն. եւ յայնմ աւրէ եւ առ յապայ բարձաւ տէրութիւնն Պարսից ի տեղւոջէ անտի:

The Byzantine troops, benumbed by wine and by their licentious activities, were unable to take care of themselves. Furthermore, the protector of Israel deprived them of His aid. [The Persians] killed with the sword some 24,000 men. This [disaster] occurred not because of the righteousness of the Persians, but because of the impiety of our [Christian] troops which caused the sword of bitterness to be lifted up [for it is] just as the Lord said: "The wicked shall be destroyed wickedly."[23] Now those troops which were at Arcak did not arrive to help them [in Berkri]. Then the Persian troops, taking the loot and booty of the slain, went off to their own land. En route, at a lodging-place, since [the Persians] had many captives with them, Xtrik ordered that the ground be dug down to a depth of the human body, and that the captives be slaughtered over that ditch until it was full. Then [Xtrik] got in and bathed in the blood of the slain, to calm his wrathful heart.

Now when the next year had come, once more the emperor sent other troops who arrived with [siege] machinery. Putting the engines of war into place, they commenced demolishing the stronghold's wall. When those who were in the fortress saw that there was no way out for them, and since many of them had died, they beseeched the military commanders to permit them to depart unharmed to their own land, [so that] they [the Byzantines] could occupy the stronghold and its estates. When [the Byzantines] heard this, they did as they were requested, and from that day forth the domination of the Persians over that place was ended.

---

23 Matthew 21:41.

Ի սորա ի սկզբան թագաւորութեանն՝ խաւարեցաւ արեգակն յամսեանն Արաց, յաւուրն ուրբաթու ի դառնալ աւուրն, էր եւ թուականիս մերոյ չորեքհարիւր ութսուն եւ երկու ամ: Զոր տեսեալ բազումք ի գիտնոց, կարծեցին զոլ ծնունդն Ներհնն զաւրն զայն, եւ կամ մեծամեծ չարեաց գուշակս: Որ եւ եղեւ իսկ յաւուրս մեր, յորս պատմութիւն բանիս առաջնորդեալ տանի զմեզ, զոր տեսաք աչաւք մերովք զաստուածաաստ հարուածսն, եւ զնորա նշան պատուհասն որ եհաս ի վերայ տանս Հայոց վասն մեղաց մերոց: Նաեւ յառաջ ժամանակաւ ա՛յլ իմն մեծ նշան երեւեցաւ, որ յոյժ հիացումն բերէր տեսողացն. Որնման էր նշանացն վերջին աւերածին Երուսաղեմի, զորմէ սպառնալով Փրկիչն ասէր, թէ «Եղիցին աւուրքն այնոքիկ նեղութեանց՝ որպիսիք ոչ եղեն ի ներքոյ երկնից ի սկզբանէ արարածոց, եւ մի՛ այլ լիցի». փոխանակ զի ի տէրն եւ յարարիչն իւրեանց կատաղեցան՝ մարդ կարծելով զնա: Այր մի Անանիաս անուն ի մէջ քաղաքին Երուսաղեմի կացեալ՝ բարձրաձայն աղաղակաւ ողբս առեալ ասէր. Վա՜յ Երուսաղէմ, վա՜յ քաղաք արեան. հասին աւուրք վրէժխնդրութեան քո, եւ որ այլն եւս, զոր մեծն Եւսեբիոս յեկեղեցական պատմութիւնս նշանակէ:

At the beginning of [Michael's] reign, there was an eclipse of the sun during the month Arac', on a Friday evening, in the year 482 of our [Armenian] era [1033]. Many learned people, seeing [the eclipse] believed that the birth of the Anti-Christ had occurred on that day, or that it presaged very great evils. Indeed, such [disasters] did occur in our day, and this narration is leading to [a description] of them. With our own eyes we saw the blows of divine anger and the unheard-of punishment directed against Armenia because of our sins. Previously yet another sign had been revealed which greatly astounded viewers. This was similar to the signs [preceding] the final destruction of Jerusalem, about which the Savior had spoken, in warning: "For in those days there will be such tribulation as has not been from the beginning of the creation which God created until now, and never will be.[24]" For [the people] had grown frenzied with regard to their lord and creator, thinking Him to be a man. A man named Ananias stood in the midst of the city of Jerusalem crying out this lament in a loud voice: "Alas Jerusalem, woe city of blood, days of revenge have befallen you," and so forth, as the great Eusebius indicated in his *Ecclesiastical History*.

---
24 Matthew 13:19.

CHAPTER IX

Նոյնպէս եւ աստ ի մերում ժամանակիս, նմին նման այր մի անծանաւթ ամենեցունց, անոք, անուրեք, յարեւլից կողմանէ ելեալ, ընդ Ապահունեաց եւ ընդ Հարքայ գաւառն անցեալ, ի Մանանաղի իջեալ եւ յԵկեղեաց անդառնալի գնացիւք, զայսոսիկ ի բերան առեալ ասէր անդադար ի տուէ եւ ի գիշերի. Եղո՜ւկ զիս, եղո՜ւկ զիս, բարձր բարբառով, եւ այլ ինչ աւելի չասէր ինչ։ Եւ թէ ոք հարցանէր թէ Ուստի՞ կամ յորմէ՛ գաւառէ ես, կամ վասն է՞ր ասես զայդ, չտայր ինչ պատասխանի. այլ հանապազ զնոյնն ասէր եւ յասելոյն ոչ դադարէր։ Զոր տեսեալ անմիտ մարդիկ՝ իմացան անկեալ ի մտաց, բայց իմաստունքն ասէին. Այդ եղուկդ ամենայն երկրի լինելոց է։ Արդ այս աստանաւր զկայ առցէ բանս. այլ մեք ի կարգ պատմութեանս դարձցուք յառաջ ասացեալ թագաւորս։ Սա զքեռորդին իւր կեսար անուանէ. եւ կեցեալ ի թագաւորութեանն ամս եաւթն եւ ամիսս ութ, հիւանդացեալ զքուն մահու ջերանի։ Իսկ թագուհւոյն զկեսարն՝ յորդեգիրս իւր արարեալ, թագաւորեցուցանէ ի տեղի առն իւրոյ. այլ նա փոխանակ շնորհ առնելոյ նմա վասն բարեացն՝ զոր արար նմա թագուհին, խորհեցաւ ազգականաւք իւրովք ի հեռաքնակ կղզիս յաքսորս առաքել զթագուհին, որպէս զի սեփհական իւրեանց լիցի իշխանութիւնն, զոր եւ արարին իսկ։ Իսկ քոյր թագուհւոյն՝ որում անուն ճանաչիւր Թէոդոռայ, կոչէ զգլխաւորս քաղաքին եւ ծանուցանէ նոցա զեղեալսն։ Որք իբրեւ լուան՝ ձայն տուեալ արեւմտական զաւրուն՝ առ ինքեանս հաւաքեցին։

Likewise, here in our times, a man similar to him appeared, unknown by anyone, destitute and homeless. He came from the eastern parts, crossed through the districts of Apahunik' and Hark', descended into Mananaghi and Ekegheac', [intending] never to return [to the East], and saying in a loud voice day and night without cease "Woe is me, woe is me!" He said no more than this. Should anyone ask him: "Where have you come from?" or "From which district?" or "Why are you saying that?" [the man] would give no reply, but only repeat endlessly what he had said. Senseless people, seeing him, thought that he had gone out of his wits. The wise, however, said: "That 'Woe' will be for the entire country." Let us leave this matter here as it stands, and return to the course of the narration, concerning the aforementioned emperor. [Michael] named his sister's son Caesar. Then, after reigning for seven years and eight months, he grew ill and died. Now the queen adopted the Caesar and enthroned him in her husband's stead. However, [this Caesar[25]], rather than being grateful to the queen for the good turn she had done him, plotted with his relatives to send the queen to a distant island in exile, so that the authority would belong to them alone. Indeed, they did just that. Now the queen's sister, who was named Theodora, summoned the chiefs of the city and informed them of what had transpired. When they learned about it, they notified the Western army to assemble there.

---

25 *this Caesar:* Michael V Calfat, 1041-1042.

CHAPTER IX

Եւ բռնութեամբ ի վերայ հասեալ, խնդրէին թէ ցո՛յց մեզ զմեր ծիրանափառ թագուհին, որ ի հարց եւ ի հաւուց ունի զժառանգութիւն թագաւորութեանդ. քանզի բազմաց կարծիւր թէ մեռեալ իսկ է: Իսկ նա իբրեւ ետես զբռնութիւն եւ զմիաբանութիւն նոցա, յերկիւղի լեալ՝ փութապէս դարձուցանել հրամայեաց յաքսորեացն զթագուհին: Զոր իբրեւ ետես Թէոդոռայ զքոյրն իւր, իսկոյն հըրաման տայ ունելզթագաւորն իւրեանց ազգականաւքն եւ որք նոցա մտերիմքն էին: Իսկթագաւորն փախստական եղեալ՝ կամէր յաւագ եկեղեցին մտանել՝ եւ ընդ սեղանովն թագչել եւ այնու ապրիլ: Բայց ոչ կարաց ժամանել. քանզի հետամուտքն փութով հասեալ եւ կալեալ դարձուցին, եւ յանսուրբ տեղւոջ յերկիր ընկեցեալ խաւարեցուցին զլուսարանս նորա, եւ որ դեմեսլիկոսն կոչիւր եւ զայլոց բազմաց. եւ հրամայէ զտունս նոցա յաւար, յաւեր, յապականութիւն դարձուցանել: Յորս շարժեալ քաղաքն առ հասարակ, բազում աւարառութիւնս արարին. եւ զմեծամեծ եւ զգեղեցիկ ապարանս մինչեւ ի հիմունս քակեալ՝ յապականութիւն դարձուցին: Եւ այնքան ծանրացաւ խռովական ամբոխն յաւարառութիւնս խանձեալ, մինչ զի զպարիսպն պալատին խրամատեալ՝ բազում գանձս ի թագաւորական գանձուցն արտաքս պեղեցին. զոր հազիւ կարացին դադարեցուցանել զամբոխն գլխաւորքն քաղաքին, արեգակն աւգնական լինելով նոցա՝ զծայրս արեւուն յինքն ժողովելով:

Then forcibly going against [Michael V], they demanded: "Show us our imperial queen who has inherited the kingdom from her fathers and grandfathers." For many people believed that she had died. Now [Michael V] as soon as he observed their strength and unity, became frightened and hastily ordered that the queen be brought back out of exile. Seeing her sister, Theodora instantly ordered that the emperor, his relatives, and their intimates be seized. The emperor took to flight, wanting to enter the senior church and save himself by hiding under the altar. However, he was unable to reach [the church], for pursuers quickly caught him, turned him back, and, at an unholy spot they threw him to the ground and blinded him. [The same thing was done] to the one styled *demeslikos,* and to numerous others. And she ordered that their homes be plundered, pillaged, and destroyed. The entire city struck out and effected great pillaging, demolishing to the foundations very large and beautiful mansions, and destroying them. But the agitated mob, thirsting for booty, had grown so large that it even breached the wall of the palace, and excavated numerous precious items from the royal treasuries. The principals of the city were barely able to stop the mob, and [in this] the sun helped them, by setting.

Իսկ թագաւորն որ երեկ յոսկի աթոռն նստեալ՝ հրաման տայր տիեզերաց, այսաւր խաւարեալ ի լուսոյ՝ նստի յաթոռ նանրութեան եւ նախատանաց. եւ որ կարծէին ծովու եւ ցամաքի տիրել յաւիտենից, ի միում վայրկենի եւ զանձանց եւս կորուսին զփրկութիւն: Եւ եղեն արդարեւ ըստ մարգարէին, որպէս խոտ տանեաց, որ մինչեւ ի բուռն եկեալ էր՝ չորացաւ. յորմէ ոչ լցաւ բուռն հնձողին եւ ո՛չ լցան գիրկք բարձողացն զորայն. նաեւ բարեբանութիւն անցաւորացն ո՛չ կաթեաց ի լսելիս: Այսոքիկ են առաւրեայ պատմութիւնք կեսարուն, որ թագաւորեաց ամիսս վեց:

Now the emperor who yesterday was seated on a golden throne giving out orders to the whole world, today, blinded, sat on a chair of futility and insult; and those who thought to rule in perpetuity over land and sea, in one moment had lost their own salvation. Indeed it came to pass just as the prophet had said, that [they were like] the grass on the housetops which withers before it grows up, with which the reaper does not fill his hand or the binder of sheaves his bosom, nor were the good tidings of passersby heard.[26] Such is the ephemeral history of the Caesar who reigned for six months.

---

26 cf. Psalm 129:7.

ԳԼՈՒԽ Ժ

Եւ սա ըստ մարգարէին տեսողութեան՝ ի խեցի մասնէ. քանզի հայր սորա ի պալատին զգայիոսութեան ունէր զպատիւ, յորմէ ամենայն դատաւորք աշխարհին առաքին: Յետ անկատար թագաւորութեան կեսարու՝ մռնչեալ մատակ առիւծն ի վերայ ընկերին ի խշտիս իւր, քանզի ոչ սակաւ տարակոյսք զնա պաշարեալ պահէին, զի զոք յիւրայնոց չունէր արժանաւոր թագաւորութեան. եւ զոր առ յորդեգիրս, եւ արար տէր եւ թագաւոր աշխարհաց, նա փոխարէնս զայն հատոյց նմա, զոր խուն մի յառաջ նշանակեցաք: Եւ ապա զի՞նչ առնէ. ելանէ արտաքոյ կանոնական կարգաց, եւ կոչէ զայրս զայս յառաջ եւ առնէ այր իւր. եւ նստուցանէ զնա յաթոռ թագաւորութեան: Զաւր բազումք կարծեցին սիրելս գոլ նմա, բայց ես ոչ գիտեմ, եթէ այսպէս է եւ եթէ այնպէս. որպէս ինքն յիւրում հրովարտակին գրեալ էր յերախտիս աշխարհի, եթէ վասն աշխարհի խաղաղութեան ոչ խնայեցի յիս, եւ վասն այնորիկ յանարժան գործ համարձակեցայ:

Ի սորա յառաջին ամին ապստամբեաց որդին Մանեակ, որ ունէր զարեւմտից կողմն, այր քաջ եւ անուանի, եւ զբազումս միաբանեաց ընդ իւր: Եւ եկեալ բազում զաւրաւք մինչեւ ի դուռն թագաւորական քաղաքին, եւ այնքան բռնացաւ ի վերայ ըստ ուժոյն քաջութեան, մինչ զի բազումք ակամայ կամաւք ետուն զանձինս նմա ի հնազանդութիւն. քանզի կարծեցին զնա գոլ թագաւոր վասն բազում պատեհութեանցն որ ելանէին նմա: Քանզի երկիցս եւ երիցս ելին զաւրք թագաւորին եւ ճակատեցան ընդ նմա եւ պարտեալ ի նմանէ, դարձան առ թագաւորն մեծաւ անարգանաւք:

CHAPTER X

In accordance with that apparition of the prophet, this [Constantine[27]] also was part of the crockery. For in the palace his father had occupied the office of *gayiosut'iwn* from which all the judges of the land were dispatched. Following the incomplete reign of the Caesar, the lioness [the queen] was roaring in her den for a companion. For she was greatly troubled that none of her own people were worthy of the realm; and as for the one she had adopted and made lord and emperor of the lands, she was requited by him as we described above. So what did she do? Going outside the canonical stipulations, she called forth this man [Constantine] and made him her husband, and enthroned him on the royal throne. Many thought that he was her lover. I do not know whether this is true, or whether it was as she herself had written in her edict that: For the good of the land and for peace I have not spared myself, and therefore dared to do such an unworthy deed.

In the first year of [Constantine's] reign, the son of Maneak, who held sway in the western part, a brave and renowned man rebelled, and many united with him. With numerous troops he came as far as the gate of the royal city, and with the force of his bravery so tyrannized over [the city] that many involuntarily submitted to him. For they believed that he would be emperor, because of the numerous [examples] of good fortune which attended him. For two and three times the army of the emperor had arisen, fought with, and were defeated by him, returning to the emperor with great dishonor.

---

27 *Constantine* IX, Monomachus 1042-1055.

CHAPTER X

Իսկ ի գալ վերջին պատերազմին, յորում ուշ եղեալ էր ամենեցուն, զի զկնի այնր յաղթութեանցն՝ ամէնն նմա հնազանդեցին եւ զնա արասցեն թագաւոր. բայց քանզի չխորհեցաւ Աստուծով թագաւորել, այլ ի զաւրութիւն ուժոյն իւրոյ ապաստան եղեւ, զԱբխողոմայն ի հեռուստ ախտացեալ, արբեալ ամբարտաւանութեամբ, վասն որոյ զնորայն հատոյց զդատաստան։ Ի մէջ ճակատուն գտին զնա անկեալ, հզաւր հրեշտակի աւանդեալ զոգի նորա, առանց ուրուք նմա ի դիմի հարեալ։ Զայս արարեալ եւ առնէ ամենիմաստապէս ամենեցուն տէրն եւ արարիչն, որ կարաւղն է քաղել զոգիս իշխանաց, ահաւոր գոլով քան զամենայն թագաւորս երկրի. զի «Մի՛ պարծեսցի հզաւրն ի զաւրութիւն իւր, եւ մի՛ մեծն ի մեծութիւն իւր, եւ կամ իմաստունն յիմաստութիւն իւր, որպէս ի գրոց լուաք. այլ տերամբ պարծեսցի որ պարծին եւ արասցէ իրաւունս եւ գործեսցէ զարդարութիւն ի վերայ երեսաց երկրի»։ Որ է արդարեւ յոյժ պարծանաց եւ գովութեանց արժանի, եւ յիշատակ նորա կայ մնայ յաւիտեան, եւ «Եղջիւր նորա բարձր եղիցի փառաւք» որպէս ի սաղմոսարանի անդ գրեալ է։

During the last battle everyone was intending that after his triumph they would submit and make him emperor. However, since [Maneak's son] did not think to reign through God but rather placed his hopes on the power of his might having become infected from afar by Abisoghom, filled with impiety, [God] requited him with the verdict [visited upon Abisoghom]. For they found [Maneak's son] fallen in the battle, without having fought anyone: a powerful angel took his soul. The creator and lord of all did this and does this in the wisest fashion. He who is more awesome than all kings can harvest the souls of princes so that "Let not the wise man glory in his wisdom, let not the mighty man glory in his might, let not the rich man glory in his riches; but let him who glories glory in this, that he understands and knows Me, that I am the Lord who practices steadfast love, justice, and righteousness in the earth."[28] Such [a man] truly is worthy of great glories and praise, and a memory of him will endure until eternity "His horn shall be elevated in glory," as is written in Psalms.[29]

---

28 1 Samuel 2:10; Jeremiah 9:23-24.
29 Psalms: 112:9.

CHAPTER X

Այսպիսի էր եւ մեծն Դաւիթ. որ թէպէտ ի տեսանողէն աւծաւ թագաւոր, եւ ընդ աւծութեանն ընկալաւ ոգի զաւրութեան եւ մարգարէութեան, որ զգազանսն բուռն հարեալ իբրեւ զուլս այծից ճեղքէր. յորս վստահացեալ, անպարտելի սկայազնին ընդդէմ ճակատեալ, զխելապատակն նորա պարսաքարիւ ջարդեալ յերկիր ընկենոյր, բառնալով զնախատինս յԻսրայելէ. բայց սակայն բազում անգամ հալածեալ ի Սաւուղայ, ներէր եւ անսայր կոչողին հրամանի. ոչ միայն չխնդրէր բռնութեամբ տիրել թագաւորութեանն, այլեւ երկիցս ի ձեռն անկեալ հալածիչն, խնայեաց ի նա իբրեւ ի բարեգործ. եւ որ սպանանելն կամէր, սաստեալ նմա ասէր. «Մի՛ մխեր զձեռն քո ի դմա, զի աւծեալ տեառն»: Վասն որոյ հաճեալ Աստուած ընդ կամս նորա ասէր. «Գտի այր ըստ սրտի իմոյ, որ արասցէ զհաճոյս իմ»: Իսկ սա ո՛չ ած այսպիսի զմտաւ ինչ, եւ ոչ անսաց Աստուծոյ հրամանին. այլ կամեցաւ անձամբ առանց Աստուծոյ թագաւորել, մոռացեալ զաստուածային հրամանն՝ որ ի ձեռն մարգարէին զթագաւորսն Իսրայէլի թշնամանելով ասէր. «Վա՜յ է նոցա զի կամեցան թագաւորել եւ ոչ ինեւ», եւ որ այլն եւս:

Such a one was the great David who was anointed king by the prophet, and received with that the soul of strength and prophecy, (he could crush wild beasts as though they were goats' kids). Confident of his [powers] he battled against the unbeatable giant, crushing his head with a jawbone, laying him flat on the ground, and putting to rest the insult against Israel. Nonetheless [even the mighty David] pardoned Saul who had persecuted him many times, and hearkened to the caller's order. Not only did he not attempt to rule his realm with brute force, but two times he let his hands drop, sparing his persecutor as a benevolent act, and angrily replying to those wishing to kill: "Do not touch him, for he is the Lord's anointed."[30] For this reason, God loved [David] and said: "I have found a man after my heart who shall do what pleases me."[31] However, [Maneak's son] did not think about such matters, and did not heed God's command. Rather, he wanted to rule alone, without God, forgetting that divine command which [God] had announced by means of the prophet, in anger against the kings of Israel: "Woe to those who wish to rule without me," and so forth.

---

30 1 Samuel 24:6.
31 Acts 13:22.

CHAPTER X

Արդ՝ ո՛չ եթէ թագաւորս այս գովութեանց ինչ արժանի է, եւ վասն այնորիկ արգահատեաց ի նա Աստուած, այլ զաթոռն պատուէ, եւ զանբարտաւանութեան աղբիւրն խնու. որպէս առ Հրէայսն Փրկիչն վարդապետելով ասէր. «Յաթոռն Մովսեսի նստան դպիրքն եւ փարիսեցիքն». որ թէպէտ ինքեանք կեղծաւորեալք էին, այլ վասն աթոռոյն՝ հրամայէ հնազանդ լինել: Ուստի եւ մեծն Պաւղոս խրատեալ երանելի ձայնիւն այնուիկ գրէ առ Հռովմայեցիսն. «Ամենայն անձն, ասէ, որ ընդ իշխանութեամբ իցէ, ի հնազանդութեան կացցէ. զի ոչ ուստեք է իշխանութիւն, եթէ ոչ յԱստուծոյ». չասէ զիշխանէն, այլ զիշխանութենէն, այսինքն զաթոռոյն. քանզի ոչ եթէ զամենայն իշխան Աստուած յարուցանէ: Եւ ի վերայ էած, թէ «Որ հակառակ կայ իշխանութեանն, Աստուծոյ հրամանին հակառակ կայ. եւ որք հակառակն կան, անձանց դատաստանս ընդունին». որպէս եւ սմա իսկ եղեւ: Զի ոչ թէ ի մարդկանէ ումեքէ դատեցաւ, այլ յիրաւացի Աստուծոյ դատաստանացն, որ զամենայն ինչ կշռով դատի եւ իրաւամբք. զի ակն է նորա արթուն, եւ ծածուկք մեր յայտնի են առաջի ամենատես գիտութեան նորա:

Now it was not that this monarch was worthy of any praise and was so pitied by God, but that [God] wanted to honor the throne and stop the source of impiety. [It was] just as the Savior said when preaching to the Jews: "Scribes and Pharisees have sat on the throne of Moses."[32] Despite the fact that they were hypocrites, [the Savior] commanded [the people] to obey them because of the throne. The great Paul, counseled by such venerable words wrote to the Romans: "Let every person be subject to the governing authorities. For there is no authority except from God."[33] He was not speaking about a prince, but about princeship, that is, about the throne, for God did not set up every prince. [Paul] added: "Therefore he who resists the authorities resists what God has appointed, and those who resist will incur judgment."[34] This is exactly what befell [Maneak's son], for he was not punished by any man but by the righteous verdict of God, which judges all properly and justly. For His eye is alert and our secrets are revealed before His all-seeing wisdom.

---

32   Matthew 23:2.
33   Romans 13:1.
34   Romans 13:2-23.

CHAPTER X

Որպէս երանելին Դաւիթ սաղմոսելով խոստովան լինի Աստուծոյ. «Դու ծանեար զյետին իմ եւ զառաջին իմ»: Սմին նման եւ առաքեալն գրէ առ Եբրայեցիսն, թէ «Չիք ինչ արարած աներեւոյթ յերեսաց նորա»: Զոր եւ մանկունքն ի հնոցին գովելով ասէին, «Որ նստիս ի քերովբէս եւ հայիս յանդունդս, գովեալ ես եւ առաւել բարձրացեալ յաւիտեան». զի ի բարձրութենէ տեղեացն՝ զստոյգ գիտութիւնն յայտ արարին ըստ սաղմոսողին երգոցն, թէ «Տէր յերկնից յերկիր նայեցաւ»: Այս կերպ եւ բարձրն Եսայիաս. «Աչք տեառն բարձունք են, եւ մարդ տառապեալ. եւ խոնարհեսցի բարձրութիւն ամբարտաւանից, եւ բարձրասցի տէր միայն իրաւամբք եւ արդարութեամբ, եւ սուրբն փառաւորեսցի:» Այսոքիկ եղեն ի սկզբան թագաւորութեան Կոստանդեայ, յորում էր թուականութեանս մերոյ ամք չորեքհարիւր իննսուն:

Իսկ զկնի երից ամաց եհաս կատարած կենաց տանս Հայոց. քանզի ի միում ամի զրաւեալ յաստեացս՝ բարձան ի կենաց երկոքին հարազատ եղբարքն Աշոտ եւ Յովհաննէս, որ ունէին զթագաւորութիւն մերոյ աշխարհիս: Յորում շարժեցաւ աթոռ հաստատութեան նոցա, եւ այլ ոչ էառ զկայումն. յորում ելին իշխանքն ի հայրենի ժառանգութենէ իւրեանց, եւ եղեն պանդուխտ յաւտար երկիր. յորում աւերեցան գաւառք եւ գնացին յաւար տանն Յունաց: Եղեն շինանիստ աւանք՝ բնակութիւն գազանաց, եւ անդաստանք նոցա՝ յարաւտ երէոց: Տունք ցանկալիք, բարձրաձեղունք եւ մեծամեծք՝ եղեն բնակութիւնք համբարեաց եւ յուշկապարկաց, զոր ողբան սուրբ մարգարէքն զամայանալն Իսրայելի. «Անդ հան ոզնի ձագս եւ սնոյց առանց երկիւղի զորդիս իւր»:

Just as the blessed David confessed to God in a Psalm: "You knew of my actions and my deeds,"[35] the Apostle wrote to the Hebrews in a similar vein: "And before Him no creature is hidden."[36] And the children in the fiery furnace said in praise of Him: "You Who sit among the cherubim and gaze at the void are eternally praised and yet more glorified."[37] For from the elevation of [His] place they revealed [His] accurate knowledge, as the Psalm states: "The Lord looked from Heaven to earth."[38] Thus did the great Isaiah say: "The haughty looks of man shall be brought low and the pride of men shall be humbled; and the Lord alone will be exalted in that day."[39] Such things occurred at the outset of Constantine's reign, which was the year 490 according to our [Armenian] calendar [1041].

Three years later, Armenia's life came to an end. For in one year the two brothers Ashot and Yovhannes, who held the kingship of our land, died. Thereupon their throne of stability was moved and never more came to rest; thereupon the princes arose and departed from their patrimonial inheritances and became wanderers in a foreign country; thereupon districts were destroyed, looted by the Greeks. Cultivated *awan*s became the dwellings of wild beasts, and their fields the pastures of deer. Houses, desirable, many-storied and grand, became the habitations of sirens and centaurs. Thus did the blessed prophets lament the desolation of Israel: "The porcupine shall bear her young there and raise them without fear."[40]

---

35 Psalms 44:21.
36 Hebrews 4:13.
37 Daniel 3:54.
38 Psalm 14:2.
39 Isaiah 2:11.
40 Isaiah 34:11.

CHAPTER X

Եղեն հանդիսաւոր տեղիք վանորէից՝ այրք աւազակաց. եւ եկեղեցիք որ ի նոսա՝ որ զերկնից բերէին զնմանութիւն վասն պայծառ շինուածոցն, եւ վասն գեղեցկաշուք զարդարանացն, եւ վասն անշէջ լապտերացն եւ ջահիցն վառման, որոց լուսոյն առոյգութիւն ընդ աւդոյն տարածեալ՝ այսր անդր ճաւճելով՝ զալեաց ծովու բերէր զնմանութիւն, որ ի հանդարտ ժամանակս ի քաղցրաշունչ աւդոյն սղոխք ալեացն վէտս վէտս ի վերայ միմեանց շըրջապատին. եւ անուշաբուրակ խնկոցն գոլորշիք, որ ըստ առատութեան նուիրաբերացն հրոյն ներգործեալ, զգարնանաբեր ժամանակին բալիցն ցուցանէն զաւրինակ, որ ի ծայրս լերանց նստեալ՝ արգելուն զճառագայթս արեգականն։ Իսկ զբնակողացն ի նոսա ո՛ր բան բաւական իցէ առ ի պատմել զաւրինակն. զքաղցրաձայնութիւն երգոցն եւ զանդադար սաղմոսերգութիւնն, զաստուածային գրոցն ընթերցմունսն զտէրունական տաւնիցն զհանդէս եւ զվըկայիցն զպատիւս, զմիախորհ խորհողացն զկամս եւ զառ ի յաստուածայինսն նկրտումն, եւ այլ որ եւս։

Արդ որ այսպէս եւ այսքան էին յառաջ ժամանակաւ, այժմ է տեսանել յամենայնէ թափուր եւ արուգ, յամենայն բարեփառութենէ մերկ եւ կողոպուտ զնոսա։ Փոխանակ քաղցրաձայնութեան երգոցն՝ այժմ բուէճք եւ տտաղեղունք են դասագլուխք. եւ փոխանակ սաղմոսական նուագացն, տատրակ եւ աղաւնի երգեն ի նմա, ըստ մարգարէին՝ քաղցրաձայնութեամբ կարդալ զձագս իւրեանց։

The solemn places in the monasteries became [dwelling places] for robbers as did the churches in them. [These churches] with their glowing structures, their gorgeous adornments, their ever-lit candles and candelabras whose light, mixing with the air, flickering here and there, resembled the waves of the sea at rest when gentle zephyrs cause them to ripple, gently embracing each other. The generously donated incense, whose smoke rose fragrantly up from the power of the fire, resembled the spring mists settled around the summit of a mountain which blocks and covers the sunbeams. As for [the clerics] who dwelled in [the monasteries], what language is sufficient to describe them? Their sweet songs and ceaseless singing of psalms, their reading of Scripture, their commemorations of the Lord's feast-days and of the martyrs, their united will, and their enthusiasm for the divine, and much else.

Things were once this way. But now, [the churches] are stripped and denuded of everything, devoid of all glories, sacked. In place of those mellifluous songs, now we have [the cries] of owls and screech-owls who have become the choirmasters. In place of psalm-singing, the dove and turtle-dove are singing, as the prophet said: they sweetly summon their young.

CHAPTER X

Ջահքն շրջեալք, եւ բուրումն անուշահոտ խնկոցն սպառեալ. եւ սեղան սուրբ խորհրդոյն՝ որ երբեմն ժամանակաւ իբրեւ զնորահարսն առագաստի չքնաղագեղ զարդու զարդարեալ էր՝ պսակ փառաց ունելով ի դէմս իւր, այժմ է տեսանել տեսութի՜ւն ողորմելի եւ բազում արտասուաց արժանի, մերկացեալ ի զարդուց, լցեալ փոշւով, լեալ հանգրուանք ագռաւուց: Այսորքիկ ամենեքեան երկայնի պիտոյ բանի պատմութեան, նաեւ վերին շնորհին աւգնականութեան, որպէս զի կարիցեմք ի նպատակ բանիս ուղղել: Արդ ի վերջէ յառաջինսն տանելի է մեզ զպատմութիւնս:

Յորժամ մեծն Կոստանդին հիւանդացաւ հիւանդութիւն՝ որով եւ մեռաւ իսկ, հրաման տայ որք մերձն կային եթէ ելեալ խնդրեցէք զայր ոք ի Հայոց զո՛ր եւ գտանիցէք, եւ ածէք այսր: Եւ ելեալ խնդրակացն գտին զերէց ոմն Կիւրակոս անուն, որ կաթողիկոսարանին հիւրատէսն էր, եւ բերեալ առաջի թագաւորին, եւ տեսեալ զնա թագաւորին ետ զնամակն որ վասն Հայոց աշխարհին էր ցնա, եւ ասէ. Տա՛ր զգիրդ եւ տո՛ւր ի թագաւորն Հայոց. եւ ասա, թէ որովհետեւ հանգոյն ամենայն հողածնաց մահու հրաւէրս եւ մեզ ժամանեաց, ա՛ռ զգիր քո եւ տո՛ւր զթագաւորութիւնդ որդւոյ քո, եւ որդի քո որդւոց իւրեանց մինչեւ յաւիտեան: Եւ ինքն առեալ զոտս իւր ի մահիճս վախճանեցաւ:

The candles have been extinguished; the sweet fragrance of incense has passed. The holy altar which at one time had been adorned and embellished like a new bride wearing a crown of glory, has now become a pitiful spectacle, one worthy of many tears: stripped of adornments, covered with dust, and a perching place for crows. A description of all of this would lengthen the narration and require the aid of grace from On High to complete it. It is time now to move forward in our narration.

When the great Constantine had fallen sick with the illness that killed him, he ordered those close to him to go forth and find someone from Armenia and to bring him there. Those who went out found a certain elder, named Kiwrakos, who served as superintendent of the guest apartments at the Catholicosate. They led him before the emperor. When the emperor saw him, he gave him a letter regarding the land of Armenia and said: "Take this document and give it to the king of Armenia and say, 'Since that invitation for death which is sent to all mortal beings has also come to me, take your letter and give your realm to your son, and let your son give it to his sons, for all time!'" Then, lying on his bed, [Constantine] died.

CHAPTER X

Իսկ նորա առեալ զնամակն պահեաց առ իւր մինչեւ ի ժամանակս Միխայիլի թագաւորութեանն, եւ վաճառեալ նմա՝ առ գանձ բազում. Ո՞վ դառն վաճառոյն այնորիկ. քանի՞ արեանց զանձն պարտական կացոյց. քանի՞ եկեղեցիք ի ձեռն վաճառոյն այնորիկ աւերեցան. քանի՞ գաւառք անմարդ, ամայի դարձան. քանի՞ մեծանիստ աւանք մարդաթափ ի բնակչաց եղեն: Այլ զբովանդակն յիւրում տեղւոջն ասասցուք. եւ մեք զկարգ պատմութեանս որպէս սկսաք՝ յառաջ վարեսցուք: Արդ ի հասանել համբաւոյ մահու թագաւորացն ի լսելիս ինքնակալին Հոռոմոց, եւ գտեալ զգիր նամակին Հայոց, իբրեւ իւրեան սեպհական ժառանգութիւն՝ հոգ տարաւ առնուլ զքաղաքն Անի եւ զաշխարհն: Իսկ մի ոմն ի գլխաւոր ազատացն Հայոց Սարգիս անուն՝ եդ շուք անձինն թագաւորել ի վերայ տանն Շիրակայ եւ որ շուրջ զնովաւ գաւառք. զի զամենայն գանձսն գտեալ ի տան թագաւորին Յովհաննիսի՝ յինքն ժողովեաց. վասն զի ի մահուան նորա նա էր հոգաբարձու նմա: Իսկ Վահրամ այր հզաւր եւ անուանի, եւ բարեպաշտութեամբ յոյժ վեհ, որպէս թէ ոչ ոք հաւասար նմա Պահլաւ հանդերձ իւրովք ազգակցաւք, որդւովք եւ եղբաւրորդւովք իբրեւ երեսուն ազատաւք, ոչ միաբանեցան ընդ նմա. այլ կոչեալ առ ինքեանս զԳագիկ որդի Աշոտոյ, թագաւորեցուցին ի վերայ իւրեանց, եւ իմաստութեամբ եւ հնարիւք մուծին ի քաղաքն:

Now [Kiwrakos] took that letter and kept it until the time of Michael's reign, when he sold it to him for much treasure. Oh that bitter deal! Responsible for the blood of how many people? How many churches were destroyed by reason of that sale? How many districts were depopulated and became desolate? How many populous *awan*s became uninhabited! We shall speak about all of this in the [proper]place, but now let us proceed in the order we commenced. When the Byzantine emperor heard news of the kings' deaths, he found that document dealing with Armenia, and became concerned with acquiring the city of Ani and the land, as though it were his own inheritance. A certain one of the principal *azat*s of Armenia, named Sargis, intended to rule over Shirak and the districts surrounding it, for he had gathered up all the treasures found in the home of king Yovhannes, since upon [Yovhannes'] death [Sargis] was his executor. Now Vahram *Pahlaw*,[41] a man mighty, renowned, and sublimely pious—to the point that no one was his equal together with his relatives, sons and nephews (brothers' sons) some thirty *azat*s refused to unite with [Sargis]. Instead they called to themselves Gagik son of Ashot, made him their king, then wisely and with strategems they brought him to the city.

---

41 *Pahlaw:* "the Parthian."

CHAPTER X

Իսկ Սարգիս իբրեւ ետես զեղեալսն, զգանձս թագաւորութեանն առեալ՝ ի ներքին ամուրն մտանէ յանառն Անի: Այլ Գագիկ այրական քաջասրտութեամբ միայն իջեալ առ նա, եւ ողոքական բանիւք հաւանեցուցանէ զնա. եւ նա ելեալ յամրոցէն երթայ ի բերդաքաղաքն որ կոչի Սուրմառի. այլ զամուրն ո՛չ տայ ի Գագիկ, եւ ոչ զայլ ամուրսն զորս ընդ ձեռամբ ունէր. եւ երթեալ անդ՝ դարձեալ խորհի զխորհուրդ նանրութեան, տալ զոր ունէր՝ ընդ ձեռամբ Հոռոմց, եւ ելանել առ նոսա: Իսկ Գագիկ սակաւ արամբք երթեալ մտանէ ի մէջ բանակին՝ ի խորանն ուր էր Սարգիսն, եւ ձերբակալ արարեալ զնա, մտանէ ի քաղաք թագաւորութեան իւրոյ: Եւ զոր պարտ էր զապստամբն բառնալ ի կենաց, նա զՍաւուղայն խորհեցաւ, զերկրորդ Ագագ խնայեալ՝ ընդ իւր ի կառսն նստուցանէր. վասն որոյ զՍաւուղայն ընկալաւ զհատուցումն, կեանք որ քան զմահ դառնագոյն էրն:

Յայսոսիկ յաւուրս հետամուտ եղեալ զաւրքն Հոռոմց, չորս անգամ զկնի միմեանց մտին յաշխարհն Հայոց, մինչեւ մարդաթափ արարին զերկիրն ամենայն սրով եւ հրով եւ գերութեամբ: Զորոյ զնշանակ չարեացն յորժամ զմտաւ ածեմ՝ յիմարի անձն իմ եւ ափշին միտք իմ, եւ յահագին զարհուրանացն զդողի առեալ ձեռինս՝ զոճ տողիս ոչ կարեմ յառաջ խաղացուցանել. զի դառն է պատմութիւնս, եւ բազում ողբոց արժանի:

When Sargis saw what had developed, he took the royal treasures and entered the citadel of impregnable Ani. Gagik descended to see him alone, with manly brave-heartedness, and, using beseeching words, he was able to persuade him. [Sargis] quit the stronghold, and went to the fortified city called Surmarhi. However, he gave to Gagik neither the stronghold [of Ani] nor the other strongholds under his sway. Having gone [to Surmarhi] once again, [Sargis] thought up a futile scheme; to give whatever he possessed to the Byzantines, and to go to them. Now Gagik with a few men went amidst the army to the tent where Sargis was. He arrested him and entered his capital city. The rebel should have been killed. But Gagik, reasoning like Saul, spared that second Agag, seating him in his own carriage. Therefore, like Saul, he was requited with a life more bitter than death.

In these days Byzantine armies entered the land of Armenia four times in succession until they had rendered the whole country uninhabited through sword, fire, and captive-taking. When I think about these calamities my senses take leave of me, my brain becomes befuddled, and terror makes my hands tremble so that I cannot continue my composition. For it is a bitter narration, worthy of copious tears.

CHAPTER X

Աշխարհ՝ որ երբեմն ժամանակաւ իբրեւ զդրախտ տնկախիտ առաջի իւր, կանաչազեղ, տերեւալից, պտղաբեր, գեղեցկաշուք եւ երջանիկ անցաւորացն ցուցանիւր. քանզի իշխանք նստէին յիշխանական գահու զուարթահայեաց դիմաւք, եւ զաւրացն՝ զգարնանաբեր ծաղկանոցաց բերեալ զնմանութիւն՝ վառ ի վառ գունովք առաջի կացեալ, ուրախական երգոց եւ բանից միայն լինէին հանդէսք. ուր եւ ձայնք փողոցն եւ ծնծղայիցն եւ այլ երգեցողական արուեստիցն զլսողացն անձինս լի՛ առնէին ուրախական բերկրանաւք: Անդանաւր եւ ծերք նստէին ի հրապարակս հարկաւոր եւ պատուական ալեաւք բարգաւաճեալ. այլ եւ մարք զմանկունս ի գիրկս ընկալեալ. եւ մայրենի գթովքն աղէխարշեալ, վասն առատ ուրախութեանցն մոռանային զտխրական ժամանակս երկանց, զաւրէն աղաւնեաց զնորափետուր ձագաւքն թոթռելով: Զի՞նչ ասացից եւ զհարսանցն ի սենեկի, եւ զփեսայիցն յառագաստի զսիրահարուստ ըղձիցն զբորբոքումն եւ զանժոյժ բնութեանն զհակամիտութիւն:

Այլ եւ ի վեր տանելի է մեզ բանս, առ հայրապետական աթոռն եւ առ թագաւորական պատիւն: Զի մինն զաւրէն ամպոյ խտացեալ ի պարգեւաց հոգւոյն՝ ի ձեռն վարդապետական շնորհին՝ ցաւղէր զցաւղ կենաց. որով պարարտացեալ պտղաբերէր եկեղեցւոյ դրախտ, արթուն պահապանս ի վերայ պարսպաց նորա կարգելով զառ ի յինքենէ ձեռնադրեալսն:

Prior to this, our land appeared to travelers as a paradise with vegetation dense, green, leafy, fruit-bearing, gorgeous and happy. For princes occupied their princely stations with beaming countenances, and their troops stood before them resembling spring gardens in their blazing colors. And [military] reviews were but occasions for joyous songs and words, where the sounds of trumpets and cymbals and other musical instruments thrilled listeners with delight. At that time too the elderly sat in the squares resplendent with their venerable white hair. Mothers, babies in arm, displaying maternal compassion, and, because of their great joy having forgotten the sad period of labor, like doves constantly fluttered about their newly-feathered chicks. What shall I say about brides in [the wedding] chamber about grooms on the nuptial-couch, about passionate, fiery, unrestrained desires and propensities.

But let us ascend to the patriarchal throne and the royal dignity. For [the patriarchal throne] was like thickening clouds laden with spiritual gifts which by means of their doctrinal grace rained their life-giving waters, fertilizing the Church's fruitful garden, and [for protection, the patriarchal throne] had set up alert guards, ordained by it, poised on the ramparts.

CHAPTER X

Իսկ թագաւորն յառաւաւտինսն յորժամ ի քաղաքն ելանէր, զաւրէն փեսայի որ ելանէ յառագաստէ իւրմէ, կամ որպէս տուընջենային արուսեակն որ ի գլխոյն արարածոց բարձրանալովն զամենայն տեսանելիս յինքն ձգէ, այսպէս եւ նա պաղպաջէր փաղփուն հանդերձիւք եւ մարգարտախուռն թագիւն, եւ զամենայն մարդ ի տեսութիւն եւ ի զարմանս ցուցանէր. որ եւ սպիտակամազ նժոյգ՝ ոսկեզաւծ զարդիւք առաջի ընթանալով, ի ճառագայթից արեգականն որ զնովաւ հարկանիւր շլացուցանէր զտեսողացն տեսանելիս: Իսկ զաւրացն բազմութիւն խուռն առաջի ընթանալով՝ զաւրէն ծովային ալեացն զփիմեամբ կուտակելով: Նաեւ անապատական վայրքն լցեալ եւ խըճողեալ էին կրաւնաւորական դասուք, մինչ զի զգիւղս եւ զագարակս առ բարի նախանձ քահեալ՝ առնէին բնակութիւն կրաւնաւորաց: Զայս եւ որ սոցին նման է, առաւել ունէր աշխարհս մեր: Եւ զայս զի գրեցի, զի յորժամ զսոցին հակառակն պատմեցից, ամենեցունց շարժեցից արտասուս:

Արդ այժմ թագաւորն անկեալ ի պատույ, իբրեւ զգերի կալանաւոր նստի ի հեռաբնակ տեղիս. այսպէս եւ հայրապետական աթոռն ամայացեալ ի բնակողէն՝ ցուցանի տխուր դիմաւք իբրեւ զկին նորահարսն՝ մնացեալ յայրիութեան: Հեծելազաւրն անտէրունչ շրջեալ ոմն ի Պարսս, ոսն ի Յոյնս, ոմն ի Վիրս: Սեպուհ գունդն ազատաց

As for the king, at dawn when he came forth from the city, he resembled the bride-groom arising from his nuptial-couch, or the sun which, rising over the heads of all creatures, arrests everyone's gaze. The king also glittered in resplendent clothing and in a crown adorned with pearls, capturing everyone's attention and astonishing them. The white steed, adorned with golden ornaments, which went before [the king], returned the sun's rays and dazzled the eyes of beholders. The dense multitude of the people which went in advance were like waves of the sea, piling upon each other. The retreats were crowded and filled with the clerical orders, to the point that villages and fields, motivated by good envy, became abodes of clerics. Our land had many such things [in the past]. I have written down this [description] so that when I explain what befell [the country] all shall be moved to tears.

Today, the king, fallen from honor, sits like a captive in a distant place. Similarly, the patriarchal throne devoid of occupants, displays the sad face of a new bride, newly widowed. The cavalry wanders about lordlessly, some in Persia, some in Greece, some in Georgia. The *sepuh* brigade of *azat*s has left its

ելեալ ի հայրենեաց, անկեալ ի ճոխութենէ, մինչեն ուր եւ են իբրեւ զկորիւնս առիւծուց ի խշտիս իւրեանց: Արքունական ապարանքն աւերակ եւ անմարդի: Մարդաբնակ աշխարհին թափուր ի բնակչաց: Ոչ լսի ձայն ուրախութեան ի կուրս այգեաց, եւ ոչ բարեբանութիւն առ կոխաւղս հնձանի: Ոչ խաղան մանկունք առաջի ծնողաց, եւ ոչ նստին աթոռով ծերք ի հրապարակս: Ոչ լսի ձայն հարսանեաց, եւ ոչ զարդարին առագաստք հարսնարանի: Պակասեաց այս ամենայն եւ կորեաւ եւ «Ոչ եւս յաւելուցու յառնել» ըստ սաղմոսողին ձայնի:

Այժմ յողբս փոխեցաւ մեզ ամենայն, եւ ուրախութեան պատմուճանն այն յարջնազգեստ խորգ փոխեցաւ: Ո՞վ լսելիք տանիցին զթշուառութեանս մերոյ զպատմութիւն: Ո՞վ սիրտ քարեղէն, որ ոչ լքանի հառաչմամբ եւ բեկանի հեծեծելով: Ժամ է ինձ յԵրեմիայի ողբոցն խառնել ընդ մեր հառաչանս. «Ճանապարհք Սիովնի, ասէ, սգան, զի ոչ ոք է որ մտանէ»: Այսորքիկ ասացան յայնժամ յաւերն Երուսաղէմի, բայց կատարեցաւ այժմ:

Արդ այս ամենայն ի վաճառէն յայնմ հանդիպեցաւ Հայոց՝ զոր յառաջ սակաւ մի յիշեցաք: Այս վաճառ անմարդագոյն գոլ թուի ինձ քան զՅուդայինն. քանզի անդ թէպէտ վաճառաւղն ընդ պարսաւանաւք, այլ վաճառոն գին եղեւ փրկութեան ամենայն աշխարհի:

patrimony and fallen from wealth; they growl wherever they happen to be, like lion cubs in their lairs. The royal palace has become an uninhabited ruin. The populated land has become stripped of its inhabitants. I hear not the sound of joy when the vineyards [were] harvested, nor praise for those who trample in the wine presses. Children do not play before their parents, nor do the elderly sit in chairs in the squares. I hear no sound of weddings, nor are bridal chambers embellished. All of this has become reduced and then lost as the Psalm says: "It shall not return."

Our everything has turned to lamentation; our robe of gladness has become melancholy sackcloth. What ear can bear the narration of our misfortunes? What heart of stone is there which does not turn to sighing, and break into sobs? It is time to mingle our sighs with Jeremiah's laments: "Zion's roads are mourning because there is none to cross over them."[42] Such things were said when Jerusalem was ruined, but [the same words] were fulfilled in these [present] days.

Now all of this [calamity] was visited upon Armenia because of that sale which we recalled a while earlier. It seems to me that this sale was more inhuman than the one effected by Judas, for in that case, although the seller was subjected to indignities, nonetheless that sale became the price of salvation for the entire land.

---

42   Lamentations 1:4.

CHAPTER X

Որպէս մեծն Պետրոս յընդհանրական թուղթսն գրէ. «Ոչ, ասէ, ոսկեղինաւք եւ արծաթեղինաւք գնեալ ազատեցայք ի ձեր հայրենատուր սնոտի պաշտամանցն, այլ արեամբ որդւոյն Աստուծոյ»: Իսկ աստ վաճառաւղն յոյժ ապառումն եւ տմարդի, զի այսքան չարեաց զանձն պարտական կացոյց. զի այգի զոր տնկեաց տէր, եւ մշակեաց Լուսաւորիչն մեր իւրով հնգետասանամեայ քրտնալիր աշխատութեամբ, նա քակեաց զցանկ նորա եւ կործանեաց զաշտարակս նորա, եւ արար զնա կոխան անցաւորաց. մինչ զի «ապականեաց զնա խոզ անտառի, եւ կինճ վայրի ճարակեցաւ ի նմա», ըստ դաւթական երգոցն: Արդ այսոցիկ ամենեցուն լուր առ տէր հասցէ, եւ իրաւունք նմա ի տեառնէ եղիցի. եւ մեք ի մերն դարձուսցուք զոճ բանիս: Արդ ի չորեքհարիւր իննսուն եւ չորս թուականին առաւ Անի, ո՛չ պատերազմի աւրինաւ, այլ պատիր բանիւ. քանզի երդմամբ եւ խաչիւ հաւանեցուցին զԳագիկ՝ հրամանաւ թագաւորին, թէ Միայն ի տեսանելն զքեզ, դարձուցից ի քեզ զթագաւորութիւնդ քո, եւ գրեցից զքեզ ժառանգ յաւիտենից աշխարհիդ եւ քաղաքիդ քոյ. եւ քանզի իմաստունն երդնու եւ անմիտն հաւատայ, որպէս եւ իմաստնոցն բերին բանք. եւ դարձեալ, թէ բանք ստոց պարարտ են իբրեւ զլոր, եւ անմիտք կլանեն զնա:

Thus did the great Peter write in his catholic letters: "You know that you were ransomed from the futile ways inherited from your fathers, not with perishable things such as silver or gold, but with the precious blood of Christ."[43] But in this case, the seller was extremely inhuman and cruel since he became the cause of so much evil. For the vineyard which the Lord had planted and which our Illuminator tended with fifteen years of his fatiguing labor, [this merchant] deprived of its fence and he destroyed its towers, making of it a place for passersby to trample on, to the point that "The hog of the forest sullied it, and the wild boar grazed in it,"[44] as the Davidic psalm states. Let the news of all this reach the Lord, and may justice be meted out to him [the perpetrator]. We shall now return to our narration. In the year 494A.E. [1045], Ani was taken, not through warfare, but through treachery. For [the Byzantines] by the emperor's order succeeded in convincing Gagik, using an oath and the Cross, that "I need but to see you, then shall return your kingdom to you and shall write a document giving you your land and city in perpetual inheritance." As the learned say: "The wise man swears, and the fool believes," or, similarly, "The words of liars are as succulent as quail, and fools gulp them down."

---

43 1 Peter 1:18-19.
44 Psalm 80:13.

CHAPTER X

Հաւատաց վասն երդմանցն եւ խաչին, եթէ վասն խակութեան մտացն եթէ վասն երկիւղածութեան բարուցն՝ ոչ գիտեմ. տուեալ զբանալի քաղաքին ի Պետրոս, որ յայնժամ ունէր զաթոռ հայրապետութեան Լուսաւորչին մերոյ, եւ յանձնեաց ի նա զամենայն հոգս աշխարհին մեծաւ դաշամբ եւ ուխտիւ: Եւ ոչ եկաց ի պատուէր Վահրամայ եւ այլ ազատացն որ թագաւորեցուցին զնա, այլ նենգաւորին Սարգսի սադրելոյն լուեալ՝ ել ի քաղաքէն, եւ չոգաւ ի Յոյնս զանդարձ ուղեւորութիւն. իբրեւ զձուկն ի կարթէ ըմբռնեալ կամ իբրեւ զհաւ ի ծուղակաց: Զոր տեսեալ թագաւորին՝ ո՛չ յիշեաց զերդմունսն, եւ ոչ զխաչին զմիջնորդութիւնն. այլ առ իւր արգել, եւ խնդրէր թէ Տո՛ւր զԱնի, եւ ես տաց քեզ փոխանակաւ զՄելիտինէ զգաւառսն որ շուրջ զնովաւ: Այլ նա ո՛չ առնու յանձն:

Եւ ի յերկարիլ խնդրոյս այսորիկ, Գրիգոր որդի քաջին Վասակայ, ելեալ եւ նա գնաց առաջի թագաւորին: Եւ քանզի այր իմաստուն էր եւ խելամուտ յոյժ աստուածային գրոց, որպէս թէ ո՛չ այլ ոք, իբրեւ ետես եթէ ոչ են թողլոց զԳագիկ ի տեղի իւր, յառաջ կացեալ տայ զբանալին Բջնոյ ցթագաւորն, եւ զամենայն զիւր զհայրենի ժառանգութիւնն. եւ մեծարեալ ի նմանէ՝ առնու զպատիւ մագիստրոսութեան, եւ զտեղիս բնակութեան ի սահմանս միջագետաց գիւղս եւ քաղաքս, գրով եւ ոսկի մատանեաւ յազգէ յազգ մինչեւ յաւիտեան:

I do not know why [Gagik] believed them, whether because of the oaths and the Cross, because of immaturity, or because of a timid nature, but [in any case] he gave the keys of the city [of Ani] to Petros[45] who then occupied the patriarchal throne of our Illuminator; and [Gagik] with great conditions and oaths entrusted [Petros] with all the concerns of the land. [Gagik] did not heed Vahram and the other *azat*s who had put him on the throne, but rather he listened to the deceitful support of Sargis and so left the city and went to the Greeks on a one-way journey, like a fish caught on the line, or a bird ensnared in a trap. Now when the [Byzantine] emperor saw [Gagik], he forgot about his oath and the intercession of the Cross. No, he obliged [Gagik] to remain with him and demanded: "Give me Ani and I shall give you in exchange [the city of] Melitene [Malatya] and the surrounding districts." But [Gagik] did not consent.

As the demand [for Ani] was being prolonged, Grigor, son of the brave Vasak, went before the emperor. [Grigor] was a sagacious man, so learned in theology that he was without equal. When he realized that they would not permit Gagik to return to his country, [Grigor] went before the [Byzantine] emperor and gave him the key to Bjni and to all of his patrimonial inheritance. He was honored by the emperor and received from him the dignity of magister and a place to dwell including villages and cities in the Mesopotamian borders. [This was given] in writing and stamped with a golden seal, and [the territory] was to be [Grigor's family property] from generation to generation until the end of time.

---

45 *Petros* I Gedadardz, 1019-1058.

CHAPTER X

Իսկ քաղաքացի գլխաւորքն որ նստէին յԱնի, իբրեւ տեսին թէ արգելաւ Գագիկ ի Յոյնս, խորհեցան երբեմն ի Դաւիթ տալ զքաղաքն ի Դունացին, քանզի քոյրն Դաւթի կին էր նորա, երբեմն ի Բագարատ թագաւորն Ափխազաց: Իբրեւ ետես հայրապետն Պետրոս զայնպիսի խորհուրդ, թէ ո՛ւմ եւ իցէ՝ ի գնալ է քաղաքս, առաքէ առ այն որ ունէր զիշխանութիւն արեւելից կողմանն, որ նստէր ի քաղաքին Սամուսատ, զոր ասեն ի հինսն շինեալ Սամփսոնի եւ գրէ, թէ Ծանո՛ թագաւորին թէ մեզ զի՛նչ հատուցանէ փոխարէնս, եւ ես տաց զքաղաքս եւ զայլ ամուրս որ յաշխարհիս են: Իսկ նա իբրեւ լուաւ փութապէս ծանոյց թագաւորին. եւ լուեալ թագաւորին, գանձիւք եւ իշխանութեամբ հաճեալ զկամս նորա, եւ այնու տիրեցին Անւոյ եւ ամենայն աշխարհին:

Իսկ Գագիկ աներախտի մնաց առ թագաւորն. որում առ մարդասիրութեան տուեալ նմա տեղիս, զոր ինքն կամեցաւ, որ յոյժ պակաս էր ըստ արժէիցն Անւոյ եւ այլ աշխարհին, զշնորհակալիսն եւ զտրից տուրսն կաթուղիկոսին հատուցին, յորմէ զքաղաքն առին: Եւ Գագիկ հրամանաւ թագաւորին առնու իւր կին զդուստր Դաւթի որդւոյ Սենեքերիմայ, եւ տիրէ նորին բաժնին. քանզի Դաւիթ վաղճանեցաւ չունելով այլ զաւակ ժառանգաւոր:

When the principal citizens of Ani saw that Gagik was confined in Byzantium they thought to give the city either to Dawit' or to the one from Duin, since Dawit's sister was his wife, or to Bagarat, king of Abkhazia. When the patriarch Petros understood that the city would be given to somebody, he sent to the man who held sway over the Eastern part(s) and resided in the city of Samusat (which they say was built by Samson, in antiquity). He wrote [as follows]: "Inform the emperor [about what is going on and find out] what he will give us in return if I give up the city and other strongholds in this land." [The Byzantine official] hurriedly informed the emperor, and the emperor satisfied [Petros] with treasures and authority. And thus did they rule Ani, and the entire land.

Meanwhile Gagik remained with the emperor, inconsolable. [The emperor] out of compassion had given him the place which he himself wanted [but] which was greatly inferior in value to Ani or the other lands [he was deprived of]. Rather, [the Byzantines] recompensed the Catholicos [Petros] from whom they had taken the city, with thanks and rewards. Furthermore by the emperor's order, Gagik married the daughter of Dawit', son of Senek'erim, and ruled that sector, since when Dawit' died he had left no other heir.

CHAPTER X

Իսկ իշխան ոմն Ասիտ անուն, որ յառաջ կալեալ էր զտէրութիւնն արեւելից, եւ զնա առաքէ թագաւորն տեղակալ քաղաքին Անւոյ: Որոյ եկեալ՝ անչափ պատուով մեծարէ զհայրապետն Պետրոս, եւ նուաճէ զաշխարհն ընդ ձեռամբ. եւ ինքն բազում զաւրաւք խաղայ ի վերայ քաղաքին Դունայ: Իսկ Ապուսուար տէր քաղաքին պատերազմ տուեալ ընդ նմա, անչափ կոտորածս առնէ ի դուռն քաղաքին, յորում տեղւոջ մեռաւ մեծ իշխանն Հայոց Վահրամ հանդերձ որդւովն, որ մեծ սուգ հասոյց Հայոց:

Եւ կեցեալ Ասիտն ի տէրութեանն Հայոց, փոխանորդէ զիշխանութիւն նորա Կամենաս ոմն, ի չորեքհարիւր իննսուն եւ երեք թուականիս մերոյ. եւ եկեալ՝ ոչ ըստ առաջին պատւոյն մեծարէ զհայրապետն: Եւ սկսանի գրով ամբաստան լինել զնմանէ առ թագաւորն, եւ խաբանաւք հանէ զնա ի քաղաքէն ասելով, եթէ Հրամայեալ է քեզ թագաւորն տեղի բնակութեան ի Կարին գաւառի յԱրծին աւանի: Եւ ելեալ հայրապետին գայ ի մեծանիստ եւ ի շահաստան քաղաքս մեր, եւ մեծաւ ուրախութեամբ լցոյց զանձինս տեսողացն, որ ցանկային նմա: Եւ էր ժամանակն մերձեալ ի տաւն սրբոյ Աստուածայայտնութեանն. իսկ ի գալ մեծի տաւնին իջեալ անչափ բազմութեամբ ի յորդախաղաց ջուրն՝ որ իջանէ ի լերանցն որ ի հիւսիսակողման դաշտին են. եւ կատարեալ անդ զխորհրդածութիւն աւուրն փառաւորապէս, որպէս եւ վայել էր իսկ. իսկ ի ժամ հեղլոյ զտէրունական իւղն ի ջուրն, այր մի տաճիկ յառաջ եկեալ ի բազմութենէն՝ խնդրէ մկրտիլ ի ջուրն:

Now there was a certain prince named Asit who previously had held lordship of the East. The emperor sent him to be lieutenant of the city of Ani. Upon arrival he elevated the patriarch Petros with incomparable honor, subdued the land under his control, and then went in person with numerous troops against the city of Duin. Now Apusuar, lord of [that] city warred with [Asit] and an inestimable number of men were killed by the city gate [including] the great prince of Armenia, Vahram and his son, something which caused the Armenians great mourning.

Asit remained [in control] of the lordship of Armenia until the year 493 of our [Armenian] calendar [1044] when a certain Kamenas replaced his authority. But when the latter arrived, he did not honor the patriarch in accordance with the previous dignity. Instead he commenced writing accusatorial letters to the emperor about him and deceitfully removed [Petros] from the city, saying: "The emperor has commanded that your habitation be at Arcn *awan* in the Karin district." So the patriarch arose and came to our populous, *shahastan* city filling with joy the beholders who wanted him [there]. The time for the feast of the Holy Revelation of God neared. When the feast-day itself had come, [Petros] together with a vast multitude, descended to the churning waters which coursed down from the mountains located in the northern part of the plain. There he gloriously and appropriately celebrated the sacrament of the day. Now when the moment came for releasing the Lord's oil [chrism] upon the waters, a *Tachik* man came forth from the crowd and requested baptism in the water.

Իսկ նորա հարցեալ զպատճառն վասն որոյ զայն խնդրէ, եւ տեղեկացեալ ի նմանէ ցանկալ նմա լինել քրիստոնեայ, եւ հրամայէ նմա իջանել ի ջուրն: Իսկ մեռոնակիրն մերձ կալով նմա, առեալ զշիշն ի ձեռն եւ հարեալ զձեռամբն, եբեկ զշիշն՝ առատապէս հեղլով զիւղն ի վերայ նորակնքին եւ ջրոյն. եւ յապակւոյն բեկոր ինչ հարեալ կարեվէր խոցեաց զձեռն նորա, յորդութիւն արեան յերկիր հեղլով. զոր տեսեալ բազմաց ընդ խտրանաւք արկեալ զեղեալսն, ասելով՝ թէ Չէ բարւոյ ինչ նշան. որ եւ ի նոյն աւուր կատարեցաւ իսկ: Քանզի մինչդեռ ճաշաժամուն ի սեղանն էին, հասին կալանաւորք եւ առին զնա, տարան եդին 'ի բերդին՝ որ կոչի Խաղտոյ Առիճ: Եւ Ապա ածեալ ի Հայոց զքեռորդի նորին զԽաչիկ անուն, եւ եդեալ ի բերդին որ կոչի Սեաւ Քար. եւ մնացին անդ մինչեւ մերձ ի զատիկն: Եւ ապա հանեալ զնոսա անտի, տարան ի Կոստանդնուպաւլիս առաջի թագաւորին. քանզի եւ զԱնանիա զերէց եղբայրն Խաչկայ յառաջ տարաւ ընդ իւր ներքինի ոմն, որ ունէր զպատիւ կէս թագաւորութեան:

[Petros] inquired of him why he wanted this, learned that he desired to become Christian, and so ordered him to get into the water. The chrism-bearer stood near him, took the bottle in his hand, but broke it by striking it, causing the chrism to plentifully pour on the neophyte and the water. However, a fragment of glass seriously wounded his hand, and blood copiously flowed to the ground. Many who saw this prophesied: "That is not the sign of anything good," and indeed [the prophecy] was fulfilled on that very day. For while they were seated at the dinner table, men arrived who seized and took [Petros], placing him in the fortress called Xaghtoy Arhich. Subsequently they brought from Armenia [Petros'] nephew (sister's son), named Xach'ik, whom they placed in the fortress called Seaw K'ar.[46] They remained [in confinemement] until it was almost Easter. Then they were removed thence and taken before the emperor in Constantinople. Prior to this, Xach'k's senior brother, Anania, had been taken there by a certain eunuch who held sway over half the kingdom.

---

46 *Seaw K'ar:* "Black Rock".

ԳԼՈՒԽ ԺԱ

Ի սոյն ամս բացաւ դուռն բարկութեան յերկնից ի վերայ աշխարհիս մերոյ. եւ շարժեալ զօրք բազումք ի Թուրքաստանէ, որոց երիվարքն արագունք իբրեւ զարծուիս, եւ սմբակք նոցա իբրեւ զվէմ հաստատունք. աղեղունք լարեալք, եւ սլաքեալ նետք նոցա, զաւտեւորեալք քաջապէս, եւ անլուծանելի ունելով զխրացս կաւշկաց: Եւ եկեալ ի գաւառն Վասպուրականի, յարձակեցան ի վերայ քրիստոնէից իբրեւ գայլս քաղցեալս անյագեալս ի կերակրոյ. եւ եկեալ մինչեւ ի գաւառն Բասեան, եւ մինչեւ ի դաստակերտն մեծ՝ որ կոչի Վաղարշաւան, եւ քանդեալ ապականեցին գաւառս քան եւ չորս սրով եւ հրով եւ գերութեամբ: Ողորմագին եւ բազում ողբոց եւ արտասուաց արժանի է պատմութիւնս: Զոր իբրեւ զառիւծունս ընթացան, եւ իբրեւ կորիւն առիւծուց անողորմաբար արկին զդիակունս բազմաց գէշ գազանաց եւ թռչնոց երկնից. եւ կամէին այնու ձեռնարկութեամբ գալ ի քաղաքն Կարնոյ: Բայց որ ծովու եդ սահման՝ ասելով՝ «Ցայդվայր եկեսցես, եւ այլ մի եւս յաւելուցուս, այլ այդրէն ի քեզ խորտակեսցին ալիք քո», նա արկ զխաւար թանձրամած առաջի նոցա, եւ արգել զնոսա յընթացից իւրեանց: Զայս առնէ ըստ իւրոյ անճառ իմաստութեանն, որպէս զի ահիւ նոցա մեք խրատիցիմք, եւ նոքա ուսանիցին թէ ոչ իւրեանց զաւրութեամբ ինչ արարին զոր արարին. այլ ձեռնն որ արգել զնոսա հզաւրապէս, նոյնն արար ճանապարհ գնալոյ նոցա:

CHAPTER XI

In the same year, the gate of Heaven's wrath opened upon our land. Numerous troops moved forth from T'urk'astan, Their horses were as fleet as eagles, with hooves as solid as rock. Well girded, their bows were taut, their arrows sharp, and the laces of their shoes were never untied.[47] Having arrived in the district of Vaspurakan, they pounced upon the Christians as insatiably hungry wolves devour their food. Coming as far as the Basean district and as far as the great estate called Vagharshawan they demolished and polluted twenty-four districts with sword, fire, and captive-taking. This narration deserves many piteous laments and tears. They sped like lions, and like lion cubs, they mercilessly threw the corpses of many people to the carnivorous beasts and birds. They wanted to go on to the city of Karin to effect the same there. However He Who limited the ocean, saying: "Thus far shall you come, and no farther, and here shall your proud waves be stayed."[48] threw up a thick fog before them and stopped their advance. He did this in His fathomless wisdom so that out of fear of them we learn, and they also learn that what they had accomplished was not by reason of their might. No, the Hand which mightily prevented them was the same Hand which had succored their journey.

---
47 *laces ... united:* i.e., they were always on the move.
48 Joel 38:11.

CHAPTER XI

Արդ հեղ զբարկութիւնն իւր ի վերայ մեր ի ձեռն ազգի աւտարի, վասն զի մեղաք նմա. եւ դարձեալ զղջացաւ ի չարեաց իւրոց ածել ի վերայ մեր, զի ողորմած է. վասն որոյ ոչ ի սպառ բարկանայ եւ ոչ յաւիտեան պահէ ոխս: Միովն ի մէնջ բռնադատի՝ զիրաւացի դատաստանն ի մէջ բերելով, զի դատաւոր արդար է. եւ միւսովն կանխէ յողորմութիւն, վասն զի հայր գթութեանց է. եւ միւսովն զղջանայ ի վերայ չարեաց մերոց, քանզի Աստուած ողորմութեանց է: Որպէս եւ աստստին իսկ զերկոսեանն եցոյց առ մեզ. ըստ արժանահաս վրիժուցն ծանրացոյց զձեռն իւր ի վերայ մեր եւ դարձաւ փութապէս անցոյց զբարկութիւն իւր, զի մի՛ ի սպառ սատակեսցէ զմեզ: Այլ մեք զՓարաւոնին ախտացաք զծանրասրտութիւն, եւ զյոյժ յիմարին յիւրոց ախտակցաց, որ երբեմն տանջեալ՝ խոստովան լինի ասելով. «Մատն Աստուծոյ է այս». եւ յանցանել բարկութեան պատուհասին՝ արբեալ ամբարտաւանութեամբ ասէ. «Ո՛չ գիտեմ զտէր, եւ զԻսրայէլ ո՛չ արձակեմ»: Մինչեւ ուղերձեաց ի յինքն զվերջին պատուհասն՝ բնակից լինելով անդնդային խորոցն: Բայց բարւոք ասէր վատշուէրն, թէ մատն Աստուծոյ է այս. զի ձեռն տասն մատամբք ունի առ գործն զկատարելութիւն. որպէս եւ անդ ի միոջէ սկսեալ՝ ի տասն աւարտեաց զհարուածոցն զխրատ, եւ ապա արձակեաց զԻսրայէլ:

[God] poured His wrath down upon us by means of a foreign people, for we had sinned against Him. But once again He regretted this and ceased visiting His evils upon us, for He is merciful. But He did not grow totally angry nor did He hold His grudge forever. He was obliged to try us, since He is the righteous judge; yet He hastened with His mercy, since He is the forgiving Father. He regretted the evils visited upon us since He is the God of mercy. Indeed, He displayed both [wrath and forgiveness] toward us: first requiting us with a deserved vengeance, then His anger would pass so that we would not be completely exterminated. We became infected with the disease of pharaoh and his partisans—foolish callousness. For when [pharaoh] was tormented he would confess: "This is the finger of God,"[49] yet when the frightful wrath had passed, filled with impiety, he would say: "I do not recognize the Lord, nor will I let Israel go."[50] When he received the final punishment, becoming an inhabitant of the deepest abyss, the senseless one correctly said: "This is the finger of God." Just as the hand performs a complete work with ten fingers, so it was there that the punishment, commencing with one finger, ended with ten. Then he released Israel.

---

49 Exodus 8:19.
50 Exodus 5:2.

Արդ մեք ի հոլանիլ բարկութեանն եւ ի բորբոքիլ հրատին եւ ի շարժիլ եղեռնաւոր չարեացն, ահիւ ահաբեկ եղեալ՝ յոյժ զդողի հարեալ զարհուրեցաք. բայց ողորմեցաւ Աստուած, եւ խաւարաւ փակեաց զճանապարհս նոցա, եւ խափանեաց զընթացս արշաւանաց անաւրինացն: Կարծական եղեւ մեզ բարին, եւ չմարդոյ գտաք առ շնորհակալիսն. զի զոր պարտ էր ի ձեռն խրատու եղբարց մերոց ողջախոհանալ մեզ, եւ փութալ կանխել առ մարգարէն, եւ ուսանիլ ի նմանէ զկեցուցանաւղ զխրատն, «Դադարեցէք, ասէ, ի չարեաց ձերոց, եւ ուսարուք զբարիս գործել», եւ որ զհետ սոցին զան բանք. եւ յանձանց ուղղութենէ հաշտեցուցանել զԱստուած, եւ շիջուցանել զգեհեննաբորբոք պատուհասն, եւ զբարձրացեալ ձեռն խոնարհեցուցանել ի բարկութենէ ի ներումն. նա՛ ի մոռացաւնս եղեւ մեզ այս, եւ ոչ ծագեաց անգամ ի սիրտս մեր գիտութիւն նորա.

Այլ որ անաւրինելոցն անաւրինէր, եւ որ անիրաւելոցն էր, անիրաւէր. մինչեւ ըստ աւրինակի վարազացն՝ ի վերայ սրոյն մղեցաք զանձինս, զբովանդակն ի մեզ բերելով: Թուէր մեզ թէ նոքա մեղաւոր գոլով՝ կրեցին զպատուհասն, եւ մեք ըստ արդարութեան մերոյ ապրեցաք. եւ ոչ գոյր ի յիշատակ մեզ տէրունական պատուէրն՝ իմաստնացուցիչ խրատն. «Գալիլեացիքն, ասէ, զորոց արիւնն Պիղատոս խառնեաց ընդ զոհս նոցա, համարիք թէ նոքա մեղաւո՞րք էին քան զամենայն մարդիկ, ո՛չ. այլ թէ ոչ ապաշխարիցէք, նոյնպէս ամենեքեան կորնչիցիք»:

Now after [God's] wrath had been revealed, and had been stirred up, and after horrible evils had commenced, we stood trembling in shocked, horrified terror. But God had mercy and closed their road with a fog, and blocked the march of the impious invaders. We regarded that good deed as suspect and were found lacking in our thanks. However, we should have come to our senses from the punishment suffered by our brothers, and we should have hastened to learn the prophet's saving advice: "Put an end to your evil ways, and learn to do good",[51] etc. We should have calmed God with our uprightness, extinguished the blazing flames of Gehenna's chastisement, and lowered that hand upraised in anger to pardon us. But we forgot about this. Nor did a knowledge of Him dawn in our hearts.

To those who are iniquitous, [God] is iniquitous, to the unjust He is unjust. We were like the wild boars, throwing ourselves upon the Word bearing responsibility for everything. It seemed to us that they bore chastisement because they were guilty whereas we were saved because of our justice. But we did not recall the Lord's command and instructive counsel: "There were some present at that very time who told him of the Galileans whose blood Pilate had mingled with their sacrifices. And he answered them, 'Do you think that these Galileans were worse sinners than all the other Galileans, because they suffered thus? I tell you, No; but unless you repent you will all likewise perish.'"[52]

---

51 Isaiah 1:16-17.
52 Luke 13:4-5.

Իսկ մեք ըստ ամովսական բանիցն, որովք նախատէր զԻսրայէլ, որք զպարզեալ գինին ըմպէին, եւ անոյշ իւղովք փափկանային, եւ ի գահոյս փղոսկրեայս հանգչէին, եւ որ այլն եւս, եւ ոչ ցաւէր նոցա վասն բեկմանն Յովսեփու: Քանզի խնդրէ Աստուած՝ զի յորժամ զոմանս տանջանաց մատնիցէ, մերձաւորքն ընդ նոսա վշտակից լինիցին. ըստ այնմ, «Լալ ընդ լացաւղսն»: Այլ նոքա զնորին հակառակն առնէին. ի միոջէ արենէ էին, եւ ընդ գերութիւն ցեղին Յովսեփու չցաւէր նոցա. վասն այնորիկ յերգ արկեալ մարգարէն՝ ամբաստան լինէր զնոցանէ: Այսպէս եւ ի մերումս հանդիպեցաւ:

Քանզի յամի չորեքհարիւրերորդի իննսներորդի եւաւթներորդի թուականիս մերոյ՝ որ էր երկրորդ ամ գերութեանն մերոյ, շարժեալ միւսանգամ մրուր դառնութեան լի բարկութեամբ ի տանէն Պարսից՝ ահագին ծփանաւք, եւ եկեալ հեղաւ յընդարձակ դաշտն Բասենոյ եւ Կարնոյ. եւ ցայտուկս հեղեղատին կալաւ զչորս անկիւնս երկրին. յարեւմուտս՝ մինչեւ ի Խաղտեաց գաւառն. իսկ ի հիւսիսի՝ մինչեւ ի Սպեր եւ մինչեւ յամուրսն Տայոց եւ Արշարունեաց. իսկ ի հարաւ մինչեւ ի Տարաւն եւ մինչեւ ի գաւառն Հաշտենից մինչեւ յանտառս Խորձենոյ: Եւ զետղ առեալ դադարեաց աւուրս չորեքտասան, եւ ծովացեալ ծածկեաց զլերինս եւ զմացառ վայրս, եւ կալաւ բնաւ զաշխարհս. որ ինձ թուի յանապակ գինւոյն յայնմանէ զոլ նմա, զոր մանուկն Երեմիա ի տեսողութեանն իւրում ոսկի բաժակաւ մատռուակեալ արբոյց թագաւորաց, ազգաց, քաղաքաց, իշխանաց եւ զաւրաց նոցա. եւ յետ ամենեցուն արբոյց տանն Սիսակայ.

We, however, conducted ourselves according to the words of Amos with which he insulted Israel, drinking strained wine, perfumed with fragrant oils, relaxing on ivory couches, et cetera, but the misfortune of Joseph did not bother them. God required that when some folk are subjected to torments, those near to them should share their grief: "Weep with the weepers."[53] But they behaved just the opposite. Although they were of one blood, they were not pained at the capture of Joseph's clan. Thus did the prophet sing out an accusation against them. The same [fate] befell us.

In the year 497 of our [Armenian] calendar [1048] which was the second year of our captivity, once again the dregs of bitterness full of rage moved forth from Persia, surging in gigantic waves. They filled up the vast plain of Basen and Karin. Jets of that flood took hold of the four corners of the country; in the west, as far as Xaghteac' district; in the north, as far as Sper and the strongholds of Tayk' and Arsharunik'; while in the south it stretched as far as Taron, to the Hashtenic' district, as far as the forests of Xorjean. Resting for fourteen days, once more they billowed out and covered mountains and thickets, and seized the entire land. It seems to me that this resulted from that unadulterated wine which in his vision the young Jeremiah gave in a golden goblet as a drink to kings, nations, cities, princes and their troops, and last of all to the House of Sisak.

---

53 Romans 12:15.

CHAPTER XI

Ահա յայտնի կատարումն մարգարէութեանս դիպումն: Քանզի արք տունս Հայոց յանապակէն յայնմանէ եւ արբեցաւ յարբումն չար. արք եւ թմրեալ յիմարեցաւ. արք մինչեւ զբովանդակն յինքն ընկալաւ. եւ այժմ անկեալ կայ ի կիցս ամենայն ճանապարհացմերկ եւ խայտառակեալ, եւ կոխեն զնա նախատանաւք անցաւորք ճանապարհաց: Ելեալ ի տանէ, աւտարացեալ ի ծանաւթից, հեռացեալ յընտանեաց եւ յազգականաց, գերի եւ կալանաւոր ամենայն ազգաց:

Ժա՛մ է ինձ զմարգարէականն զայն բարբառել բանս, եթէ «Զմնացորդսն թրթրոյն եկեր մարախն, եւ զմնացորդս մորեխին եկեր ջորեակն, եւ զմնացորդս ջորեկին եկեր գրուիճն»: Իմ են եւ այսորքիկ, քանզի ի մեզ կատարեցան ամենայն կանխաասացիկ բանք մարգարէիցն. արդ թրթուրն եւ մորեխն այն անցեալ են. իսկ ջորեակն եւ գրուիճն սոքա են՝ վասն որոյ ճառս մեր արկեալ է: Քանզի յառաջին անգամոյն՝ յորժամ ելին Պարսիկք եւ այլ խուժադուժ ազգք հեթանոսաց, եւ մարդակոտոր սատակմամբ ապականեցին զաւառս բազումս, եւ առ եւ գերի բազում առեալ իջին յաշխարհին իւրեանց, աւետաւորք եղեն ազգաց եւ թագաւորութեանց. եւ հրաւէր տուեալ նոցա՝ ասեն ըստ մարգարէին, թէ «Գազանք անապատի եկա՛յք կերէ՛ք զայս որ յանտառիս է»:

Behold that prophecy was indeed fulfilled. For Armenia drank of that pure wine, and became evilly drunk. It drank, became numb, and lost its senses. It drank until [it was responsible] for all [chastisements] visited upon it. And now it lies sprawled at the crossings of all roads, naked, disgraced, and trampled upon with insults by all passersby. [Armenia] quit its home, was alienated from acquaintances, went far away from family and relatives, [becoming] the captive and slave of all peoples.

It is time to repeat the words of the prophet: "What the cutting locust left, the swarming locust has eaten. What the swarming locust left, the hopping locust has eaten, and what the hopping locust left, the destroying locust has eaten."[54] Such words are likewise my own, since all the prophetic words of the prophets were fulfilled on us. The cutting and swarming locusts have passed, but it is about the hopping and destroying locusts that I speak. For the first time that the Persians and other barbarous pagan peoples arose, sullied many districts with murder, took much booty and captives and returned to their land, they brought the good news to [other] peoples and kingdoms. And they invited them, saying with the prophet: "All you beasts of the field, come to devour—all you beasts in the forest."[55]

---

54 Joel 1:4.
55 Isaiah 56:9.

CHAPTER XI

Եւ ի գալմիւսում ամին ժողովեցան իբրեւ արծուիք ի վերայ կերակրոյ անհամար բազմութիւնք զաւրաց աղեղնաւորաց եւ սուսերամարտից. եւ մեծաւ խրախուսանաւք ճեպ ի ճեպոյ ելին յաշխարհս մեր յամսեանն սեպտեմբերի, ի տաւնի սրբոյ Խաչին յաւուր չորեքշաբաթու:

Աստանաւր մեզ պատմութիւնս ողբոց եւ աշխարանաց է, եւ զամենեսեան հանդէսք պատմութեանս ի կոծ հրաւիրէ: Զի թէ Նինուէացիքն ի վերայ սպառնալեաց մարգարէին, եւ այն զի մի անձն եմուտ ի քաղաքն, աւտարաշխարհիկ եւ անծանաւթ յամենեցունց եւ առանց նշանաց, այնքան ահիւ ահաբեկ եղեալ՝ մինչ զի ի թագաւորէն սկսեալ մինչեւ յայն որ՝ յաղաւրիսն նստէր, միաւոր եղեւ ամենեցուն կոծ, ամենեքեան խորգազգացք, ամենեքեան արջնազգեստք, ամենեքեան հատեալք ի կերակրոյ, եւ զբնութիւնն բռնադատէին առատանալ ողբովք, նաեւ զեղերամայր կանայս ձայնակից ինքեանց կոչէին. «Թերեւս, ասէ, զղջասցի Աստուած, եւ դարձցի սրտմտութիւն նորա ի մէնջ»:

Մերս քանիա՞ն առաւել ողբոց արժանի է, որ ոչ սպառնալիք միայն, այլ պատուհաս բարկութեան հասեալ եւ ի գլուխ ելեալ, եւ մեք չարագանեալք եւ կործանեալք եւ տեսարան աշխարհի եղեալ. զոր եւ առաքեալն ի վերայ սրբոցն առնու զբանս, եւ չար պատմութիւն թողեալ զկնի մեր ազգաց յազգս:

Upon arrival of the next year, they assembled a countless host of troops of bowmen and swordsmen, assembling as eagles pouncing upon food. In the month of September on Wednesday, the feast of the blessed Cross, they speedily came to our land in great excitement.

It is a history for us to lament and mourn. The entire public is invited to sob over this narration. The Ninevites were so terrified by the threats of the prophet—and he a foreigner who had entered their city, unknown to anyone, insignificant—that everyone from the king down to the miller sobbed together, everyone dressed in melancholy sack-cloth, everyone stopped eating, forcing himself to multiply the laments. Furthermore, they summoned professional mourning women, [saying]: "Perhaps God will regret [His deed] and turn His wrath from us."[56]

How much more deserving of lamentation is our [account], when not merely a threat but the actual chastisement of rage was visited upon us. Wickedly tormented and destroyed, we became a spectacle for the world [to gape at], as the Apostle said of the saints, and we have left behind us for succeeding generations an unhappy history.

---
56 Jonah 3:9.

CHAPTER XI

Քանզի քաղաքք աւերեալք եւ տունք այրեցեալք, ապարանք հնոցացեալք, եւ արքունաշէն սրահք աճիւնացեալք: Արք ի հրապարակս կոտորեալք, եւ կանայք ի տանց գերի ելեալք, եւ կաթնասուն տղայք զքարի հարեալք, եւ գեղեցիկ դէմք պատանեկաց թառամեալք: Կոյսք ի հրապարակս ի խայտառականս անկեալք, եւ երիտասարդք առաջի ծերոց սրախողխող եղեալք. պատուական ալիք ծերոց ընդ արիւն եւ ընդ ապաժոյժ եկեալք, եւ դիակունք նոցա թաւալգլոր խաղացեալք: Սուրք թշնամեացն շլացեալք, ի ձեռք նոցա ի զաւրութենէ պակասեալք. աղեղանց նոցա լարք հատեալք, եւ նետք ի կապարճից նոցա սպառեալք. անձինք նոցա ձանձրացեալք, եւ սիրտք նոցա յողորմութիւն ոչ եկեալք:

Ո՞վ ողորմութեան քո Աստուած, որ այնքան ներեցեր անաւրինացն խրոխտալ ի վերայ խաշին արաւտի քո: Յիշեա՛ զժողովուրդ քո զոր ստացար ի սկզբանէ գալստեամբ միածնի քո, եւ փրկեցեր արեամբ ածելոյդ: Ընդէ՞ր մերժեցեր, Աստուած, ի սպառ, բարկացար սրտմտութեամբ քո եւ մատնեցեր զմեզ ի ձեռս արանց անաւրինաց, խստաց եւ ապստամբից: Մի՛ յիշեր զմեղս մեր, եւ մի՛ վասն մեղաց մերոց դարձուցաներ զերեսս քո ի մէնջ. այլ յիշեա՛ զձեռն քո հզաւր եւ զբազուկ քո բարձր, որով տիրէիր մեզ, եւ անուն քո կոչեցեալ էր ի վերայ մեր:

For [our] cities were ruined, homes burned, palaces transformed into furnaces, regally built chambers reduced to ashes. Men were killed in the squares, women taken from their homes into slavery, suckling babes hurled against rocks, and the beautiful faces of little children withered away. Women were disgraced in public, youths were stabbed to death in view of [their] elders, the respect-worthy white hair of the elderly became blood-stained and their corpses rolled upon the ground. The enemies' swords grew dull, their hands grew weak, the strings of their bows were broken, their quivers were emptied of arrows, they grew weary—but mercy did not find a way into their hearts.

Oh God, [for] Your mercy! You Who so tolerated the arrogance of the impious inflicted upon the flock of Your pasture, remember Your people whom You received beginning with the coming of Your Only-Begotten [Son] and saved with the blood of Your anointed one. God, why did You completely reject [us], grow wrathful and betray us to the hands of impious, stern and rebellious men? Remember not our sins, and because of our sins turn not Your face from us. Remember, instead, Your mighty hand and forceful lofty arm by which You ruled us and [that] Your name was placed upon us.

Եւ արդ ահա դու բարկացար, եւ մեք մեղաք, վասն այնորիկ մոլորեցաք գերութեամբ ի բազում ազգս, եւ եղաք իբրեւ զպիղծս ամենեքեան: Հողմք մերժեցին զմեզ, եւ ոչ ոք իցէ որ կարդայցէ զանուն քո, եւ որ յիշեսցէ ապաստան առնել զքեզ. զի դարձուցեր զերեսս քո ի մէնջ եւ մատնեցեր զմեզ վասն մեղաց մերոց: Մի՛ յաւիտեան բարկանար մեզ, եւ ի ժամանակի մի՛ յիշեր զմեղս մեր:

Ո՛հ եւ աւաղ աւուրն այնորիկ լուսանալոյ. զի լոյսն որ յաւուրն առաջնումն անմարմին տեսակաւ ի բանէն Աստուածոյ գոյացաւ, եւ ի չորրորդում աւուրն ընդ մարմնոյ պարուրեալ՝ ի լուսաւորս բաժանեցաւ, իշխան տուընջեան եւ գիշերի լինելով, եւ աշխարհի ճանապարհորդք յաւիտենից. միոյն զմարդ ի գործ յարուցանելով, եւ միւսն զազանաց համարձակութիւն տալով: Այսաւր միջաւրեայ աւուրն այնորիկ՝ մեզ ի խաւար փոխարկեալ գիշերացաւ, եւ զազանաբար ազգն հեթանոսաց որք ի վաղնջուց ի խշտիս իւրեանց մռնչէին, ըստ մարգարէին ձայնի, եւ յԱստուծոյ հաւտիցն խնդրէին կերակուր իւրեանց, ի գիշերանալ մեզ աւուրն այնորիկ՝ ելին եւ տարածեցան ընդ երեսս երկրի, եւ զտին որս բազում եւ յագեցան կերակրովք, եւ նշխարեցին տղայոց իւրեանց յամս բազումս:

But now, lo: You became angered, and we sinned. Therefore, we roamed in slavery among many peoples and became as if unclean to everyone. The winds dispersed us and there remained none to bless Your name or to remember to take refuge in You. For You turned Your face away from us and betrayed us because of our sins. Remain not eternally angry at us, and, in time, forget our sins.

Alas the dawning of that day! That light, which on the first day [of Creation] came into existence of an incorporeal sort by the Word of God, on the fourth day became possessed of substance and was divided [to create] the luminaries, princes of the day and night, eternal travelers of the world. One awakens men to work, while the other gives boldness to the wild beasts.[57] But now our noontime became eclipsed and was transformed into night. That bestial pagan people which had long since been growling in its lairs, as the prophet says, sought their food from the flock of God. When our day turned into night, they came forth and spread over the face of the earth. They found much prey and were satiated with food, and saved the left-overs for their children, [enough] for many years.

---

57 *i.e.,* the sun and the moon.

CHAPTER XI

Արդ թէպէտ եւ յամենայն տեղիս որս բաւականապէս պատրաստեցաւ նոցա, քանզի իբրեւ զդրախտ փափկութեան լի պտղով գտաւ երկիր առաջի նոցա. բայց առաւել ի գաւառն Մանանաղւոյ ի լեառն՝ որ կոչի Սմբատայ Բերդ. քանզի անդ ժողովեալ էին բազմութիւն անթիւ փախստէիցն, եւ անասնոցն որ ոչ գոյր թիւ: Յորոց վերայ հասեալ անաւրինացն ապականեցին զամուրս նորա, եւ մտեալ ի ներքս՝ սուր ի վերայ եդեալ կոտորեցին զամենեսին:

Անդ էր տեսանել տեսութիւն ողորմելի եւ բազում ողբոց արժանի. զի զոմանս ի նոցանէ որք ի բուռն անկանէին՝ սրամահ առնէին եւ որք յառապար տեղիս անկանէին եւ ամրանային, նետիւք խոցոտեալ սատակէին. եւ զբազումս ի վերայ անձաւին ելեալք մեծամեծ վիմաւք գլաջարդ առնէին՝ որոց դիակունքն գլաթաւալ ի վերայ միմեանց շեղջեալ իբրեւ զկոյտս փայտահարաց՝ զառաջիկայ զձորն լնուին: Վա՜յ եւ աւա՜ղ շատ դառն լուսոյ աւուրն այնորիկ. զն քաջ արքն վառեալ զինու եւ սրտմտութեամբ եռացեալք գումարէին եւ վատքն թալկանային, կանացիքն յիմարէին եւ երիտասարդքն խիզախէին, այլ ելս իրացն ոչ կարէին իմանալ: Քանզի յամենայն կողմանց պատնէշ թշնամեացն պաշարեալ էր զնոսա. ոչ գոյր անդ սէր սիրելեաց եւ ոչ աւաղ բարեկամաց. մոռացաւ հայր զգութ որդւոց, եւ մայր զսէր նորածին մանկանց:

Now although there was plenty of prey for them everywhere, for the country before them was like a lush garden full of fruit, nonetheless this was more so in the Mananaghi district, on the mountain named Smbatay Berd,[58] for it was there that a countless multitude of fugitives had assembled [with] an inestimable number of animals. The infidels attacked, broke into the stronghold, and put everyone to the sword.

One could observe there a pitiful spectacle, and one worthy of much lamentation. For some whom they grabbed hold of were dispatched with the sword; some who had secured themselves into craggy places [the Saljuqs] killed with arrows; many who had gone up to a cave were crushed to death by huge rocks [rolled on them], and their corpses tumbled down upon each other resembling heaps of wood-shavings [left] by a wood-cutter, filling the valley in front [of the mountain]. Alas and alack the very bitter light of that day! Brave men armed, and glowering with rage, assembled, while the cowards swooned, women took leave of their senses, and youths scoffed [at the danger]. Yet they could find no way out, for the enemy had blockaded them on all sides. No love for dear ones there, no lament for friends. Father forgot tenderness for his children, mother [forgot] love for her newborn infants.

---

58 *Smbatay Berd:* "Smbat's Fortress".

CHAPTER XI

Որ կարէր յիշել անդ կին նորահարսն զսէր փեսայի, եւ ոչ զմտաւ ածէր այր զգեղ ցանկալի ամուսնոյն իւրոյ. պակասեցան երգք պաշտաւնէից ի բերանոյ քահանայից, եւ հատան ձայնք սաղմոսաց ի շրթանց սաղմոսողաց. կալաւ առ հասարակ զամենեսեան դողումն եւ երկիւղ: Եւ ի սաստիկ տագնապէն, բազում կանայք յղի գոլով՝ վիժեցին զմանկունս. եւ այսպիսաւրէն գործով՝ իբրեւ վարմաւ որսորդաց թակարդեալ զլեառնն զաւրն ամենայն՝ մինչեւ լքան եւ հատան ի զաւրութենէ:

Իսկ ի գալ երեկոյին, առեալ զառ եւ զգերի եւ զկապուտ սպանելոցն, չոգան ի տեղւոյն: Իսկ զկնի ելանելոյն նոցա, անդ էր տեսանել տեսութիւն ողորմելի, եւ քան զառաջինն ողորմագոյն եւ բազում ողբոց արժանի: Քանզի բազմադիմի էին աւրհասք մահուն. զի ոմանք յանկելոցն դեռ յոգիս կէին, եւ լեզուք նոցա ի ծարաւոյ ցամաքեալք, նեղ եւ նուրբ ձայնիւ հայցէին հայթայթանս ծարաւոյն զըտանել, եւ ոչ ոք էր որ տայր. իսկ կէսք չարապէս վիրաւորեալք, եւ ի ձայնէ պակասեալք, ուժգնակի շնչէին. եւ այլք ընդ փողիցն զենեալք՝ կիսամեռք գոլով, դժուարաւ խռնչէին, իսկ ոմանք ի դժուարին խոցուածոցն մարմանջեալք՝ աքսոտէին ոտիւք, եւ եղնգամբք ձեռացն զերկիր դափր հատանէին:

The newly-wed woman could not recall her love for her bridegroom, nor did the man think to caress the wife he longed for. Hymns of the mass ceased in the mouths of the priests, and the recital of psalms stopped on the lips of the psalmists. Everyone without exception was seized with trembling and dread. Because of the severe crisis, many pregnant women aborted their babies. [The Saljuqs] surrounded that mountain for the entire day, like hunters with nets, until they weakened and were exhausted.

Now when evening fell, they took their loot, captives, and the booty from the slain, and departed. But they left behind them a scene more pitiful and lamentable than it had been before. The death-agonies were of many types: for some who had fallen [fatally wounded] were still alive. From thirst their tongues had dried up, and with weak and soft voices they sought to quench their thirst, but there was no one to give them drink. Others who were terribly wounded, and could not make sounds, were breathing violently. Others whose throats had been slit but were still alive were emitting gurgling sounds in pain. Yet others, who had been badly wounded, were scraping the ground with their feet and clawing at it with their fingernails.

CHAPTER XI

Բայց առ նոքաւք եւ ա՜յլ ահագին էր տեսիլ տեսանել, որ եւ զքարինս անգամ եւ զայլ անշունչ արարածս շարժէ ի յողբս եւ ի հառաչանս. քանզի անաւրէնքն յորժամ զգերիսն հանին ի լեռնէն, զտղայսն առեալ ի գրկաց ծնողացն՝ յերկիր ընկեցին, որովք ի բազմութենէ նոցա եռայր առհասարակ տեղի բանակի նոցա: Ոմանք ի յանկելոցն զքարի հարեալ սատակէին, եւ կիսոցն կուշտքն պատառեալ, եւ փորոտիքն յերկիր հեղեալ. իսկ զկենդանեացն զկառաչ որ լսելիք տանել կարէին. քանզի որ հետիոտիւք ընթանալ կարէին, այսր անդր յածելով զմարս իւրեանց խնդրէին, յորոց ի բարձրաձայնութենէ լալեացն՝ արձագանք լերինն զհետ հնչէին, իսկ այլք որք չեւ եւս էին հաստատեալք յոտս, ի գուճսն սողալով կառաչէին. իսկ որք քան զնոսա ի տխեղծ հասակին էին, ոտիւք զերկիր հարկանէին. եւ ի սողալոյն պակասեալք ի ձայնս, ո՛չ կարէին արտաքս բերել զհագագն. եւ այսպիսի ողորմագին ձայնիւք եւ անհատ աղաղակաւ՝ զգառանց բերէին զնմանութիւն, որ դեռադեռ ի մարցն բաժանեալ՝ ի հորձիցն ելեւելս առնէին վասն անժոյժ գոլոյ բնութեանն. եւ անդադար ղաւղանջիւք վիրաւորէին զաւդն, եւ ձանձրացուցանէին զլսելիս լսողացն:

There were others whose appearance was so frightful that the very rocks and other inanimate objects were moved to lamentation and sighing. For when the infidels were removing captives from the mountain, they took the children from their parents' embrace, and threw them to the ground, and [the Saljuqs'] place of encampment was swarming with them. Some [of the children] had died when they fell against rocks. The sides of some of them had torn open and their intestines poured out onto the ground. As for those remaining alive, what ear could bear their crying? Those [children] capable of walking were moving about here and there looking for their mothers, and the mountains reverberated with the loudness of their crying. Those who were [to young to be] steady on their feet, were crying as they crawled along on their knees. Those who were even younger than they, thumped the ground with their feet, and, weakened through crawling they could scarcely breath. With their piteous sounds and unceasing cries they resembled lambs newly separated from their mothers, who, being impatient by nature, angrily struck out this way and that, offending the very air with their bleating and weighing heavily upon the listeners' ears.

CHAPTER XI

Այսօրիկ են չարաչար պատմութիւնք քո, ո՜վ լեառն լեառն՝ ոչ ընդ որ հաճեցաւ Աստուած բնակել ի նմա, այլ լեառն արեան, կոխման եւ կորստեան: Ո՛չ է մարթ անուանել զքեզ լեառն, այլ խորխորատ տղմոց ի կորուստ ամենայն բնակչաց երկրի, քանզի ի քեզ գազանք աւթագայանան, եւ ցինք եւ անգեղք արարին իւրեանց բնակութիւն. ի քեզ աղուեսունք երամակեալք, խայտացեալք, լցեալք ի կերոյ: Ո՛վ լեառն, ոչ ըստ Հերմոնի ի ցաւղոյ երկնից պարարտացար ի քեզ կաթելոց, այլ ի ճարպոյ եւ յարենէ դիականց ի քեզ կոտորելոց: Ո՜վ լեառն, ոչ ըստ սինէականին Մովսեսի առ Աստուած խաւսից եղեր միջնորդ, այլ զբազում քահանայս լռեցուցեր ի սաղմոսական երգոց, որք աղաւթիւք միշտ խաւսակիցք Աստուծոյ լինէին: Եղիա երկուցեալ ի մահուանէ, Յեզաբելայ փախստական՝ ի Քորեբ անկեալ ապրեցաւ. եւ սոքա ի քեզ ապաստան եղեալ՝ մատնեցան ի ձեռն սրոյ, եւ բաժինք աղուեսուց եղեն: Ո՜վ լեառն, համաձայն տեսանեմ զքեզ լերինն Գեղբուայ, յորոյ վերայ անկան ազունքն Իսրայէլի: Վասն որոյ ժա՛մ է ինձ զառ ի Դաւթայն զառ ի նա զասացեալսն՝ ի քեզ երկրորդել: Լերինք Սմբատայ, մի՛ անկցի ի վերայ ձեր անձրեւ, եւ մի՛ ցաւղ. քանզի արբէք դուք յարենէ հաւատացելոց՝ արանց եւ կանանց ի ձեզ անկելոց: Այլ որ վասն լերինն այնորիկ չար համբաւ պատմութիւն էր՝ զկայ առցէ, թէպէտ ի բազմաց սակաւ ինչ ասացի: Աստանաւր ի մերս դարձուցից զոճ բանի պատմութեանս. եւ կամիմ ըստ ուժոյ իմոյ յամել ի բանս, որպէս զի ամենեցունց շարժեցից զարտասուս: Կոչեմ եւ զձայնարկու կանայս ընդ Երեմիայ, զի ընդ իս զողբս յարդարեսցեն. քանզի ոչ եթէ լերանց եւ անձաւաց եւ անապատ տեղեաց առնեմ զպատմութիւնս, յոր սինլքորք փախստէիցն երթեալ բնակեցան:

Such is your wicked history, oh mountain! Mountain whereon God was not pleased to dwell, mountain of blood, of invasion, and loss. It is impossible to call you a mountain. Rather, you were a mud pit in which the entire population of the country was lost. [Now] wild beasts take lodging on you, and kites and vultures have made you their dwelling, and packs of foxes frolic about, filled with meat. Oh mountain! You were not fertilized by the dew of Heaven like [mount] Hermon, but with the fat and blood of the corpses which fell upon you. Oh mountain! You were not, like mount Sinai, a medium through which Moses spoke with God; no, you silenced many priests singing the psalms, [priests] who by their prayers were always conversing with God, When Elia, frightened of death, fled from Jezebel, he went to [mount] Koreb, and lived. But those who took refuge on you were betrayed to the sword and became food for foxes. Oh mountain! I consider you equal to Mount Gilboa upon which the children of Israel perished. Therefore, now I shall repeat about you what David said about that [mountain]. May no rain nor dew fall upon you, mountains of Smbat, for you drank the blood of the believing men and women who fell upon you. Let the evil history of this mountain end here, albeit I have related but little from much [information]. Let us return to the theme of this history. I would gather my energies to writing in such a way that I move all to tears. Together with Jeremiah, I call upon [professional] weeping-women to compose laments with me, for I write not about mountains, caves, and desolate places where beggarly fugitives went to dwell.

ԳԼՈՒԽ ԺԲ

Այլ քաղաքի, եւ քաղաքի այսպիսում, որ հոյակապ եւ ականաւոր էր ամենայն աշխարհաց, իբրեւ զքաղաք որ ի վերայ լերինն կայցէ. եւ ծով եւ ցամաք երկնէր եւ առատանայր կրել ի սմա զզաւրութիւն իւր. որպէս բարձրն Եսայիաս վասն Երուսաղեմի մարգարէանայր: Արդ սա յառաջինսն՝ մինչդեռ բարեացն առատութեամբն պսակեալ էր, ամենայն ինչ ըստ մտի էր սորա. եւ նման իմն էր նորա արսն կնոջ, որ գեղոյն վայելչութեամբ եւ զարդուցն պայծառութեամբ՝ ցան-կալի գոլ ամենեցուն: Քանզի իշխանք սորա էինմարդասէրք, եւ դատաւորքն արդարադատք եւ կաշառուցն ներողք: Վաճառականք՝ եկեղեցւոյ շինողք եւ զարդարիչք, կրաւնաւորաց աւթեւանք եւ հանգուցիչք, եւ առ աղքատս ողորմածք եւ դարմանիչք: Ոչ գոյր խաբէութիւն ի վաճառսն, եւ ոչ նենգութիւն ի տուրեւառիկ փոփոխմունսն: Ընդ բամբասանաւք էր վաշխից եւ տոկոսեացն շահք, եւ խոտեալ եւ անարգեալ էր ի նուէրս ընծայից պատարագ նոցա: Ամենեցուն մի նախանձ էր բարեպաշտութեան. քահանայք սորա սրբակեացք եւ աղաւթասէրք, եւ եկեղեցական սպասու հլուք եւ հպատակք: Վասն որոյ վաճառականք սորա փառաւորք, եւ առգնաւղքն թագաւորք ազգաց: Եւ իբրեւ ակն մի պատուական լուսագեղ պայծառու-թեամբ փայլէր քաղաքս մեր ի մէջ ամենայն քաղաքաց, ամենեւին գեղեցիկ, բոլորովին զարդարուն:

CHAPTER XII

Rather [I would write about] such a city [as Arcn], charming and renowned throughout the lands. It was like a city perched upon a mountain, with both sea and land laboring to multiply and sustain its strength, as the great prophet Isaiah said about Jerusalem. So [Arcn] was in times past, when it was crowned with a plentitude of good things, and everything was as one would wish. Then it resembled a newly-wed woman who, with her captivating beauty and glittering ornaments, is desired by everyone. For its princes were humane, its judges were righteous and incorruptible. Its merchants were builders and embellishers of churches, givers of lodging to the clerics, alms-givers and sustainers of the poor. There was no deception in business transactions, nor treachery in exchanges and speculators were deplored, and despised and the gifts given them as bribes were dishonored. Everyone strived for devoutness. The priests were saintly lovers of prayer, and obedient to church orders. Therefore [the city's] merchants were glorious, and its buyers were like kings of peoples. Our city was like a precious gem shimmering with resplendent beauty among all other cities, completely beautiful, fully embellished.

Բայց յորմէ հետէ մտին յեկեղեցիս մեր Սեքստացիք եւ Պիհոռնացիք, եւ արդարութեան աւրէնքն յանիրաւութիւն դարձաւ, եւ յարգի եղեւ արծաթսիրութիւն քան զաստուածսիրութիւն, եւ մամոնայ քան զՔրիստոս. յայնժամ ամենայն համեստութիւն կարգաց զառածեալ՝ յանկարգութիւն դարձաւ: Իշխանք սորա գողակիցք եղեն գողոց, վրիժագործք եւ արծաթոյ ծառայք. դատաւորք սորա կաշառառուք եւ վասն կաշառոյ գողանային զիրաւունս. դատաստան որբոց ոչ առնէին, եւ յիրաւունս այրեաց ո՛չ խոնարհէին: Վաշխից եւ տոկոսեաց աւրէնք եղան, եւ ցորենոյ բազմապատկութիւն, որով երկիր պղծի եւ արգելու զարգանդ առ ի տալոյ զպտուղ ի ժամու իւրում առ ի կերակուր մարդկան: Որ խաբէր զընկերն՝ պարծէր իմաստուն զոլ, եւ որ յափշտակէր՝ ասէր. Ես հզաւր եմ:

Զտունս տնակից աղքատացն, եւ զսահմանս անդաստանաց նոցա յափշտակէին մեծատունքն, եւ չկարէր ի լըսելիս նոցա աստուածապատուէր անէծքն գրեալքն ի ձեռն Մովսեսի ծառայի տեառն. «Անիծեալ է, ասէ, որ յափշտակէ զարտս ընկերին»:

But after the Sceptics and Pyrrhonists entered our churches, the reign of justice was transformed into injustice, the love of silver became more honored than the love of God, and Mammon [more esteemed] than Christ. Then all modesty of the orders was perverted and disorder resulted. The princes [of Arcn] became thieves' companions, evil-doers, and servants of silver; its judges took bribes and, for bribes, robbed the just; the case of orphans and widows was not defended. Usury and speculation became law, and [the production] of wheat was multiplied [to such an extent] that the land was ruined [worn out] and did not bear crops at the proper time to feed mankind. He who cheated his friend boasted about being wise, while he who ravished said, "I am mighty."

The wealthy ravished the homes of neighboring poor people and expropriated their fields, nor did they think about the divinely-ordained curse written by the Lord's servant, Moses: "Accursed is he who ravishes the fields of his neighbor."[59]

---

59 Deuteronomy 27:17.

CHAPTER XII

Կամ զոր բարձրն Եսայիաս բողոք բարձեալ սաստէ այնպիսեացն. «Վա՜յ, ասէ, այնոցիկ, որ յարեն զտուն ի տուն եւ անդաստան առ անդաստան մերձեցուցանեն, զի զընկերին հանիցեն։ Նա աւանիկ ազդ եղեւ յականջս տեառն զաւրութեանց այդ ամենայն», եւ որ ի կարգին է, լռեմ խընայելով ի ձեզ։ Զգոյր ի յիշատակ նոցա այգին Նաբովթայ, եւ Յեզաբէլ՝ որ յափշտակեաց զայն, թէ զի՛նչ կրեաց, որ մինչեւ ցայսաւր փող հնչէ յամենեցունց լսելիս։ Բարձաւ եւ ի քահա-նայից երկիւղ եւ ընտրութիւն սրբութեան. նեղին եւ մղին մերձենալ ի սեղանն եւ սպասաւորեն անճառ խորհրդոյն որ հրեշտակաց է զարհուրելի, թո՛ղ թէ մարդկան, եւ զայն ի ձեռն արծաթոյ եւ ո՛չ Աստուծով. եւ ի մոռացաւնս եղեւ սաղմոսական երգն որ ասէ. «Խոտեցին այնոքիկ որ ընտրեալ են արծաթով»։

Զի՞նչ ասացից եւ որ առ կանայս ամբաստանութիւն է. բաւական են առ ի յԵսայեայ ասացեալքն, չկարաւտանան մերում բանիցս։ Քանզի նա զԵրուսաղէմի կանայսն՝ վասն զարդասէր լկտութեանն այսպէս յանդիմանէ. «Փոխանակ, ասէ, զի հպարտացան դստերք Սիովնի, եւ գնացին ի բարձր պարանոց»։

[They did not recall] the rebuke of the great Isaiah who in angry protest condemned such people: "Woe to those who join house to house, who add field to field, until there is no more room, in order to expel their friends. This reaches the ear of the Lord in all its power."[60] I shall not continue [the passage] to spare you. They did not remember what Jezebel suffered after ravishing Nabrovth's vineyard, although to this day [that fate] is blared forth by trumpets within everyone's hearing. The piety and holy selection of priests also came to an end. They pushed and crowded toward the altar and officiated at the ineffable mystery [of the mass] which is awesome to the angels, let alone to man, and [they got there] through silver and not through God, forgetting the hymn in Psalms which says "They shall be despised who are chosen by silver."[61]

What shall I say in condemnation of the women? The words spoken by Isaiah are sufficient, there is no need for my own composition. He rebuked the women of Jerusalem for their showy immodesty: "The daughters of Zion are haughty and walk with outstretched necks."[62]

---

60 Isaiah 5:8-9.
61 Psalm 67:31.
62 Isaiah 3:16.

Նախ զարմատոյն ամենայն չարեաց բուռն հարկանէ, զամբարտաւանութենէն ասեմ. զի նա է մայր եւ սկիզբն ամենայն չարեաց, զի ի մարդկանէ դեւս գործէ, եւ նոցին տանջանացն վիճակակից առնէ: Արդ՝ ամենեցուն չար է ախտս այս, բայց կարի առաւել կանանց ազգի. վասն այսորիկ նախ զնոսա դատի, եւ ապա ի կարգ արկեալ յիշէ զստորինսն ընդ երկիր զքարշիլն, եւ զգինդսն, զմատանիսն, զապարանջանսն, զքաւղէսն, զմեհեւանդսն եւ զայլն ամենայն: Տե՛ս լսող, եւ զհատուցումն նոցին. «Փոխանակ, ասէ, ոսկիզարդուցն, գլխոյն կնտութիւն». զի ի զարդուցն մերկացուցեալ զգլուխն, զհերսն հատանէին ծաղր առնելով զնոսա: «Փոխանակ ոսկի կամարացն չուան գաւտի. եւ փոխանակ պատուական հանդերձիցն քրձազգեաց, ասէ, լինել». զի յորժամ ի գերութիւն հանդերձեցան, գերիչքն զայն շնորհեցին նոցա:

Ոչ վայրապար եղեւ ինձ անցանել ընդ այս ամենայն. այլ զի ցուցից, թէ որպէս ըստ կարգի նոցա յանցանքն մեր, նոյնպէս ըստ նոցա պարտ էր եւ խրատ ընդունել մեզ, եւ առաւել եւս: Զի թէ նոքա առանց աւրինակի զայն կրեցին, մերս քանիա՞ն առաւել պատժոց արժանի չիցեն՝ յեհ զնոսա մեզ աւրինակ ունելոյ, եւ Քրիստոսի խրատուն՝ որ աղաղակէ եւ ասէ. «Թէ ո՛չ առաւելուցու արդարութիւն ձեր աւելի քան զդպրացն եւ զփարիսեցւոցն, ո՛չ մտանէք յարքայութիւնն երկնից»: Եւ մեք ոչ յարդարութիւնն եւ եթ, այլ եւ ի մեղսն առաւել գտանիմք, եւ զո՞ր ներել թո-ղութեան ունիցիմք:

I consider arrogance to be the root of all evil, the mother and first cause of it. For it turns a human into a *dew* and subjects [humans] to their torments. This disease is damaging to all, but especially so to womankind. First and foremost [women] should be charged with this [fault], and then one might recall their heavy [trains] which they drag along the ground, the earrings, finger-rings, bracelets, the ruffles, necklaces, and everything else. Listener, behold their recompense: "In place of golden ornaments for the hair, there will be baldness,"[63] for, stripped of headdresses, their hair shall be cut off to mock them. "In place of a golden belt there will be one of rope, and instead of a rich robe, a girdling of sackcloth,"[64] for when they are led away into slavery, their captors shall give them these things.

I did not mention all this without cause; rather, to illustrate that our chastisement shall be equal to or more severe than the [nature of] our transgressions. Now if they [the Jerusalemites] suffered such things, lacking an example [of proper conduct], how much more worthy of punishment are we, having them as an example and having the advice of Christ Who cried out and said: "Unless your righteousness exceeds that of the scribes and Pharisees, you will never enter the kingdom of heaven."[65] We did not surpass them in righteousness, but in sin; therefore, what pardon or forgiveness shall we have?

---

63 Isaiah 3:24.
64 Isaiah 3:24.
65 Matthew 5:20.

CHAPTER XII

Արդ տե՛ս զդիւրակշիռ եւ զդէպ հատուցմունսն: Եկին Պարսիկք ի վերայ Երուսաղէմի, եկին եւ ի վերայ մեր. աւերեցաւ Երուսաղէմ, աւերեցան եւ քաղաքք մեր: Մտին հեթանոսք ի տաճարն սուրբ, եւ յաւարի տարան զզարդարանս նորա, եւ պղծեցին զտաճարն սուրբ. մտին եւ յեկեղեցիս մեր, եւ համարձակեցան յանմտանելիսն, եւ պղծեցին պիղծ գարշապարաւք զսրբութիւնս նորա. եւ կապուտ կողոպուտ արարին զզարդս նորա: Հրայրեաց եղեւ տաճարն սուրբ. այրեցան եւ ի մեզ փոխանակ միոյ տան՝ բազում եկեղեցիք. եւ առանց համարոյ անկան քահանայք նոցա ի սուր. եւ զմերոյս ո՞վ բերէ զհամար: Ժա՛մ է ինձ ի դաւթական բանսն ելանել, եւ նորին ձայնիւ զմերս յաւրինել զողբս. «Ընդէ՞ր տէր կացեր ի հեռաստանէ, եւ անտես արարեր զմեզ ի նեղութեան մերում», յանաւրինել անիրաւին ի սրբութիւնս քո, եւ ի պարծիլ ատեցողացն զքեզ ի մէջ տաւնից քոց. զի ահա մտին հեթանոսք ի ժառանգութիւն քո, եւ պղծեցին զտաճար սուրբ քո. այրեցին ի հուր զսրբութիւնս քո, եւ յերկիր խոնարհեցուցին զփառս եկեղեցւոյ քո. հեղին զարիւնս ծառայից քոց որպէս ջուր, ո՛չ որպէս յայնժամ՝ շուրջ զԵրուսաղեմաւ միայն, այլ՝ թէ ամենայն երկիրս լցաւ արեամբ սպանելոցն. իսկ զթաղելոց նոցա զհաշիւ եւ ի միտս անգամ ո՞ բերէր:

See now the similarity of righteous punishments. The Persians came against Jerusalem, and they also came against us; they laid waste Jerusalem, and they also wasted our cities; pagans entered the holy temple [of Jerusalem], took its adornments as booty, and defiled the blessed temple; and they also entered our churches, daring to go to the holy altars which they sullied with their filthy heels, and took its adornments as plunder. The holy temple was consumed by fire, yet in our case, instead of that one house [of God], they burned down many churches. Countless numbers of their priests fell to the sword, but who can count how many of our [priests] perished? It is now time for me to follow David and to create our lament based on his: "Why do You stand far off, oh Lord? Why do You hide Yourself in our times of trouble?" When the unjust behave impiously in Your sanctuaries when those who despise You boast during Your feast days? Behold, pagans have entered Your inheritance, have polluted Your blessed temple, have burned Your holy things, and leveled to the ground the glory of Your Church. They made the blood of Your servants flow like water, not as it was in the past, around the city of Jerusalem alone, but [here] the entire country was filled with the blood of the slain. As for the number buried, the mind cannot even imagine it.

Բայց զքաղաքիս մերոյ զբազմադիմի եւ զանհնարին չարիս ընդ գրով ո՞վ կարիցէ արկանել. զի որպէս գրեալ է վասն սոդոմայեցւոցն, թէ «Արեգակն ծագեաց ի յերկիր, եւ տէր տեղաց ի Սոդոմ հուր եւ ծծումբ, եւ այրեաց զնա». նոյնգունակ եւ աստ ի ծագել արեւուն յերկիր՝ հասին ի վերայ անաւրինացն ժողովք իբրեւ շունք քաղցեալք, եւ շրջապատեցին զքաղաքն. եւ մտին իբրեւ հնձողք ոճոյ ագարակի, եւ սուր առն ի վերայ եղեալ հնձեցին մինչեւ անջատեցաւ ի կենդանւոյ քաղաքս: Իսկ զփախուցեալսն ի տունս կամ յեկեղեցիս՝ հուր հարեալ այրեցին անողորմաբար, բարեգործութիւն զիրսն կարծելով, որպէս կանխաւ Փրկիչն ասէր. «Եկեսցէ ժամանակ, զի ամենայն որ սպանանիցէ զձեզ, համարիցի պաշտաւն մատուցանել Աստուծոյ». եւ զպատճառսն ինքն յայտ առնէ. «Եւ զայն արասցեն ընդ ձեզ վասն անուան իմոյ, զի ոչ ծանեան զիս»:

Նաեւ յաւդոյ ձեռնտուութիւն եղեւ կործանական աւուրն. զի հողմ ուժգնակի շնչեցեալ՝ բորբոք արկանէր հըրատին, մինչեւ ծուխն ծառացեալ յերկինս հասանէր. եւ ցնցուղք լուսոյ հրատին՝ յաղթէր ճառագայթից արեգականն: Անդանաւր էր տեսանել տեսիլ ողորմագին եւ զարհուրական յոյժ. զի ամենայն քաղաքն լի էր դրակամբք անկելոցն, վաճառոյ փողոցք եւ նրբ-բափողոցք եւ ընդարձակ սրահք:

Who can put into writing the diverse and unbelievable disasters that were visited upon our city? It was [here] as was written about the Sodomites: "The sun had risen on the earth, and the Lord rained on Sodom brimstone and fire, and burned it."[66] So it happened here that when the sun rose on the earth, an impious people, like famished dogs, arrived, surrounded the city, entered, and like reapers [working] in a field, they reaped with their swords until they had snuffed out the city's life. Mercilessly setting fire to the homes and churches wherein refugees had fled, [the Saljuqs] burned them down, considering this a benevolent act, just as the Savior had prophesied: "Indeed, the hour is coming when whoever kills you will think he is offering service to God."[67] He Himself made the reason clear: "They shall so deal with you for My name's sake, since you did not recognize Me."[68]

The weather also was an aid on this destructive day. An extremely severe wind howled, stirring up the fire so much that smoke rose to the sky in thick billows. The flaming columns of fire vanquished the rays of the sun. One could see there a pitiful and terrifying spectacle in the extreme, for the entire city—the bazars, the lanes, and the great chambers—was full of the corpses of the slain.

---

66 Genesis 19:23-24.
67 John 16:2.
68 John 15:21.

Իսկ զայրեցելոցն ո՛վ կարիցէ բերել զհամար. քանզի որք ի սրոյ շողալոյն փախստական եղեալ՝ ի տունս ուրեք ի թաքստի եղեն, ամենեքեան նոքա հրայրեացք եղեն: Իսկ զքահանայսն, զորս յեկեղեցիս ըմբռնեցին՝ հրով ծախեցին. եւ զորս արտաքոյ՝ զոմանս սպանեալ, եւ զմեծամեծ խոզեանն եղեալ ի գիրկսն առ ի նախատինս մեզ, եւ յայպն կատակա-նաց տեսողացն. իսկ զթիւ քահանայիցն, որք ի սուր եւ ի հուր վախճանեցան՝ գտաք աւելի քան 150, որք վիճակի տեարք էին եւ եկեղեցւոյ. բայց զեկամտիցն, եւ որք յամենայն աշխարհաց անդր հանդիպեցան, զնոցա ո՛վ կարէ բերել զհամար:

Այսոքիկ են չարաչար պատմութիւնք քո, ո՜վ քաղաք երջանիկ եւ երանելի, յղփացեալ, ականաւոր ի մէջ աշխարհաց: Այժմ ամբարձ զաչս քո, եւ տե՛ս զորդիս քո վարատեալս ի գերութիւն, զտղայս քո անողորմաբար հարեալս զքարի, զերիտասարդս քո այրեցեալս ի հրոյ: Մեծահարկի եւ փառաւոր ծերք անկեալք ի հրապարակի. հովասուն եւ բարեկեցիք կոյսք եւ կանայք՝ անկեալք ի խայտառականս, եւ հետի ոտիւք վարեալք ի գերութիւն: Առ մեզ կատարեցան դաւթական ողբոցն երգք. «Մատնեաց, ասէն, ի գերութիւն զզաւրութիւնս նոցա, եւ զգիւղս նոցա ի ձեռս թշնամեաց նոցա» եւ որ ի կարգին է. բայց Քրիստոս յամէ զզարթնուլն, եւ ոչ որպէս յայնժամ:

Who can count those burned to death? Those who had escaped from the glittering sword, and taken refuge in houses, were immolated, one and all. As regards the priests, those whom they caught in the churches, they burned to death; those they found outside, they killed and, to insult and disgrace us, put huge hogs in their arms. The number of priests who died by fire and sword, lords of diocese and church, we found to be more than 150. But as for those who had come from all other lands, and happened to be there, who can count them?

Such is your wicked history, oh city, blessed and venerable, full [of good things], renowned among the lands. Raise now your eyes and observe your children led into slavery, your babies hurled mercilessly against rocks, your young people burned by fire, the respect-worthy and glorious elderly folk fallen in the squares, you fresh and prosperous virgins and women fallen in disgrace, led away into slavery on foot. David's lamenting songs were fulfilled regarding us: "Their might was betrayed to slavery, their villages, into the enemies' hands,"[69] and so forth. But Christ was late in awakening, and it was not [here] as it had been at that [Biblical] time.

---
69 Psalm 77:61.

CHAPTER XII

Այլ որ վասն Արծինն տխրական պատմութիւնս աստանաւր զկայ առցէ. զի մեք զամենայն անցս չարեացն ոչ կարացաք ընդ գրով արկանել, այլ զթողեալն ի մէնջ՝ յաւերակացն ուսանի խնդրաւղն։ Այսոքիկ երկուց էր տեղեաց՝ լերինն եւ քաղաքիս զողորմելի պատմութիւնս. զոր աչաւք մերովք տեսաք եւ ընդ փորձ չարեացն անցաք, զայն միայն գրեցաք. իսկ զայլ գաւառաց եւ զքաղաքաց զանցս աղետից, ո՛յր միտք բաւեն։ Այնոքիկ երկայն բանի պիտոյ են եւ ժամանակի. մեք զմերս ըստ կարի մերում համառաւտեցաք։

Let the narration of Arcn's sad history end at this point, for we were unable to record every evil event. Let whoever wants to learn of our omission look in the ruins. We have written the pitiful account of two places, of the mountain and of the city. We have written only about what we saw with our own eyes, and about the wicked things we ourselves experienced. As for the disasters which befell the other districts and cities, who is strong enough [to record them]? Much time and many words would be needed for that. We abbreviated our [account] as much as possible.

ԳԼՈՒԽ ԺԳ

Մարգարէն Եսայիաս՝ յորժամ զեգիպտացոցն աւերանաց մարգարէանայր, զայսոսիկ ասէր, թէ «Յիմարեցան իշխանք Տայանու, որ էին իմաստուն խորհրդականք թագաւորին». որ եւ այս մեզ հանդիպեցաւ: Քանզի հեծելազաւրքն Հոռոմոց ոչ սակաւք էին յարեւելս պահապանք աշխարհին, որ մինչեւ ցվաթսուն հազար ասեն եթէ էր թիւ բանակին. որոց գլխաւորք էին Կամենաս՝ որ թարգմանի կրակ, որ ունէր զիշխանութիւն տանն Հայոց՝ եւ Ահարոն՝ որդի Բուլղարին, որ ունէր զկողմն Վասպուրականի, եւ Գրիգոր՝ Հայոց հզաւր իշխանն, որ ունէր զպատիւ մագիստրոսութեան: Եւ քանզի գիրք ասեն եթէ՝ բազմիշխանութիւն ամբոխեալ է եւ անյարմարական եւ մերձ ի լուծումն. որ եւ սոցա հանդիպեցաւ: Զոր պարտ էր միահաղոյն միաբանութեամբ զյաղթաւղն ի պատերազմի զտէր Աստուած կարդալ յաւգնականութիւն, որպէս աւրէն էր առաջին յաղթողացն. «Քանզի ո՛չ թէ իւրով զաւրութեամբ զաւրանայ հզաւրն, այլ տէր քաղէ զզաւրութիւն հակառակամարտին»: Իսկ նոքա ոչ այսպէս խորհեցան. այլ որ անաւրինելոցն էր ի նոսա՝ անաւրինէր. եւ կարծէին մարդկաւրէն հնարագիտութեամբ զբորբոք ահագին հրատին շիջուցանել: Վասն որոյ ի ծուփս անկեալ, միոյ միոյ բանից ոչ հաւանէին. քանզի եբարձ Աստուած զիմաստութիւն ի խորհրդոց, նոցա վասն չխնդրելոյ նոցա զնա: Եւ այս ի գործոցն յայտնի է, զի զԼիպարիտն հայցէին գալ ի յաւգնականութիւն, զԱսաւուղայն ախտացեալք առ վհուկն ընթացեալք. կամ որպէս Հրեայքն, որ բարձեալ ի վերայ ուղտուցն զգանձս իւրեանց՝ տանէին առ ազգ մի, որ ոչ գոյր ի նոսա յոյս աւգնականի:

CHAPTER XIII

The prophet Isaiah, when prophesying the destruction of Egypt said: "The princes of Tayan[70] are utterly foolish; the wise counselors of Pharaoh give stupid counsel."[71] We encountered the same thing here. For the Byzantine cavalry, guarding the Eastern land were not few in number. They say that the army had as many as 60,000 men. Its heads were Kamenas, which translates "fire," who held sway over Armenia, and Aharon, son of Bulghar, who held the Vaspurakan region, and Grigor, the mighty prince of Armenia, who held the dignity of magister. Just as the Bible says, that the rule of many princes will be confused, inappropriate and subject to dissolution, so it was with these [men]. While they should have called for assistance upon the granter of victory, lord God, with firm unity, as victors in the past were wont to do, "For the mighty grows strong not through his own strength, but because the Lord weakens his adversary's power,"[72] they did not think to do so. The impious committed impious acts, and they thought that by human cleverness they could quench the blaze of that frightful fire. Consequently, they fell into confusion, and no one approved of the next one's counsel. For God had removed sense from their heads since they had not sought [help] from Him. This is quite clear from their actions, for they expected Liparit to come to [their] aid. They resembled the diseased Saul who ran to a wizard, or the Jews who piled their treasures onto camels and took them to a people from whom there was no hope of aid.

---

70 *Tayan:* Zoan.
71 Isaiah 19:11.
72 1 Samuel 2:9-10.

Եւ զայն ո՛չ ածին ի յիշատակ զԴաւթայն որ առ մսեղէն բլուրն, որ մեծաւ խրոխտանաւք նախատէր զԻսրայէլ. որոյ պարսաքար մի միայն բաւական եղեւ առ ի զխեւլապատակ ուղղոյն նորա ջարդել. կամ զԵզեկիային՝ որ աղաւթիւք միայն զհարիւրութսուն հազարսն յԱսորւոց ի ձեռն հրեշտակին՝ աներեւոյթ սրովն յերկիր յորսայսեաց:

Արդ՝ եկն Լիպարիտն բազում աղաչանաւք եւ գանձուց առատատուր պարգեւաւք, եւ ոչինչ վճարեցաւ այնու. քանզի եւ ինքեանք իսկ չէին միաբան առ միմեանս: Վասն որոյ ի խմբել պատերազմին, որդի Բուլղարին իւրայնովքն ի թիկունս դարձեալ՝ համարձակութիւն տայր թշնամեացն. որք մեծաձայն աղաղակաւ զմիմեանս յորդորէին, եւ ի մէջ փակեալ զԼիպարիտն իւրով քաջ արամբքն զոմանս սպանանէին, եւ զերիվարի նորա զջիլսն հատեալ սուսերաւ՝ զինքն ձերբակալ առնէին: Զոր տեսեալ այլ զաւրացն՝ ի փախուստ դառնային. որոց զհետ մտեալ թշնամեացն, անչափ կոտորածս առնէին, զոմանս սրով, եւ զբազումս՝ վասն զի գիշերացաւ ժամն, ի գահից եւ ի քարանձաւաց գահավէժ առնէին. եւ մնացեալքն մերկ կողոպուտ հետիոտիւք ուր կարէին՝ ապրեցան: Իսկ թշնամիքն լցեալ աւարաւ առաւել քան զառաւել, ուրախ լինէին. իսկ մերքս վայիւք եւ ողբովք լի: Եւ յայնմ աւրէ եւ այսր՝ իբրեւ շունք գիշախանձք, կամ իբրեւ գայլք արաբացիք՝ ոչ յագեցան երբէք արեամբ քրիստոնէից, մինչեւ սպառեցին եւ բարձին ի միջոյ:

They did not remember what David did to that mountain of meat who had insulted Israel with great boasting, that merely a jawbone was sufficient to smash his brains. [They did not think of] Ezekiel who laid low 180,000 Assyrians with prayers alone, with the aid of the angel, with an invisible sword.

Then Liparit arrived, after [receiving] many entreaties and generous gifts of treasure; but he was unable to accomplish anything, for they themselves were disunited. Thus, when the battle had commenced, Bulghar's son and his people took to flight, encouraging the enemy. [The latter] urged each other on with loud cries. They trapped Liparit and his brave warriors in their midst, killing some of them, cutting [Liparit's] horse's sinews with a sword and taking [Liparit] himself captive. When the rest of the troops saw this, they turned in flight. The enemy pursued, killing an incalculable number of them; some they killed with the sword, but many, since it was evening, they threw [to their deaths] from lofty places and caves. The remainder, naked and robbed, went on foot wherever they could, and survived. Laden with an extremely great quantity of booty, the enemy was delighted, while our [people] were full of woes and laments. From that day forth resembling carnivorous dogs or jackals [the Saljuqs] were never satiated on Christian blood, until they had completely done away with [the people].

Եւ եղեւ երկիրս ամենայն իբրեւ անդաստան հասեալ ի հունձս, զորոյ զհետ հնձողացն ընթանան որ զորայն բառնան, եւ ապա զհասկաքաղն եւ զխոզանն միայն թողուցուն յարաւտ երէոց: Արդ յետ պատերազմին յաղթութեան, առեալ զառ եւ զգերի՝ մտին յաշխարհն իւրեանց, եւ անչափ աւարաւն լցին զերկիրն ամենայն. իսկ զիշխանն Վրաց տարեալ ետուն ցխալիփայն իբրեւ զմեծ ինչ եւ քան զամենայն գերին հաճելի նմա. զոր առեալ եւ ընկալեալ ի շնորհակալս, եւ մեծաւ պարգեւաւք արձակեաց խաղաղութեամբ յաշխարհն իւր: Այս աստ մինչեւ ցայս վայր:

The entire country was like a field ready for reaping; following the reapers came the sheave-binders, and [the sheaves] were taken, and only the gleanings and stubble were left as fodder for deer. After the victorious battle, [the Saljuqs] took plunder and slaves and entered their own land, and every country was filled up with an immeasurable amount of loot. Now they took the Georgian prince [Liparit] and gave him to the Caliph as though [he were] a great treasure, more pleasing to him than all the other captives. [The Caliph] accepted him with thanks, and peaceably released him to return to his own land with great gifts. Enough of this for now.

ԳԼՈՒԽ ԺԴ

Թագաւորին տեսեալ զնա՝ բազում պատուով եւ մեծարանաւք ընկալաւ, եւ առատ ռոճկաւք հրամայեաց պաշտել զնա. բայց առ իւր պահեաց զնա ամս երիս, քանզի կասկածէր թողուլ ի Հայս՝ թէ երթեալ ապստամբեցուցանէ զԱնի: Իսկ Ատոմ որդին Սեննեքերիմայ առեալ զնա յերաշխիս, ած ի քաղաքն իւր ի Սեբաստուպաւլիս. եւ տուեալ նմա տեղի բնակութեան զհանգիստ սրբոյ նշանին, զոր իւր շինեալ էր բազմայարդար զարդարանաւքն եւ մեծապայծառ վայելչութեամբ, յորում տեղւոջ կեցեալ ամս երկուս, փոխեցաւ ի Քրիստոս: Եւ կացուցանեն ի տեղի նորա զԽաչիկ զնորին քեռորդի, որ զձեռնադրութիւն հայրապետութեանն վաղնջուց ընկալեալ էր: Զոր իբրեւ լուաւ թագաւորն՝ առաքեաց խնդրակս, եւ տարաւ զնա առ իւր եւ զգանձս՝ զոր եւ գտին թէ անդ եւ թէ ի Հայս. քանզի յոյժ գանձուց սիրաւղ էր Պետրոս, որ եւ բազումք վասն այնր եպերէին զնա: Իսկ յետ երից ամաց արձակեցաւ տէր Խաչիկ ի թագաւորանիստ քաղաքէն, եւ եկեալ ի սահմանս Երկրորդ Հայոց՝ ի գաւառն որ կոչի Տարնտայ, անդ դադարեաց. քանզի անդ հրամայեցին նմա տեղի բնակութեան:

CHAPTER XIV

When the [Byzantine] king saw [Petros], he received him with great respect and honor, and commanded that [Petros] be honored with a generous stipend. However he kept him there with him for three years, fearing that if he let him return to Armenia, [Petros] would go and incite Ani to rebel. Now Senek'erim's son, Atom, took [Petros] gratefully and brought him to his city, Sebastupolis. [Atom] gave him as a dwelling-place the retreat of the Holy Cross, which he himself had constructed with numerous well-appointed embellishments and resplendent beauty. [Petros] remained there for two years, and then passed to Christ. They established in his position his sister's son, Xach'ik,[73] who had received the ordination for the patriarchate long ago. As soon as the king heard about this, he sent messengers, and had [Xach'ik] and all his treasures there and in Armenia brought to him. For Petros had been a great lover of treasure, and on account of this many [people] chided him. Now after three years, lord Xach'ik was released from the royal city. He came to the borders of Third Armenia to the district called Tarnta, and stayed there, for they had ordered him to settle in that spot.

---

73 *Xach'ik* II Anets'i, 1058-1065.

Իսկ ժամանակ յամելոյ նորա ի Կոստանդնուպալիս՝ այս է պատճառն, ընդ հարկիւ կամէին արկանել զնա. իսկ նա ոչ առնու յանձն, թէ զոր մինչեւ յիմ ժամանակն չէ լեալ՝ եւ ոչ ես հաւանիմ: Եւ ապա ի հարց եւ ի փորձ արկեալ, եւ սպառնալիս եւս յաւելուին եթէ ոչ ելանիցես աստի, եթէ ոչ զհրամայեալսն ի մէնջ յանձն առնուցուս. իսկ երանելի անձն այն եւ մեծի Լուսաւորչին մերոյ փոխանորդն՝ ոչ ինչ զանգիտեալ ի նոցա բանիցն, այլ ի նոյն եւ ի նմին եկաց հաստատուն: Յետ այսորիկ արք երկու, մինն իշխան եւ միւսն վանական ի Հոռոմոց, յառաջ կացեալ, եթէ վասն նախանձ արկանելոյ նմա եթէ ճշմարտիւ, ոչ գիտեմ, խնդրեցին զվերակացութիւն եկեղեցւոյ եւ հատուցանել զհարկն. որ եւ երկոքեանն չարամահ սատակեցան: Ապա ի զեղջ եկեալ արձակեաց զնա առանց հարկի, տըւեալ նմա գրով եւ ոսկի մատանեաւ զոր ի Հայս իւրեանց տեղիք էին, եւ երկու վանս ի Տարնտայ:

Now the reason that he had tarried in Constantinople was this: they wanted to place him under taxation. However [Xach'ik] refused [arguing that] "What was not [a practice] before my own time, I shall not accept either." Subsequently, despite the fact that they subjected him to much inquisition and added the threat that "You shall not leave here until you do as we command," nonetheless that venerable man, the substitute for our great Illuminator [St. Gregory] was in no way frightened by their words, rather he held fast. After this two Byzantines came forward, one a prince, the other a monk. I do not know whether they did [what they did] in order to make him emulate them or in good faith, but they requested superintendency of the [Armenian] church, and [promised] to pay the tax. Both were wickedly killed. Finally, repenting, [the Byzantine emperor] released Xach'ik without the tax, giving him a written document sealed with [the king's] gold ring indicating what sites in Armenia were theirs, and [giving him] two monasteries in Tarnta.

ԳԼՈՒԽ ԺԵ

Քաղաքս այս ի բազում ժամանակաց հետէ չէր զփորձ չարեաց առեալ. վասն որոյ յանհոգս եւ յանկասկածի կէին, հարստացեալք բազում ընչեղութեամբ ի ծովէ եւ ի ցամաքէ ամբարեալ: Արդ ի գալ մեծի յայտնութեան տեառն մերոյ, ի գիշերին՝ յորում ուրախական ձայնիւ դասք քահանայից հանդերձ բազմամբոխ ժողովրդովքն զպաշտաւն աւուրն կատարէին, յանկարծակի ի վերայ հասին զաւրք անաւրինացն: Եւ քանզի առանց գիշերադիտաց էր քաղաքն, մտեալ ի ներքս, սուր ի վերայ առն եդեալ, անողորմ կոտորեցին զամենեսին, որ յոյժ ողբոց արժանի է պատմութիւնս: Քանզի աւրէն է քաղաքաց ի տէրունական տաւնսն բազում զարդարանաւք վայելչանալ արանց եւ կանանց, ծերոց եւ աղայոց ըստ ուժոյ եւ ըստ կարողութեան, ըստ նմանութեան գարնանաբեր ծաղկանցաց: Որ եւ զոսա այսպէս գտեալ, յանկարծակի վայիւք եւ ողբովք լի եղեւ քաղաքն: Զքահանայսն ի պաշտամանցն լռեցուցին, եւ զսաղմոսասացսն ի սաղմոսական երգոցն. հատաւ երգ աւրհնութեան ի բերանոյ դպրաց եւ տղայոց: Անդանաւր էր տեսանել տեսութիւն ողորմագին որ զքարինս եւ զանշունչ արարածս անգամ շարժէր յողբս հառաչանաց. թո՛ղ թէ զգայունս եւ զկենդանիս: Մեծահարկի եւ պատուական վաճառականք չարաչար մահուամբ սպանեալք. երիտասարդք եւ ըմբշամարտք ի փողոցսն սրակոտորք. պատուական ալիք ծերոցն արիւնաշաղախ առ նոքաւք անկեալք. եւ այսպիսաւրէն գործովք սպառեցաւ քաղաքն յարանց. եւ թէ ոք ժամանեաց յամուրն ելանել որ ի վերայ քաղաքին կայ, նա միայն ապրեցաւ: Եւ մնացեալ զաւրն ողջոյն ի տեղւոջն խիլ արկեալ բրեցին զտունսն, եւ ապա հուր հարեալ այրեցին զքաղաքն, եւ ինքեանք առեալ զգերի եւ զկապուտ քաղաքին գնացին յաշխարհն իւրեանց:

CHAPTER XV

For a long time this city [Kars] had had no experience with evils [warfare] and so [the people] dwelled unconcernedly and without suspicions therein, grown rich with much merchandise acquired by sea and by land. Now during [the festival] of the Revelation of Our Lord, in the evening, when the ranks of the priesthood together with great crowds of the people were celebrating the mass of the day, [singing] with joyous voices, the troops of the infidels unexpectedly attacked. Because the city was without a night-watch, they entered. Putting swords to work, they mercilessly killed everybody, a history meriting much lamentation. It was the custom of the city's men, women, elderly, and youths [each] according to strength and ability, on the Lord's feast days, to ornament himself or herself with many adornments, such that they resembled spring gardens. When these [people] were thus chanced upon, suddenly the city became filled with sighs and lamentations. Priests were silenced at mass, as were the psalmists [silenced] from singing psalms. The song of blessing stopped on the lips of scribes and boys. There one could have seen a spectacle most pitiable, capable of moving even the stones and inanimate objects to sighs of lament, let alone the rational and living. Well-respected and honorable merchants were wickedly slain, youths and athletes wrestlers lay stabbed to death in the streets, and the blood-spattered heads of the elderly lay fallen near them. By such deeds was the city stripped of its population. Only the one who managed to enter the stronghold located above the city saved his life. The entire remainder of the day, [the Saljuqs] rummaged through the houses, then set the city on fire. Taking their captives and the city's plunder, they went to their own land.

ԳԼՈՒԽ ԺՁ

Չկնի այսր պատմութեանս, ի գալ տարւոյն էր թուականիս մերոյ ամք հինգհարիւր երեք: Ի նոյն ամիսն եւ ի նոյն քանիս ամսոյն, ուր զառաջին աշխարհս գերի տարան, զԱրծն այրեցին, եւ զայլ քաղաքս եւ զաւանս, խաղաց գազանն մահաշունչ արիւնարբու եւ մարդախոշոշն Սուլտան անհամար զաւրաւք, փղաւք, եւ կառաւք եւ երիվարաւք, կանամբք եւ որդւովք, եւ բազում պատրաստութեամբ: Զանց արարեալ զԱրճիշաւ եւ զԲերկրաւ՝ եկեալ բանակեցաւ շուրջ զքաղաքաւն, որ կոչի Մանազկերտ, ի գաւառն Ապահունեաց, եւ կալաւ բովանդակ զընդարձակ վայրս դաշտացն: Եւ արձակեաց ասպատակս յերեսին կողմանս աշխարհիս, ի հիւսիս՝ մինչեւ յամուրն Ափխազաց եւ մինչեւ ի լեառն որ կոչի Պարխար եւ մինչեւ ցստորոտն Կովկասու. եւ յարեւմուտս՝ մինչեւ յանտառսն Ճանեթոյ, իսկ ի հարաւ մինչեւ ցՍիմն կոչեցեալ լեառն. եւ բովանդակ կալեալ զաշխարհս իբրեւ հնձաւղք ոճոյ ագարակի: Արդ զայնմ ժամու զչարիսն՝ զոր նոքա աշխարհիս հասուցին, ո՞վ կարէ ընդ գրով արկանել, կամ ո՞յր միտք բաւեն ի համար ածել. զի ամենայն աշխարհս լի էր դիակամբք, շէնք եւ անշէնք, ճանապարհք եւ անապատ տեղիք, քարանձաւք եւ առապարք, անտառախիտ մայրիք, եւ ափափայ վայրք՝ եւ յամենայն շինանիստ տեղիս հուր հարեալ ապականեցին զտունս եւ զեկեղեցիս, որոյ բոց հրատին առաւել բարձրանայր քան զհնոցին Բաբելովնի. եւ այսպիսի ձեռնարկութեամբ ապականեցին զաշխարհս ամենայն, ո՛չ միանգամ, այլ երիցս անգամ մի ի միոյ վերայ դարձ արարեալ՝ մինչեւ առհասարակ հատաւ երկիրս ի բնակչաց, եւ բարձաւ կառաչ անասնոց:

CHAPTER XVI

The year after this [devastation] occurred was [the year] 503 of our [Armenian] era [1054]. Now the same month, and the same date of the month as [the previous year] when [the Saljuqs] took the land captive, and burned Arcn and other cities and *awan*s, that death-breathing, bloodthirsty and murderous beast, the Sultan,[74] advanced [toward us] with countless troops, elephants, carts, horses, women, children, and much preparation. Skipping over Archesh and Berkri, they came and camped near the city called Manazkert in the Apahunik' district, seizing all the extensive places in the fields [*i.e.*, the pasturelands]. [The Sultan] dispatched marauding parties across the face of the land: north as far as the stronghold of the Abkhaz and to the mountain called Parxar to the base of the Caucasus; west as far as the forests of Chanet'ia; and south as far as the place called Sim mountain. And they seized the entire land as [easily as] reapers working a field. Who can record the evils which [the Saljuqs] then visited upon the land? Whose mind is able to enumerate them? The entire land was full of corpses—cultivated and uncultivated places, roads and desolate places, caves, craggy spots, pine groves and steep places—and [the Saljuqs] set on fire and polluted all the cultivated places, homes and churches. And the flame of that fire rose higher than [the flame of] the furnace of Babylon. In this way they ruined the entire land, not once but three times, one after the other, until the country was totally devoid of inhabitants and the bellowing of animals ceased.

---

74 *Sultan* Tughril-Beg, 1055-1063.

Զայս արարուած՝ տեսեալ սուգ առ եւ կործանեցաւ երկիր, վասն զի կործանեցան բնակիչք նորա. բարձաւ ուրախութիւն յերեսաց ամենայն երկրի. յամենայն տեղիս ողբք եւ հառաչանք. ամենայն ուրեք կոծ եւ լալականաց հանդէսք. ոչ ուրեք քահանայից երգք. ոչ ուրեք լսի փառաբանութիւն Աստուծոյ: Ոչ ուրեք բանին գիրք առ ի խրատ եւ ի մխիթարութիւն լսողաց. վասն զի ընթերցաւղքն արբամահք ի հրապարակս, եւ ինքեանք այրեցեալք եւ աճինացեալք: Ոչ ուրեք լսի ձայն հարսանեաց, եւ ոչ աւետիք նորածին մանկանց. ոչ նստին ծերք աթոռով ի հրապարակի, եւ ո՛չ խաղան մանկունք առաջի նոցա. ոչ երամանան անդեայք ի յարաւտս, եւ ոչ խայտան գառինք ի մարգս: Ո՛չ լնու հնձող որայիւ զգիրկս, եւ ոչ լսէ բարեբանութիւն յանցաւորաց. ոչ լնուն կալք ցորենով. եւ ոչ զեղուն գուբք գինւով. ոչ լսին ձայնք ուրախութեան ի կութս այգեաց եւ ո՛չ ծանրանան պահարք ի ստոմանեաց: Բարձաւ այս ամենայն, կորեաւ եւ ո՛չ երեւի:

Ո՞ր Երեմիա ողբացէ զմեր կործանումնս, ի ճանապարհաց եւ ի լերանց յերկարելով զողբսն. ո՞ր Եսայիաս անհնազանդի մխիթարչացն զի յագեսցի ողբովք: Վա՜յ ինձ որ վիպասանեմ զայսոսիկ, հիմենացի երիտասարդին նման գոլով իմ՝ գուժարկու եղէ, ո՛չ միում զիւղի կամ միում քաղաքի, այլ ամենայն աշխարհաց, ազգաց յազգս մինչեւ ի կատարած ժամանակաց. քանզի չիք ինչ ժամանակ կամ գործ որ զմերն հնացուցանել կարէ, բայց թէ որ զպղծոյն անապատի զգուշացուցանեն գիրք:

Bearing such misfortunes, the country donned mourning garb. It was ruined because its inhabitants were destroyed. The entire country ceased rejoicing. Everywhere lamentations and sighs were heard, everywhere there was weeping and sobbing. Nowhere were the songs of the priests heard, nor the glorification of God. Nowhere were books [read] to advise and comfort listeners, for the readers lay stabbed to death in the squares, while the books themselves had been burned and turned to ashes. Nowhere were the sounds of weddings and the glad tidings of newly-born children. The elderly did not sit in chairs in the squares, nor did the children play before them. Herds did not flock together to pasture, nor did lambs frolic about in the meadows. No more did the reaper fill his embrace with sheaves, no more was the praise of passersby heard, no longer were the threshing-floors filled with grain, nor the cisterns full of wine. Sounds of joy were not heard when the vineyards were harvested, nor were the pantries overladen with vessels. All of this vanished and is no more.

Where is the Jeremiah to mourn our destruction, prolonging the lament on the roads and the mountains? What Isaiah would disobey the comforters, to saturate [them] with lamentations? Woe is me that I [must] relate such things. I am as the Himen youth, a bringer of bad news, but not to one village or to one city, but to the entire world, from generation to generation until the end of time. For there is neither time nor deed which can mitigate our [suffering], except for the Evil of the desert [the Antichrist], which the Bible prophesies.

Արդ զի՞նչ արարից, թողի՞ց ի պատմելոյ զանհնարին չարիսն որ եհաս ի վերայ քրիստոնէից՝ խնայելով ի ձեզ, եթէ շարժեցից ողբս եւ հառաչանս ամենեցուն որք հանդիսակից էք այսմ դժոխալուր պատմութեանս. բայց գիտեմ որ կամիք լսել. վասն որոյ եւ ես ի բաց եղեալ զանձին դանդաղանս, գրեցից զգլխաւոր տեղեաց մի ըստ միոջէ զանհնարին չարիսն:

Ջխորձեան եւ զՀանձէթ յորժամ յիշեմ եւ որ ինչ ի նոսա գործեցաւ, հատկլիմ արտասուաւք փղձկի սիրտ իմ, եւ յիմարին միտք եւ զդողի հարկանի ձեռքս եւ ոչ կարեմ զոճ տողիս յառաջ խաղացուցանել: Բազում եւ անհամար հոգիք ի վերագոյն գաւառացն, վասն տեղեացն ամրութեան՝ անդր ժողովեալ էին: Յորոց վերայ հասեալ անաւրինացն արագապէս որպէս թռչունք, անողորմաբար որպէս գազանք, սրտմտութեամբ եռացեալք որպէս վրէժխնդիրք, եւ խիլ արկեալ ի քարանձաւս եւ յանտառախիտ մայրիս՝ անյագաբար կոտորեցին զորս եւ գտին: Մինչ զի արիւնն զաւրէն գարնանաբեր ժամանակին, յորժամ ի ջերմութենէ աւդոյն ջուրն ծորեալ ելանէ ի ձեանն առուս առուս վիժելով, զհող երկրին զկնի իւր հեղեղատելով, այսպէս եւ յայնժամ լինէր. արեան առուք ի դիականցն անկելոց ելեալ, ի զառ ի կող տեղին ի յորդութենէ գնացիցն զհող երկրին հեղեղատէին:

Now what shall I do? Shall I leave off narrating the incredible evils which befell the Christians, sparing you, or shall I stir up the laments and sighs of all who are participants in this hellish history? Yet I know that you want to hear it. Therefore, I shall stop wavering and shall write one after the next about those unbelievable disasters visited upon the major places.

When I recall Xorjean and Hanjet' [districts], and what transpired in them, my breathing becomes choked off by tears, my heart is moved to pity, my mind is dazed, trembling seizes my hands, and I am unable to continue writing. Because of the security of those places, many people, a countless number, had assembled there from the upper districts. But the infidels speedily swooped down upon them like birds, as mercilessly as wild beasts, glowering with rage like avengers, and, searching through caves and the thick pine forests, they insatiably killed whomever they found. Just as in springtime, from the warmth of the air, the water starts to flow and rise, causing streams to form in the snow, inundating the land behind it, so it was [when the Saljuqs attacked]; streams of blood flowed down from the corpses of the fallen, and from its coursing, the ground was inundated.

Այլ դու յայնժամ եղեալն ա՛ծ զմտաւ, զկրաւնաւորացն դաս եւ զքահանայից՝ որ անդ հանդիպեցան, կամ զերամս ծերոցն, կամ զերիտասարդացն զբազմութիւնս, որոց դեռաբոյս մաւրուացն՝ իբրեւ զնկար գեղեցկայարմար զայտսն զարդարէին, եւ խոպոպք վարսիցն փաղփեալք ի վերայ ճակատուն զաւրէն վարդի վառ ի վառ գունով զդիրս երեսացն պայծառացուցանէին՝ թէ ո՛րպէս յանկարծակի ի սրոյ թշնամեացն իբրեւ ի կարկտոյ հարեալք՝ յերկիր թաւալ անկեալ գլոր խաղային: Բե՛ր ի մէջ եւ զտղայոցն համար, զորս առեալ ի գրկաց մարցն յերկիր ընկենուին, որ մեծակական հառաչմամբ զմարսն խնդրէին. իսկ զծնաւղսն գանալից հարուածովք՝ առ շտապ ի նոցանէ բաժանէին: Ո՞ր սիրտ քարեղէն, որ զայս լսելով ոչ հեղձնու արտասուաք ընդ բազմադիմի չարեացն յաճախութեամբ: Կոյսք ի խայտառականս անկեալք, նորահարսունք յարանց բաժանեալք եւ ի գերութիւն մատնեալք. ի միում վայրկենի երկիրն՝ որ իբրեւ զքաղաք մարդախիտ առատութեամբ խճողեալ էր, եղեւ անմարդ ամայի, յերկուս բաժանեալ կամ սրակոտոր կամ գերի: Ո՞վ Քրիստոս քո յայնժամ ներողութեանդ, ո՞վ մերում չարեաց, ո՛րքան դառն մահու մատնեալ եղաք:

Recall what took place then [to] the class of clerics and priests who happened to be there, or [to] the elderly, or [to] the multitude of youths, whose newly-grown beards adorned their cheeks like a beautiful picture, whose ringlets of hair gleamed upon their brows resembling the glowing hues of roses, making their faces shine, [recall] how suddenly they fell to the ground and tumbled over, struck by the enemies' swords, as if struck by hail. Add to this the number of children who were taken from their mothers' embraces and hurled to the ground, who sought their mothers with their baby sighs. But the parents, cudgeled, were quickly separated from them. What heart of stone would not be straitened by tears, hearing these numerous and varied [recitations] of evil? Virgins fell dishonored, newly-married women were separated from their men and led into slavery. In one single moment the country, which had been crowded with people, like a densely populated city, became an uninhabited wasteland. [As for the people], they were either killed by the sword, or taken captive. Oh Christ, for your forgiveness at that time! Oh, the wickedness that befell us! How bitter was the death we died!

Իսկ զոր ի Դերջան եւ յԵկեղեաց եւ ի միջասահմանս նոցա եղեւ կոտորումն, զայն եւ ընդ գրով արկանել չէ քո բաւական. բայց դու ասացելովքս կշռեա՛ զայն: Իսկ որ ի Տայսն մտին, առեալ զերկիրն եւ հասեալք մինչեւ ի գետն մեծ՝ որ կոչի Ճորոխ, եւ զկնի գետոյն դարձեալ իջին յաշխարհն Խաղտեաց. եւ առեալ զառ եւ զգերի գաւառին՝ դարձան, եւ եկեալ մինչեւ ի բերդաքաղաքն որ կոչի Բաբերդ, հանդիպի անդ գունդ մի ի զորացն Հոռոմց որ կոչին Վռանգք, որք յանգէտս միմեանց ի դիմի հարեալք ճակատեցան.եւ յողորմութենէն Աստուծոյ զաւրացան գունդն Հոռոմց, եւ յաղթեալ թշնամեացն, զգլուխ զաւրուն սպանին եւ զբազումս ընդ նմա, եւ զայլսն ի փախուստ դարձուցեալ, զառ եւ զգերի զամենայն թափեցին, բայց փախստէիցն զհետ ոչ իշխեցին յերկարել, քանզի երկեան թէ գուցէ ծանր զաւրու հանդիպեսցին: Իսկ գերիքն որ ազատեցան, գոհացեալք զԱստուծոյ, չոգան ի տունս իւրեանց: Իսկ որ ի վերայ Հայոց գնացին, զոր եւ գտին՝ ի սուր եւ ի գերութիւն ծախեցին, եւ լցեալ աւարաւ՝ դարձան անդրէն: Եւ եկեալ ի սահմանս Վանանդայ, որոց ի դիմի հարեալ քաջազուն իշխանքն Գագկայ որդւոյ Աբասայ, եւ բազում նախճիրս ի տեղւոջն գործեալ: Որոց ի վերայ հասեալ զաւրք անաւրինացն ի մէջ փակեցին. եւ քանզի յերկարել պատերազմին եւ յահագին կոտորուածէն ի զաւրութենէ պակասեալք էին ինքեանք եւ երիվարք իւրեանց, վասն որոյ ոչ կարացեալ զպատնէշ թըշնամեացն պատառել եւ ելանել, յորոց սուր ի վերայ եդեալ կոտորեցին յազատացն արս երեսուն:

Who is capable of describing the destruction visited upon [the districts of] Derjan and Ekegheac', and upon the area between them? Judge that one by my recitations. Now [those Saljuqs] who had entered Tayk' took the country and reached as far as the great river called Chorox. Following the course of the river, they descended into the Xaghteac' land. Taking the district's booty and slaves, they turned and came as far as the fortified city named Baberd. There they encountered a brigade of Byzantine troops called Vrhangs who, at all hazards, battled with them. By God's mercy, the Byzantine brigade grew stronger, vanquished the enemy, killed the head of their troops and many with him, turned the rest to flight and retrieved all the loot and slaves. However, they did not dare to pursue the fugitives very far, since they were afraid of encountering a large force. Thanking God, those whom they freed went off to their own homes. As for those [Saljuqs] who had come against Armenia, whomever they chanced upon they killed or led into captivity, and filled with plunder they turned back. When [the Saljuqs] reached the borders of Vanand, the valiant princes of Gagik[75], Abas' son, came against them and wrought great slaughter in that place. But then [additional] troops of the infidel came up and caught [the Armenians] in their midst. Because of the prolongation of the battle and the enormous destruction, [the Armenians] and their horses were exhausted. Therefore, they were unable to break the enemies' blockade and come out. [The Saljuqs] putting swords to work, killed thirty of the *azat*s.

---

75 Gagik-Abas II, 1029-1064.

Իսկ զմի ոմն յազատացն կալեալ, որում անուն էր Թա-թուլ որ էր այր հզաւր եւ պատերազմասէր, զոր առեալ տարան առ Սուլտանն: Եւ քանզի կարեվէր խոցեալ էր զորդի Արսուբանայ Պարսից ամիրային, զոր իբրեւ ետես Սուլտանն՝ ասէ. Եթէ դա ապրի, զքեզ ազատեմ. ապա թէ մեռանի, զքեզ դմա մատաղ հրամայեմ առնել: Որ յետ սակաւ աւուրց մեռաւ: Իսկ նորա պատասխանեալ. Թէ իմ է զարկածն, չէ կենաց. ապա թէ այլում է, զայն ոչ գիտեմ: Սուլտանն իբրեւ լուաւ թէ մեռաւ, հրամայեաց սպանանել զնա, եւ զաջ բազուկ նորա հատեալ, ետ տանել Արսուբանայ ի մխիթարութիւն, թէ ի վատ բազկէ չէ մեռեալ քո որդին:

Արդ զի՞նչ է ինձ մի ըստ միոջէ զանկանգնելի կործանումն քրիստոնէից ընդ գրով սահմանել. որ իբրեւ ծով ի սաստիկ հողմոց յուղեալ՝ ահագին ծփանաւք, եւ փրփրա-դէզ կուտակաւքն յամենայն կողմանց գայ ի ծփանս, այս-պէս եւ մեզ հանդիպեցաւ. աշխարհս ամենայն յանկար-ծակի լի եղեւ խռովութեամբ, եւ ոչ ուրեք գտանիւր տեղի ապաւինի. զի վասն անհնարին չարեացն՝ բարձաւ յոյս կե-նաց յամենայն մարդկանէ: Զայս եւ Փրկիչն յառաջագոյն գուշակեաց, իբրեւ ծովու խռովութեանց նմանեցուցանե-լով զեղեռնաւոր չարիսն, յորս բազումք ի մարդկանէ թալ-կացեալք՝ ո՛չ կարէին պահել զոգիսն առ ինքեանս, յերկիւ-ղէ եւ ի կարծեաց եկելոցն:

Now they had seized a certain one of the *azat*s, a mighty martial man named T'at'ul, whom they took before the Sultan. Because [T'at'ul] had severely wounded the son of the Persian emir, Arsuban, when the Sultan saw him he said: "If [Arsuban's son] lives, I shall free you. Otherwise, if he dies, I will order you made a sacrifice for him." A few days later, he died. Now [when first being questioned], T'at'ul had said: "If I struck him, then he will not live, but if somebody else struck him, I cannot answer for his health." When the Sultan heard that [the son] had died, he ordered [T'at'ul] killed, and had his severed right arm taken to Arsuban as consolation that "Your son was not slain by a weak arm."

What need is there that I record one by one the unchecked destruction of Christians? It was as though the sea had been churned up by a severe wind, with enormous surgings, and foamy billows, crashing about on all sides of us. Suddenly the entire land became full of agitation, nor could any place of refuge be found. For due to the unbelievable evils [which had befallen us] no one had any hope of life. The Savior had prophesied this [disaster] long ago, comparing those criminal evils to an agitated sea in which many people, swooning from dread and apprehension are unable to remain conscious.

Բայց դու թողեալ զայս, եկ զարմացի՛ր ընդ Սուլտանայ անմտութիւնն եւ ընդ Աստուծոյ բազմապատիկ իմաստութիւնն. ընդ նորա անմտութիւնն, զի ամենակալ համբաւէր զինքն եւ Աստուծոյ աթոռակից. եւ ընդ Աստուծոյ իմաստութիւնն, զի միով տամբ խաղաց ընդ նմա, եւ լի անարգանաւք դարձոյց յաշխարհն իւր: Եւ արդ դու միտ դիր ասացելոցս. ի կարգ յառաջին անգամոյն յորժամ եկեալ անհամար զաւրաւքն շրջապատեաց զքաղաքն՝ եւ նոքա յանպատրաստի էին ի մարդոյ եւ յանասնոյ, եւ յայնժամ թէ տասն աւր ի վերայ էր կացեալ, առեալ էր զքաղաքն: Բայց Աստուած որ ոչ ի սպառ բարկանայ եւ ոչ յաւիտեան պահէ ոխս, եւ ոչ ըստ մեղաց մերոց առնէ, այլովքն հանդերձ, արկանէր ի միտս նորա խորհուրդ նանրութեան: Յետ երից աւուրց շարժեալ ամենայն բանակաւն, խաղայ իջանէ ի Տուարածոյ Տափ, եւ անտի իջանէ յընդարձակ դաշտն Բասենոյ առ անառ ամրոցաւն որ կոչի Աւնիկ, յորում ետես աշխարհաժողով մարդոյ եւ անասնոյ, եւ ոչ ինչ փոյթ արար. քանզի ի հայելոյն միայն ծանեաւ թէ անառ է. եւ անցեալ առ նովաւ գայ ի գլուխն Բասենոյ, մերձ ի գիւղն՝ որ կոչի Դու: Եւ ելեալ անտի սակաւ արամբք յանգէտս ի վերայ գահին որ հայի ի Կարին, ետես զքաղաքն վառեալ ամենայն պատրաստութեամբ. եւ նայեցեալ յերկար ժամս՝ դարձաւ անդրէն:

Leave this aside now, and come and marvel at the Sultan's stupidity and at God's magnificent wisdom. [Wonder at the stupid Sultan] who declared himself omnipotent and God's coadjutor, and [marvel at] God's wisdom, for He struck him a blow, and sent him back to his own land heaped with contumely. Attend, now. The first time that [the Sultan] came with innumerable troops and surrounded the city [of Manazkert], its residents and livestock were caught unawares. Had he but prolonged the siege for ten days, he would have taken the city. However, God (Who does not remain angry forever, does not eternally hold a grudge, and does not deal with us in accordance with our sins) caused a foolish plan to enter [the Sultan's] head. After three days [the Sultan] and his entire army moved down into Tuaraca Tap' and thence descended onto the extensive plain of Basen by the impregnable fortress called Awnik. He observed there a great concourse of people and animals, but did nothing, because he could tell just by looking that [the place] was unassailable. So, passing it by, he came to the head of Basen, close to the village named Du. With a few men [the Sultan] ascended the promontory which looks toward Karin, and saw that the city was completely prepared [to withstand a siege]. After observing it for many long hours, he turned away.

Իսկ արքն Մանազկերտոյ անկասկած ի դուրս ելեալ ի քաղաքէն՝ պատրաստեցին առատապէս դարմանս մարդոյ եւ անասնոյ. քանզի ժամանակն հնձոց իսկ էր: Եւ մինչ Սուլտանն զայսու զայնու եղեալ դարձաւ անդրէն, նոքա յանհոգս եղեալ էին. եւ ապա եկեալ նորա վառեալ սրտմըտութեամբ, դնէ մարտ պատերազմի ընդ քաղաքին: Իսկ իշխանն որ ունէր զհոգ վերակացութեան քաղաքին, քանզի այր բարեպաշտ էր, զամենակալն Աստուած կարդայր յաւգնականութիւն՝ պահաւք եւ աղաւթիւք հրահանգելով զինքն. եւ այնու սպառազինեալ՝ քաջապէս հաւատովք ախոյեանայր: Եւառ Աստուած սաղմոսելով ասէր. «Ոչ երկեայց ի չարէ զի դու տէր ընդ իս ես». եւ զմիւսն, թէ «Ոչ երկեայց ես ի բիւրաւոր զաւրաց նոցա, որ շուրջ են զինեւ» եւ որ ի կարգին է: Եւ առ արս քաղաքին եւ առ զաւրս խրախոյս տըւեալ ասէ. Քաջալերեցարուք ընկերք եւ եղբարք իմ, քաջալերեցարուք եւ մի՛ երկնչիք. գործ մի դիւրին է Աստուծոյ այս. նոքա գան ի վերայ մեր կառաւք եւ երիվարաւք, մեք զանուն տեառն մերոյ կարդասցուք, եւ Աստուծով պարծեսցուք յաւիտեան, եւ անուան նորա խոստովան եղիցուք, զի նա տացէ զաւրութիւն եւ հաստատութիւն ժողովրդեան իւրոյ, որ է աւրհնեալ յաւիտեան: Զքահանայս յորդորէր յաղաւթս եւ յերգս սաղմոսաց, որք անհատական աղաղակաւ առ Աստուած կարդային ի տուէ եւ ի գիշերի, որք խաչիւ եւ ժամահարաւ բարձրաձայնութեամբ ի վերայ պարըսպացն զԱստուած աղաչէին գալ յաւգնականութիւն վտանգելոցն: Յորմէ ձանձրացեալ լսելիք բռնաւորին, հարցանէր թէ զի՞նչ է այն անհատ աղաղակն, եւ ուսանէր ի գիտնոցն՝ թէ առ Աստուած աղաղակեն:

Now the people of Manazkert had gone forth out of the city without suspicion, and had prepared plentiful provisions for themselves and for the animals, since it was harvest time. By the time the Sultan, occupied with one thing or another, finally returned, the people were unconcerned [because they were prepared]. He came, boiling with anger, and commenced battling with the city. Now the prince who had the duty of superintendency of the city, since he was a pious man, called upon omnipotent God to aid them, disciplining himself with fasting and prayer. Armed with this, he became yet stronger in the faith. Reading psalms, he said to God: "Lord, I fear no evil, for Thou art with me,"[76] and "I fear not the myriads of their soldiers which surround me."[77] He encouraged the men of the city and the troops, saying: "Take heart, my comrades and brothers, take heart and fear not, for this is a simple matter for God. As they come upon us with their carts and horses, let us recall the name of our Lord, be proud of God eternally, and confess His name, that He give strength and steadfastness to His people, He Who is blessed for all time." He urged the priests to pray and sing psalms, and they individually beseeched God night and day, with the Cross and the loud noise of the clapper, upon the walls they beseeched God to come to the aid of the threatened [people]. The tyrant's ears were wearied by the din and he inquired what the ceaseless clamor was and learned from the learned that [the people] were crying to God.

---

76 Psalm 23:4.
77 Psalm 3:7.

Արդ ամսականաւք աւուրբք կացեալ ի վերայ քաղաքին, առ մի մի աւր երկիցս անգամ դնէր մարտ պատերազմի ընդ քաղաքին, մի ի լուսանալ աւուրն եւ մի ընդ երեկն: Բայց դու աստ տե՛ս զԱստուծոյ իմաստութիւնն թէ ո՛րպէս գիտէ հակառակաւքն զհակառակին պտուղն շահել: Արդ մինչդեռ քաղաքն յայս տարակուսի եւ ի վըտանգի կայր, արկանէր խորհուրդս բարուք ի սիրտ իշխանի միոջ, որ էր յոյժ ի մտերմաց Սուլտանայ, որ զառ ի նմանէ խորհեալսն ծանուցանէր քաղաքին՝ կամ բանիւ կամ գրով: Բազում անգամ գրեալ ի քարտիսի ի սլաք նետին կապէր, եւ պատերազմի աւրինակաւ մերձեալ ի պարիսպն՝ զնետն ի քաղաքն ընկենոյր. եւ այնու զամենայն կռույն աւրինակսն ծանուցանէր նոցա, թէ՝ Առ վաղին այսպէս եւ ըստ այսմ ձեւոյ է կռույն աւրինակն. եւ եթէ յայս նիշ տեղւոջ ի գիշերի կամին ի ներքոյ պարսպին զերկիրն փորել եւ մտանել ի ներքս. բայց դուք պինդ եւ ամուր կացէք, եւ ի տեղեացն վերայ զգուշացարուք:

Զայս առնէ Աստուած, որ գիտէ ի հեռուստ հիմն արկանել մեծամեծ իրաց. որ զԲաղաամ առ Բաղակաւ մարգարէ գործեաց՝ ի տեսչութիւն ժողովրդեանն, եւ զանխաւս անասունն մարդկեղէն բանիւ ետ բարբառել. եւ զԵղիա ի ձորն Քերիաթու ագռաւաւքն զերիս ամս ի սովին կերակրեաց: Զի՞նչ թէ եւ աստ ի ձեռն հակառակորդացն զփըրկութիւնն քաղաքին տնաւրինեաց:

[The Sultan] remained there warring against the city for one month, and each day he would offer battle twice: once at daybreak, and again at nightfall. But observe here God's wisdom, how He knows how to use adversaries to help [one] party. For while the city stood in such consternation and danger, [God] caused a wonderful idea to be implanted in the heart of a prince who was one of the Sultan's close associates, that is, [the prince] informed the city either orally or in writing what [military] plans he learned from [the Sultan]. Often, he would write [such information] on paper, attach it to the shaft of an arrow, approach the [city] wall in the course of battle, and shoot the arrow into the city. Thus did he acquaint [the citizens] with all the battle tactics, [for example] that tomorrow the battle would be fought in such a way, or that at night via such and such a place [the Saljuqs] wanted to excavate under the walls and enter the city, and that [the citizens] should remain firm and guard those places.

This was done by God Who knows how to lay the foundation for great deeds [even] from afar. If God was able to turn Baghaam into a prophet during Baghak's day in order to govern the people, and made a dumb beast speak with a prophetic tongue, [or if God] during a time of famine was able to feed Eliah for three years by means of crows in the K'eriat' valley, then why should it be surprising if He directed the city's salvation by means of its adversaries?

Արդ յո՛ր կողմ եւ նոքա ի պատերազմ կացին թէ ի գիշերի եւ թէ ի տուընջեան, սոքա վառեալք եւ պատրաստք անդր զտանէին: Յետ այսորիկ մեքենայս կանգնեալ, այնու պատերազմէին: Իսկ երէց ոմն ի մերոցս հնազոյն ունելով զաւուրս, որ յոյժ տեղեակ էր արուեստին, եւ սա իւր կանգնեալ փիլիկուանն. եւ լինէր յորժամ նոքա քար եդեալ ի պարսատիկս մեքենային եւ ձգէին ի քաղաքն, երէցն զիւր քարն դէպ ուղիղ նոցա քարին արձակէր, որպէս զի դիպեալ քար երիցուն ի քար անաւրինացն, ի վերայ իւրեանց ընկենոյր: Զայս արարեալ անաւրինացն եաւթն անգամ, ոչ ինչ կարացին վճարել. քանզի զաւրացաւ քարն երիցուն ի վերայ քարի նոցա:

Ապա ա՛յլ պատերազմական գործի պատրաստեալ, զոր ինքեանք բաբան կոչէին, որ յոյժ ահագին էր, զոր աւէին թէ չորս հարիւր սպասաւորք էին նորա, որք զպարանսն քարշէին, եւ փաթուսն լիտր քար եդեալ ի պարսատիկսն՝ ի քաղաքն ձգէին. եւ առաջի նորա պարիսպ կանգնեցին ի բամբակի բեռանց եւ յայլ բազում կարասւոյ, զի մի՛ քար երիցուն հասցէ ի նա: Եւ իբրեւ զայս այսպէս յարդարեցին, արձակեցին քար մի, որ դիպեալ ի պարիսպն ուժգնակի, փլոյց եւ խոռեաց զնա. զոր տեսեալ քաղաքին՝ յոյժ զդողի հարան, եւ առ Աստուած աղաղակեցին մեծաւ հառաչմամբ, զալ յաւգնականութիւն, իսկ անաւրինացն լինէր մեծ ուրախութիւն: Իսկ ի գալ երկրորդ աւուրն որ Դելմից զաւրուն իշխանն էր, առեալ զզաւրս իւր եկեալ մարտ եդեալ կռուէր ընդ մերսն, քանզի այր քաջ էր. եկեալ խոռին կամէր հզաւրապէս ի ներքս մտանել, եւ յանկարծակի զիւրովին երթեալ անկաւ: Իսկ որ ի վերայ պարսպին էին, ձգեալ զճանկ երկաթի՝ կալան զնա եւ քարշեալ ձգեցին ի ներքոյ պարսպին. եւ զաւրացն տեսեալ՝ դարձան լի տրտմութեամբ ի բանակն. իսկ քաղաքին լինէր ուրախութիւն ոչ սակաւ:

Thus wherever [the Saljuqs] commenced battle, at night or during the daytime, they found [the citizens] there armed and ready. After this they erected [war] machinery and fought with them. However, one of our presbyters, who was quite old and extremely informed about the art [of utilizing siege machinery] erected a catapult of his own, and when [the Saljuqs] would place a rock in the catapult's sling, and hurl it at the city, this presbyter would aim his own missile at their rock so that they would collide, and fall upon the infidels. The infidels tried [using their catapult] seven times, but were unable to accomplish anything, since the presbyter's blow was the stronger.

Then [the Saljuqs] readied another military device which they themselves called *baban*—a very frightful thing, which, it was said, required four hundred attendants to pull [back] ropes. They placed a rock weighing sixty *litrs* in the sling, and hurled it at the city. In front of it they set up a wall of cotton loads and many other materials, so that the presbyter's rock would not touch it. When everything was so arranged, they released a rock which violently struck the wall, caused it to crumble, and opened up a passageway. When the citizens observed this, they began to tremble, and with great sighing they beseeched God to come to their aid. The infidels were delighted. Now the following day, the prince of the Dalamite troops took his soldiers and came to battle with our people, for he was a brave man. Coming to the breach [in the wall] he wanted to enter in force, but suddenly he himself fell. Then those who were stationed upon the wall threw down an iron claw, seized him, and drew him up over the wall. When the troops saw this, they turned back full of grief, but within the city there was no small amount of rejoicing.

CHAPTER XVI

Յայնժամ մի ոմն զաւրաւոր ի զաւրացն Հոռոմոց պատրաստեալ հուր նաւթիւ եւ ծծմբով. եւ արկեալ յաման ապակեղէն, եւ նստեալ ի վերայ ազնիւ երիվարի, քաջասիրտ եւ արի գոլով, վահանաւ միայն զթիկունս ամրացուցեալ, եւ ելեալ ընդ դուռն քաղաքին՝ մտանէ ի բանակն այլազգեացն, մանդատոր ձայնելով զինքն՝ այսինքն թղթաբեր: Եւ երթեալ մինչեւ ի բաբանն՝ շուրջ անցեալ զնովաւ, եւ յանկարծակի ի վեր առեալ զշիշն եհեղ ի վերայ բաբանացն, եւ նոյնժամայն բորբոքեալ հրոյն՝ բոց ծիրանի ի դուրս ելանէր, եւ ինքն դառնայր փութապէս: Զոր տեսեալ անաւրինացն, ի հիացման եղեալ, հեծեալ յերիվարսն, զհետ մտեալ եւ ոչ կարացին հասանել: Եւ նորա եկեալ խաղաղութեամբ եմուտ ի քաղաքն, աւգնականութեամբ Աստուծոյ ոչ ինչ ունելով վէրս յանձին: Իսկ Սուլտանն իբրեւ ետես զեղեալսն, ցասմամբ մեծաւ հրամայեաց զպահապանսն սրակոտոր առնել:

Տեսանե՞ս զԱստուծոյ մարդասիրական խնամսն, թէ ո՛րպէս մերձ է առ երկիւղածս իւր փրկութիւն նորա. տեսանե՞ս, որպէս գիտէ փոքր իրաւք մեծամեծացն յաղթել. ո՛րպէս առ Մովսեսիւն Ովգայ՝ որոյ բարձրութիւնն ինն կանգուն էր հսկայի կանգնով. կամ որպէս մանկամբն Դաւթիւ՝ Գողիաթու. կամ որպէս Սիսարայ սկայազինն այլազգեաց, ի ձեռն Յայելի՝ կնոջն Քաբերայ. կամ որպէս զՀողեփեռնէսն՝ ի ձեռն այլում կնոջ:

At that time a certain general of the Byzantine troops, brave-hearted and manly, prepared [a mixture] of sulphur and flammable oil, put it into a glass vessel, mounted a thoroughbred steed, and, protected by merely a shield, rode out of the city gates going to the foreigners' army, proclaiming himself a mandator, as in a messenger. He rode up to the *baban* and around it, and then unexpectedly poured the contents of the bottle [he was carrying] upon the *baban*. Instantly a fire ignited, a purplish flame shot forth, while [the general] hastily turned back. When the infidels saw this they were astounded, jumped onto their horses and pursued him, but they were unable to catch up. As for [the general], he peacefully entered the city unharmed, with the aid of God. Now when the Sultan saw what had happened, burning with rage he ordered the [machine's] guards executed.

Do you see the humane concern of God, [do you see] how close His salvation is to those who fear Him? How He knows the way to overcome great [ones] by means of small things? [Through God's aid] Moses [overcame] the colossal giant Ovgin who was nine cubits tall; the child David [overcame] Goliath; K'aber's wife Hayel [overcame] the foreign titan Sisar, and another woman [overcame] Hoghep'erhnes.

Զայս ասացի, զի մի՛ վհատիցիմք յորժամ ի մէջ ան-
հնարին փորձանաց անկանիցիմք: Զի սովոր է Աստուած
ներել առ վայր մի յայնպիսի վտանգաւոր նեղութիւնս, զի
համբերաւղքն արժանասցին պսակին փառաց, եւ անաւ-
րէնքն ընկալցին զիւրեանց չարեաց զհատուցումն յարդա-
րադատ դատաստանաց: Զոր եւ ի հնոցին առ մանկունսն
տեսանեմք լեալ. քանզի ներեաց Աստուած մինչեւ թագա-
ւորն զիւր սրտմտութեան զայրացմունսն զամենայն ի լոյս
էած, եւ հնոցն պատրաստեցաւ, որոյ բոցն ի քառասուն եւ
ինն կանգուն բարձրանայր.

Եւ նա առ սաստիկ ամբարտաւանութեանն՝ ասէր, թէ
Ո՞վ է Աստուած որ փրկէ զձեզ ի ձեռաց իմոց. տե՛ս առ
նմին եւ զմանկանցն սրտապինդ հաւատսն թէ ընդ որ-
պիսում գազանի կացեալ ի յատենի, առնէին պատասխանի
համարձակագոյնս, որ յոյժ քամահանաց բռնաւորին էր. Ոչ
ինչ է, ասէ, վասն այդր տալ մեզ քեզ պատասխանի. եւ
ապա զի՞նչ: Յորժամ թագաւորի սպառնալիքն վճարեցաւ,
եւ նոքա կապանաւքն արկան ի հնոցն, յայնժամ եհաս ի
թիկունս՝ որ արագն է յաւգնականութիւն, եւ ոչ ամաչեցու-
ցանէ զայնոսիկ՝ որ կարդան առ նա ճշմարտութեամբ:

I have recited this so that we do not become disheartened when we fall into unbearable difficulties. For it is God's way to temporarily countenance such dangerous straits, so that the patient people merit the crown of glory, while the impious receive recompense for their wickedness by righteous verdicts. We see this in the case of the children in the [fiery] furnace. God countenanced [matters] until the king expressed all of his anger and rage, and prepared a furnace the flames of which reached up forty-nine cubits.

Then [the king] said with terrible impiety: "Who is God to save you from my hands?" Compare this with the children's stout-hearted faith, how when they were at trial with that beast replied even more boldly after that tyrant's insults: "We need not answer you." After this what happened when the king's threats were exhausted, and when [the children] bound, were tossed into the furnace? It was then that [God] speedily came to their aid, and did not shame those who correctly called upon Him.

Տե՛ս աստանաւր զԱստուծոյ իմաստիցն զխորսն՝ յոր չհասանէ ոք. զի հուրն յերկուս բաժանեաց զքաղդէացիսն. զոր գտանէր՝ կիզոյր. իսկ մանկանցն ցաւղէր հրեշտակ, որ ո՛չ մերձենայր ամենեւին ի նոսա, ո՛չ տրտմեցուցանէր՝ եւ ոչ նեղէր զնոսա. որ եւ զբարբարոսն ի զգաստութիւն էած, որ ի վերայ անպատում սքանչելեացն խոստովան եղեալ ասէր. Եկայք արտաքս ծառայքդ Աստուծոյ, զի եւ ես ընդ ձեզ աւրհնեմ՝ որ աւրհնեալն է յաւիտեանս: Նոյնպէս եւ աստ ի ձեռն աննշան առնն՝ եցոյց մեծամեծ սքանչելիս: Արդ այս մեզ ի խրատ եւ ի վարդապետութիւն եղիցի:

Իսկ Վասիլն՝ որ քաղաքին իշխանն էր, հրամայեաց ռամկին ի վերայ պարսպին մեծաձայն աղաղակաւ անարգել եւ թշնամանել զՍուլտանն, որ յետ երկուց աւուրց շարժեալ բանակաւն գնաց ի տեղւոյն եւ երթեալ՝ հանդիպի քաղաքի միոջ, որ կոչի Արծկէ, որ է ի մէջ ծովուն Բզնունեաց, եւ ունի մաւտ յինքն բերդ ամուր եւ անառիկ. եւ քաղաքացիքն յայս ապաստան եղեալ ի ծովն եւ յամրոցն, յանհոգս կային: Իսկ արհինարբու գազանքն ծանծաղ տեղի գտեալ ի ծովուն, եթէ առաջնորդութեամբ ուրուք, եւ եթէ իւրեանց հնարագիտութեամբն, մտին ի քաղաքն. եւ սուր ի վերայ եդեալ կոտորեցին զամենեսին. եւ առեալ զգերին եւ զկապուտ քաղաքին, ելին ի տեղւոջէն: Եւ այս սրտին դիւր եղեւ Սուլտանին, եւ գնաց մեծաւ տրտմութեամբ յաշխարհն իւր. քանզի ոչ զոր ինչ կասէր՝ կարաց վճարել ինչ:

Note here the deep wisdom of God, which none can attain. For He divided the fire in two and it burned those Chaldeans it encountered. But an angel sprinkled the children with dew, and the fire neither approached them, distressed, nor harassed them. This put sense into [the head of] that barbarian [king] who, at the sight of such unutterable marvels, confessed, saying: "Come forth, servants of God, that I along with you bless Him Who is blessed for all eternity." In this case also, God, by means of an insignificant man, displayed very great wonders. Let this serve as counsel and teaching for us.

Now Basil, the prince of the city, ordered the rabble to insult and curse the Sultan from the walls. After two days [the Sultan] departed with his army. He went away, and en route encountered a city called Arcke, located in the Sea of Bznunik'[78] which had a secure, impregnable fortress near it. The citizens, placing their hopes on the sea and the stronghold, remained unconcerned. But those bloody beasts found a shallow way through the waters—either because someone pointed it out to them, or because they craftily discovered it themselves—and entered the city. Putting swords to work, they killed [almost] everyone. Then taking captives and the city's loot, they departed. Although this calmed the Sultan's heart a little, nonetheless, he returned to his own land in great sadness, since he had been unable to accomplish what he had wanted.

---

78 *Sea of Bznunik'*: Lake Van.

ԳԼՈՒԽ ԺԷ

Գրէ երջանիկ եւ աստուածայինն Սողոմոն, եթէ «թագաւոր արդար կանգնէ զաշխարհս, իսկ անաւրէնն կործանէ»: Զոր եւ իսկ աչաւք մերովք տեսաք առ սմա եղեալ. քանզի թագաւորաց աւրէն է աշխարհի խաղաղութիւն եւ շինութիւն հոգալ, որպէս Աստուած յիւրմէ եղելոցն նախախնամէ ամենեցուն, իսկ սա ո՛չ այնպէս. այլ միշտ ուտելեաց եւ ըմպելեաց պարապեալ, զաղբիս մեծացուցանէր, եւ զգանձս, զոր ի հարկաց ամենայն աշխարհաց ժողովէր, զոր պարտ էր ի պէտս հեծելոց բաշխել եւ բազմացուցանել հեծելազաւրս ընդդէմ թշնամեաց՝ որ զաշխարհս ի խաղաղութեան կարէին պահել յաղթելով թշնամեացն, որպէս առնէր երանելին Վասիլ յիսուն ամ թագաւորեալ, ոչ ոք ի թշնամեաց համարձակեցաւ յաշխարհն նորա մտանել: Իսկ սա զգանձսն զոր ժողովէր, ի բոզից ծախսն վճարէր եւ ոչինչ ցաւէր նմա աշխարհի աւերումն. քանզի այնքան պոռնիկ եւ բոզասէր էր՝ մինչզի Կոստանդնուպաւլսոյ կանամբքն չյագեցաւ, այլ ի հեռաւոր աշխարհաց տայր ածել կանայս, եւ զաւրն ամենայն նոքաւք վարանէր: Վասն որոյ համարձակեալ թշնամեացն որպէս գայլք քաղցեալք որք յորժամ գտանեն զհաւտն առանց պահապանի՝ յանխնայ կոտորեն նոյնպէս եւ ի սորա ժամանակս եղեւ յարեւելից եւ յարեւմտից առհասարակ կործանումն քրիստոնէից, զոր ի վերոյ փոքր ի շատէ նշանակեցաք: Եւ սա այսպիսի գնացիւք վարեալ զկեանս իւր՝ վախճանեցաւ. որ թագաւորեաց ամս երեքտասան, ոչինչ բարի յիշատակաց արժանի եղեալ:

CHAPTER XVII

The blessed and divine Solomon wrote that "A just king makes his land flourish, while an impious one ruins it."[79] Indeed, we saw the validity of this with our own eyes, in the case [of Monomachus]. For it is the responsibility of kings to concern themselves about the peace and prosperity of their realms, just as God cares for his creations. But [Monomachus] did not behave in this fashion. Rather, he was constantly preoccupied with eating and drinking. He elevated filthy people, and as for those taxes which he collected from all lands, which he should have spent on the needs of the cavalry, to enlarge the cavalry forces [fighting] against enemies, [forces] which, by vanquishing the enemies could have kept the land in peace, (as did the venerable Basil during the fifty years of his reign when no enemy dared enter his territory), those accumulated treasures [Monomachus] squandered on whores, and was in no way troubled by the ruin of the land. For so much did he love harlots and whores that [all] the women of Constantinople could not satiate him. No, he had women brought in from afar, and occupied himself with them every day. Consequently, the enemy became as brazen as famished wolves which, chancing upon a flock without a protector, mercilessly destroy it. And so it was in [Monomachus'] time that [enemies] from the East and West destroyed the Christians, as we noted briefly above. Having led such a [dissolute] life, [Monomachus] died after a reign of thirteen years [1042-1055], accomplishing nothing worthy of remembrance.

---

79 Proverbs 29:4.

Իսկ Թէոդոռայ որ էր դուստր թագաւորին Կոստանդեայ, կալաւ զթագաւորութիւնն իբրեւ զիւր սեպհական ժառանգութիւն հայրենի՝ որում ոչ ոք կարացէ ի վերայ յառնել: Առ որ առաքէ Սուլտանն տաճկաց՝ դեսպանս, եւ գրէ առ նա հրովարտակ, որ ունէր աւրինակ զայս. եթէ Կամ տուր զքաղաքս եւ զգաւառս ինձ, զոր նախնիքն քո տարեալ են ի տաճկաց, կամ տո՛ւր յամենայն աւուր հազար դահեկան: Իսկ նորա տուեալ ձիս եւ ջորիս սպիտակամազս, եւ բազում գանձս եւ հանդերձս ծիրանիս եւս առաքեաց նմա: Իսկ նորա վեր ի վերոյ ընկալեալ՝ զտարաւղ գանձին առ իւր արգել, ճանապարհ առնելով նովաւ յաշխարհն Բաբելացւոց. եւ էր թուականիս մերոյ ամք հինգհարիւր չորս:

Եւ ի սոյն ամի ելին Պարսից զաւրքն յանուն Սուլտանայ, բայց ասեն թէ Ապուսուարայ էին՝ այն որ զԴուին եւ զԳանձակ ունէր, եւ էր փեսայ թագաւորին Հայոց Աշոտոյ, որք ելեալ էին յաշխարհն Հայոց: Յորոց հինէ՝ մարդաբնակ տեղիքն փախուցեալ՝ ի քաղաքն Անի ժողովեցան, եւ ոչ ժամանեալ ամենեցուն ի ներքս մտանել, քանզի երեկոյացաւ ժամն եւ ածին զդրունս քաղաքին: Իսկ զաւրքն Պարսից գիշերագնաց եղեալ, կալան զդուռն քաղաքին, եւ սուր ի վերայ եդեալ՝ անհնարին կոտորածս առնէին, որում ոչ ոք գոյր աւգնական. զորոց առեալ զառ եւ զգերի, գնացին յաշխարհն իւրեանց:

Now Theodora, the daughter of king Constantine [Monomachus] seized the throne as her own patrimonial inheritance, which none could resist. [Tughril], the Sultan of the *Tachiks*, sent emissaries to her and wrote her an edict with the following import: "Either give me those cities and districts which your forebears took from the *Tachiks*, or else every day send me one thousand *dahekan*s." But Theodora [instead] sent him white horses and mules, many treasures, and purple attire. [The Sultan] received [the gifts], but, keeping the purveyor of them, he took [that man] along with him to Babylonia. This transpired in 504 of our [Armenian] era [1055].

In the same year Persian troops under the Sultan's name arrived in Armenia. But some say that they were the forces of Apusuar, who held Duin and Ganjak and was the son-in-law of Ashot, king of Armenia. People from populated places fled from their raiding to the city of Ani, but everyone did not manage to get inside, because night fell, and the city gates were closed. Now the Persian troops came at night, seized the city gates, put swords to work, and wreaked unbelievable destruction [on people] who had none to help them. Then, taking booty and captives, they returned to their own land.

Իսկ ի կողմանս Տարաւնոյ Թէոդորոս որդի Աճարոնի, զոր Աւանն կոչէին ըստ իւրեանց լեզուին, զգիրն պակաս ունելով, որ նա էր իշխան գաւառին: Առ որ եկեալ գունդ մի ի Թուրքաստանէ՝ հնազանդեցան նմա, եւ կամեցան զմիամտութիւն ցուցանել. մտեալ ի գաւառն Խլաթայ եւ առեալ աւար բազում, ածին ի Տարաւն: Իսկ ժողովեալ զաւրք ի Պարսից եւ ի Թուրքաստանէ յղեցին առ Թէոդորոսն՝ թէ Կամ տո՛ւր զապստամբսդ ի մեզ, կամ թէ ո՛չ զերկիրդ գերի տանիմք: Որում ոչ առեալ յանձն, յեի որոյ եկեալ ճակատեցան ընդ միմեանս երկիցս եւ երիցս, եւ բազում արութիւնս ցուցեալ իշխանին, յետոյ կարեվէր խոցեալ՝ յետ սակաւ աւուրց վախճանեցաւ: Որ յոյժ ապաշաւանաց արժանի էր նորա վախճանն. մանուկ հասակաւ եւ գեղեցկաշուք կերպարանաւք զԴաւթի մարգարէին ունելով զնըմանութիւն, եւ քաջութեամբ առաւել քան զբազումս, որ տարաժամ բարձաւ ի միջոյ: Իսկ ի գալ ձմերանին, յաւուրս աստուածայայտնութեան տաւնին՝ գիշերազնաց եղեալ զաւրք անաւրինացն, եւ եկեալ ի քաղաքագիւղն Հարքայ որ կոչի Մանկան Գոմ, եւ կալեալ զնոսա յանհոգս մինչդեռ նոքա զգիշերական պաշտաւնն կատարէին, սուր ի վերայ եդեալ կոտորեցին զամենեսեան, եւ որ շուրջ զնովաւ գիւղք եւ ագարակք էին. եւ առեալ զգերի եւ զաւար, չոգան ի գիւղն Արածանի, քանզի ընդ այն իսկ անցանելոց էին: Եւ հանեալ ի վերայ պաղին զառն եւ զգերին, յանկարծակի հատեալ պաղին, զորս ի վերայ կային՝ զամենեսեան ընդ իւրեաւ ծածկեաց:

In the Taron area the prince of the district was T'eodoros, son of Aharon whom [the Persians] called Awan since [their alphabet] lacks a letter. A brigade of soldiers came [to T'eodoros] from Turkestan, submitted to him, and wanted to display their loyalty. Entering the district of Xlat', they seized much booty and brought it to Taron. But then troops assembled from Persia and Turkestan sent to T'eodoros saying: "Either surrender those rebels to us or we shall lead your country into slavery." But T'eodoros refused. Therefore, they came and battled two and three times. The prince displayed much valor, but was fatally wounded, and died a few days later. His premature death was most regrettable, because he was only a lad and exceedingly good looking, resembling the prophet David, and he was braver than many. The next winter, during the days of the feast of Epiphany the infidel troops came at night to the town called Mankan Gom in Hark' [district]. The [Saljuqs] came upon the people while they were unconcernedly celebrating the evening services. Putting swords to work, they killed [virtually] all of them, and did the same in the surrounding villages and fields. Taking captives and booty, they moved on to the village of Aracani, as they were passing by. Taking the captives and loot over ice, suddenly the ice broke, and everyone on it fell in.

Ո՜վ քանի՜ դառն է պատմութիւնս եւ ողբոց արժանի. այլ թերեւս ոք մեղադիր լինիցի մեզ, թէ մինչեւ ցե՞րբ զվըշտաց եւ զնեղութեանց արկանես առաջի մեր զրոյցս: Մարգարէքն քանի՞ սպառնական բանս մարգարէանային, որ յետ ժամանակաց լինելոց էր. ժողովուրդն ընդ այն դժկամակ լինէին:

Իսկ ես ոչ թէ սպառնալեաց եմ քարոզ, այլ զեղեալ եւ զգլուխ ելեալ իրս պատմեմ. որպէս զի ամենեցուն՝ որք լսիցեն. շարժեցից արտասուս թէ ո՜րքան դառն ժամանակի հանդիպեցաք: Կարծական եղեւ մեզ այս կեանքս. եթէ մեղք հարցն մերոց ընդ մեզ ելին, որպէս մարգարէն ողբալով զիւրոցն ամբաստանէր, ապա աւա՜ղ է մեզ որ մեք զպարտիս հարցն մերոց վճարեմք: Եւ ո՞ւր է այն զոր Աստուած ընդ Եզեկիելի խաւսելով ասէր. «Որդի մարդոյ զի՞նչ է առակդ այդ զաւր ասեն ի մէջ Իսրայէլի, եթէ հարքն ազոխ կերան, եւ որդւոցն ատամունքն առին: Կենդանի եմ ես, ասէ տէր, եթէ լինիցի առակդ այդ ի մէջ Իսրայէլի. զի ամենայն անձինք իմ են, որպէս անձն հաւր նոյնպէս եւ անձն որդւոյ», եւ որ ի կարգին է. եւ ազատեաց զորդի ի պարտուց հաւր: Եւ եթէ վասն մերոց չարեաց եկին այս ամենայն ի վերայ մեր, ապա ողորմելի եմք քան զամենայն մարդիկ. աշխարհ ամենայն ի խաղաղութեան բընակէ, եւ մեք գերիք եւ կալանաւորք, սրակոտորք եւ տնաւերք, եւ յընչից կողոպտածք:

Oh, how bitter this history is, how worthy of lamentation! Perchance someone will blame me wondering "How long will he continue to thrust before us these accounts of grief and troubles?" How much the prophets predicted the threatening things which subsequently occurred; yet the people were vexed at them.

Now I sermonize not about what threatens, but about matters which have transpired, and I narrate the accomplished fact, to move all listeners to tears over just how very bitter was the period we lived in. Our life was not a real one. As the prophet in lamentation complained against his own [people] that the sins of our fathers will be visited upon us, [I say] woe are we that must pay the debts of our fathers. God, speaking to Ezekiel said "Son of Man, what is that proverb which they repeat in Israel, 'The fathers ate sour grapes, and their children's teeth were on edge'"? As I live, this proverb shall no more be used [solely] in Israel. The Lord says: "Behold, all souls are mine; the soul of the father as well as the soul of the son is mine."[80] And He freed the son from his father's debt. If all of this [misfortune] was visited upon us because of our evils, then we are more pitiful than all other peoples. The entire world dwells in peace, yet we are slaves and captives, stabbed by the sword, homeless, and pillaged of our belongings.

---

80 Ezekiel 18:2-4.

Չորք աթոռք թագաւորութեան ունէր Հայք, թո՛ղ թէ զԿիւրապաղատին իշխանութիւն, եւ զոր ի Հոռոմց: Եւ հայրապետութիւն մեծ եւ նախանձելի ամենայն ազգաց. եւ վարդապետք ճշմարտախաւսք, հանգոյն առաջին վար-դապետացն՝ ի խորս գիտութեան հասեալք. յորոց բանից ամենայն փաղանգք հերձուածողացն կորակնեալք եւ ընդ գետին մտեալք, ո՛չ կարէին ի փարախ հաւտի հաւատա-ցելոց մտանել. քանզի եւ դռնապանն ոչ ընդունէր զնոսա, որ ճանաչէ զիւրսն եւ ճանաչի յիւրոցն: Եւ եկեղեցիք մեր իբրեւ զնորահարսն զարդարեալ ամենայն վայելչութեամբ առ ի հաճել զկամս անմահ փեսային. եւ նորածին ման-կունք յանախտ արգանդէ մաւրս մերոյ Սառայի իբրեւ զձագս աղաւնեաց երամացեալք կոկորդալիր ձայնիւ զհր-րեշտակականն երգէին զերգս:

Արդ՝ ե՛կ եւ տե՛ս զչար եւ զառանց մխիթարութեան զփոխարէնն զոր ընկալաք: Ո՞ւր թագաւորացն աթոռք, ահա ոչ երեւի. ո՞ւր զաւրացն բազմութիւն որ իբրեւ զամպ խտացեալ առաջի նոցա, զաւրէն գարնանաբոյս ծաղկանց գունակ գունակ հանդերձիւքն փայլէին. ահա ո՛չ են, եւ ոչ եւս երեւին. ո՞ւր հայրապետական աթոռն մեծ եւ հրաշա-լին զոր երանելի այրն Աստուծոյ մեծն Գրիգորիոս իջեալ ի խորութիւն վիրապին՝ քրտնալիր աշխատութեամբ զհն-գետասան ամ փորձեաց, եւ ի վերայ առաքելական աթո-ռոյն եդ զաթոռ իւր. այսաւր տեսանի թափուր, դատարկ ի բնակչաց, մերկ ի զարդուց, փոշւով եւ սարդի ոստայնիւ լցեալ, եւ ժառանգ աթոռոյն յաւտար աշխարհ հեռացեալ իբրեւ զգերի եւ զկալանաւոր:

Armenia had four thrones of kingship, to say nothing of the Curopalate's principality and what [existed] in Byzantium. [It once had] a patriarchate, great and envied by all peoples, as well as *vardapet*s of the first order, truthful and sagacious, at whose words all the legions of heretics were humiliated and cast down, unable to enter the fold of the Believers. For the gate-keeper would not accept them, since he recognized his own and was recognized by his own. Our churches resembled a new bride, adorned with all comeliness to satisfy the desire of the immortal Bridegroom. The clerics, newly born from the immaculate womb of our mother Sarah, resembled dove chicks clustering together, singing angelic songs with open mouths.

Come now and see the wicked inconsolable replacement which we received. Where are those thrones of the kingdoms? They appear not. Where are the multitudinous hosts of troops before them, whose raiment shone with variegation resembling the hues of spring flowers? Behold, they are no more, nor shall they reappear. Where is the great and wondrous patriarchal throne which that venerable man of God, Gregory, established upon an apostolic throne, after descending into the deep pit and being tested by fatiguing labor for fifteen years? Today it is vacant, without an occupant, stripped of adornments, covered with dust and spiderwebs, and the heir to that throne has gone to a foreign land as a slave and a captive.

Վարդապետաց ձայնք եւ քարոզութիւնք լռեալք. եւ հերձուածողացն դասք, որ առ նոքաւք իբրեւ ծակամուտ մկունս այսր անդր թաքչէին հալածեալք ի նոցա աստուածաբանական բանիցն եւ յուղղադաւան խոստովանութենէն, այսաւր իբրեւ առիւծունս հզաւրեղապէս աներկիւղ ելանեն ի խշտից բերանաբաց՝ թէ զո՛ կլանիցեն յանմեղ անձանց: Զի՞նչ ասացից եւ վասն եկեղեցւոյ, որ յառաջն այնպէս զարդարուն էր եւ վայելուչ, բազմածնունդ գերերջանիկ. որ եւ զմարգարէն ի հիացումն շարժեաց.

Իսկ այսաւր նստի անշուք, անզարդ, մերկացեալ յամենայն գեղեցկութեանց իբրեւ զկին մի այրի անորդի, մերկացեալ ի զարդուց, անկեալ ի պատուոյ, պատառատուն հանդերձիւ նստեալ առանց մխիթարի. այնպէս եւ աստ տեսանի. ջահք շիջեալք եւ ճրագունք անցեալք, խնկոց բուրմունք եւ անուշահոտութիւնք սպառեալք, պսակ տէրունական սեղանոյն փոշւով եւ մոխրով ծածկեալ: Զառ ի սմանէ մանկունս է տեսանել, որ ի դրունս սորա բնակիտ ի ձեռս առեալ զդաւթական երգս երգէին, այսաւր ի դուրս դիւաբնակ կաղաղանացն՝ զոր մզկիթն կոչեն, անդր կաքաւեն ուսանելով զմահմետաւանդ զասացեալսն: Նաեւ կանայք պարկեշտք եւ ողջախոհք՝ որ զաւրհնաւոր ամուսնութիւնն յարանց իւրեանց մեծ թախանձանաւք ընդունէին, այսաւր յանառակ եւ յայլանդակ խառնակութիւն սովորեալ են:

The voices and sermons of *vardapet*s have ceased. The ranks of heretics which previously resembled mice running for cover into this or that hole, chased away by [the *vardapet*s'] theological words and orthodox confession, presently resemble lions which fearlessly, mightily, sally forth from their dens open-mouthed to wolf down innocent people. What shall I say about the Church, which formerly was so embellished, comely, fruitful and sanctified that it would have astonished a prophet?

Today it sits ingloriously, unadorned, stripped of all beauty, resembling a childless widow, stripped of adornments, fallen from honor, sitting inconsolably in tattered clothing. Its chandeliers and candles are extinguished, the smell of incense and sweet fragrances is gone, the frame of the Lord's altar is covered with dust and ash. Those clerics who could be seen at the [church] doors, books in hand, singing Davidic psalms, dance before the doors of those dew-infested lairs called mosques learning the sayings of Islam. Modest, prudent women who had been legally married, taking large dowries from their men today have learned dissolute, licentious adultery.

Արդ եթէ այս ամենայն զոր պատմեցաք, վասն մեր չարեացն եհաս ի վերայ մեր, ձա՛յն տուք երկնի եւ որ ի նմա եւ որ ի վերայ նորա. ձա՛յն տուք երկրի եւ որ ի նմա կենդանիք. ձա՛յն տուք լերանց եւ բլրոց. ծառոց եւ անտառախիտ մայրեաց, թող լան եւ ողբան զմեր կործանումն: Զայս եւ մարգարէքն առնէին ի յուրախութիւնսն. լերանց եւ բլրոց խայտալ հրամայէին, եւ գետոց ծափս հարկանել եւ ծովու զուարճանալ եւ մայրից ցնծալ: Քանզի սոքա ամենեքին համատոհմք են մեր, յուրախութիւնս մեր ուրախակից մեզ լինին՝ պարտին եւ սգոյն հաղորդիլ. զոր աւրինակ եւ յառաջինսն՝ խոնարհեցան ընդ մեզ յաւուր խոնարհութեան եւ տառապանաց մերոց, զի վասն մեր իսկ եղեն: Բայց եւ այս չէ մեզ աւգուտ ի մխիթարութիւն, զի զմեռեալ՝ թէպէտ բազում ժամանակ լան եւ կոծեն եւ ի խաւարի փակեն, չբերէ ինչ նմա աւգուտ. զի՞նչ եղեւ աւգուտ հրէիցն՝ Երեմիայի լացն, կամ Քրիստոսինն՝ Երուսաղեմի կամ Յուդային. ասա՛ ինձ. եւ ոչինչ.

վասն որոյ զայս գիտելով, պարտիմք յանձաց ուղղութենէ հաշտեցուցանել զԱստուած. զի թէ այս յարդարիցի, եւ թշնամեաց սուրն պակասի ի սպառ, եւ դժուարինքն մեզ ի դիւրինս փոխի, եւ առապարքն ի հարթ ճանապարհ. եւ տեսցէ ամենայն մարմին զփրկութիւն Աստուծոյ: Զի թէ Աստուած ի մեր կոյս լինիցի, ո՞վ կարիցէ կալ մեզ հակառակ. քանզի ինքն յաւրէնսն հրամայեաց, թէ «Թշնամեաց քոց թշնամի եղեց, եւ զատելիս քո սատակեցից». եւ դարձեալ, թէ «Ոչ թողից զքեզ եւ ոչ ընդ վայր հարից». միայն թէ ընդ Աստուած խաղաղութիւն ունիցիմք, եւ առ նա սրտի մտաւք կարդայցեմք՝ զգործս բարիս ի միջի գրաւական ունելով, չիք ինչ ի հակառակացն որ զմեզ տրտմեցուցանել կարիցէ:

If everything which I have related was visited upon us because of our wickedness, inform Heaven and those who are in it and over it; inform the earth, and the animals living on it; inform the mountains and hills, trees and dense forests, let them mourn and lament our destruction. Prophets did so in their joy. For they would command the mountains and hills to leap for joy; the rivers to applaud; the sea to make merry; and the forests to rejoice. They are all our comrades, and since they share in our joy, they should partake of our sorrows, as it was in times past, when they bowed down with us in our day of humiliation and tribulation, because they were created for us. Yet for us this brings neither aid nor consolation. Though they weep and sob and shroud themselves in darkness, in no way does this help the dead one. How did Jeremiah's tears benefit the Jews, Christ, Jerusalem or Judas? Tell me. In no way.

Consequently, realizing this, we should work to appease God with our righteousness. Should that occur, then the enemy's sword will vanish for good, the difficult will become easy for us, the rough road will become flat, and everybody will see God's salvation. For if God is on our side, who can oppose us? Did not God Himself so state the law, "I shall be the enemy of your enemies, and shall destroy those who hate you,"[81] or "I shall not abandon you and cast you down."[82] We need only have peace with God, and turn to Him with sincere hearts, having [our] good deeds as a pledge, and no adversary can grieve us.

---
81 Psalm 17:41.
82 Hebrews 13:5.

Տէրունի է եւ այս զոր յԵսայիայ գտանեմք ի գիրսն, եթէ «Մինչչեւ իցէ քո կարդացեալ, ես լուայց քեզ. եւ մինչ-դեռ խաւսեսցիս, ասացից եթէ զի՞նչ խնդրես». որ ընդ ա-մենայն ջերմագութ հարամբ անցանէ այս բան: Իսկ յա-նարժանիցն ձեռնթափ լինի ասելով. «Ոչ եղիցի անձն իմ ընդ նոսա». եւ դարձեալ, «Իցէ՞ զի կարդայցէք առ իս, եւ ես ոչ լուայց ձեզ. խնդրեսցեն զիս չարք, եւ ոչ գտցեն». եւ դարձեալ. «Յորժամ համբառնայցէք զձեռս ձեր ի վեր, դարձուցից զերեսս իմ ի ձէնջ. եւ եթէ յաճախիցէք յա-ղաւթս, ոչ լուայց ձեզ». քանզի զի՞նչ հաղորդութիւն է լու-սոյ ընդ խաւարի:

Երկիցո՛ւք եղբարք եւ ակն ածեսցուք յերկնակողման պատգամացս. մի՛ լիցուք յանծանաւթից նորա, զի մի՛ ասի-ցէ, թէ՝ Ոչ ճանաչեմ զձեզ. այլ լիցուք ի բարեկամաց կար-գի նորա, զի ասիցէ ցմեզ. «Եկա՛յք աւրհնեալք հաւր իմոյ, ժառանգեցէք զանպատրաստ զկեանսն»:

These too are the Lord's words, which we find in the book of Isaiah: "Before they call, I will answer, while they are yet speaking I will hear"[83] words which surpass the most fervent words of the Fathers. Yet [God] withdraws His aid from worthless folk, saying: "I shall not be with them," and also: "Though you beseech Me, I shall not hear you; though they seek Me, the wicked shall not find Me"[84], or "When you raise your hands [in prayer] I shall turn My face from you, and if you pray continuously, I shall not hear you,"[85] for what has light in common with darkness?

Brothers, be fearful and heedful of the heavenly messengers. Be not unknown to Him, that He not say: "I do not know you." Rather, let us be among the ranks of His friends, that He say to us: "Come, O blessed of My Father, inherit the Life Everlasting."[86]

---

83 Isaiah 65:24.
84 Proverbs 1:28.
85 Isaiah 1:15.
86 Matthew 25:34.

ԳԼՈՒԽ ԺԸ

Յետ մահուանն Մոնոմախին, մնչեալ առիծաբար գազանութեամբ մատակ առիծն ի խշտիս իւր, այն որ յառաջ ցուցաւ Դանիէլի ի տեսողութեան իւրում, եւ կոչեալ զգըլխաւորս քաղաքին, եւ զմեծամեծս յիշխանացն, ասէ ցնոսա. Թէ ոք ի ձէնջ վստահանայ ելանել զաւրաւք յարեւելս, եւ դադարեցուցանել զգոռն Պարսից, եւ նուաճել զաշխարհն ի խաղաղութիւն, յայնժամ թո՛ղ համարձակ զայ նստի թագաւոր. յԱստուծոյ իրաւանց նա է արժանի թագաւորութեան. իսկ թէ ոք չառնու յանձն զասացեալս, տեղապահ ես բաւական եմ: Զայս լուեալ իշխանացն, գնացին առանց պատասխանի տալոյ յիւրաքանչիւր ի բայաթ:

Իսկ թագուհւոյն զՍուլտանն իբրեւ զքաղցեալ գազան՝ տրոց առատութեամբ յագեցուցեալ, մինչզի մոռանալ նմա զի վերայ մեր զյառնումն. այլ անդրէն ի Բաբելովն եւ որ զնովաւ կողմամբքն յուզէր զմարտն. քանզի յոյժ պատերազմասէր էր այրն: Բայց որ մերոյս էին սահմանակիցք եւ դրացիք՝ խանձեալ, ոչ դադարեցին զամառն եւ զձմեռն յապականելոյ զաշխարհս Հայոց. քանզի դիտաւք որոնէին, եւ ուր լսէին զմարդաբնակ տեղեաց, գիշերազնաց եղեալ՝ յանկարծուստ ի վերայ անկանէին, եւ նորանշան հարուածովք անողորմաբար զամենեսեան առհասարակ սատակէին: Եւ անհոգացեալ յերկիւղից՝ բազում աւուրս առնէին ի տեղւոջն, մինչեւ խիլ արկեալ տանցն, եթէ ուրուք կայր ինչ ի թաքստեան՝ զամենն հանեալ, եւ բնաբարձ աւերմամբ քանդեալ զվայրն, առեալ զառ եւ զգերի՝ յաշխարհն իւրեանց դառնային:

CHAPTER XVIII

After the death of Monomachus [d. 1055], that lioness with a lion's frenzy was roaring in her lair [resembling] what Daniel had seen in his vision, in bygone times. Calling together the principals of the city and the very great princes, she said to them: "If any of you is brave enough to take troops to the East, to end the turmoil [caused by] the Persians, and to pacify the land, then let him come boldly and sit as king. By God's laws such a one is deserving of the realm. But if none of you dares do as I said, I am sufficient as a substitute." When the princes heard this, without replying each went to his palace.

Now the queen satiated the Sultan as though he were a famished beast, giving him such a plethora of gifts that he forgot to attack us. Rather, he continued fighting in Babylon and the surrounding areas, since he was a very martial man. However, neither summer nor winter did those aroused neighbors of ours, or those whose borders marched with ours cease coming and sullying the land of Armenia. For by means of spies they sought out and discovered where the populated places were. Then at night they would suddenly fall on them, and with unheard of blows, put everyone to death. Unconcernedly and fearlessly they would remain many days in [one] spot until they had examined the houses to see if anything [of value] lay concealed there. They would remove everything leaving the place totally demolished, and then, taking the booty and captives, they would return to their own land.

Եւ քանզի աւան մի էր գաւառին Բասենոյ՝ մերձ առ ստորոտով լերինն որ կոչի Ծիրանիս, եւ անուն նորա Աւկաւմի, մարդաշատ եւ ընչաւէտ։ Յորոյ վերայ գիշերագնաց եղեալ անաւրինացն յաւուր մեծի աստուածայայտնութեան տաւնին, եւ քանզի ի սաստիկ սառնամանեաց դաշտին բրտացեալ էին ձեռք եւ ոտք մարդադէմ գազանացն, որք յորժամ հասին մաւտ ի շէնն, գտին խոտ բազում ի դարմանս անասնոց դիզեալ, որում հուր հարեալ, եւ ի հրատին բորբոքմանէ առհասարակ դաշտն ամենայն իբրեւ միջաւրէիւ լուսաւորեցաւ. առ որ կացեալ ջեռան ինքեանք եւ երիվարք իւրեանց։ Եւ ապա լարեաք զաղեղունսն եւ մերկացուցեալ զզէնսն՝ յարձակեցան ի վերայ շինին, հեշտացեալք իբրեւ յամարայնի, եւ սուր ի վերայ եղեալ կոտորեցին առհասարակ զամենեսեան ոգիս իբրեւ երեսուն հազար, ոչ մնալով ի բնակչաց տեղւոյն եւ ոչ մի, բայց թէ ի ճանապարհի ուրեք ոք կայր։ Եւ արարեալ ի տեղւոջն աւուրս երիս, եւ բարձեալ եզանց եւ իշոց եւ ձիոց զամբարս ցորենոյ եւ զմթերս ընչից, եւ սակաւ ինչ ի պիտանեաց, զորս առեալ գերի, գնացին յաշխարհն իւրեանց։ Այլզբազմադէմ չարիսն, զորս նոքա անդ գործեցին ընդ գրովո՞վ կարիցէ արկանել։ Եւ այսպիսի ձեռնարկութեամբ ամայացաւ ի բնակչաց երկիրս ամենայն, ոչ մնալով կենդանի՝ բայց եթէ յամրոց ուրեք։

There was a populous and rich *awan* in the Basen district close to the base of Ciranis mountain, named Okomi. At nighttime on the day of the great feast of Epiphany, the infidels approached it. Because of the severe frost on that plain, the hands and feet of these beasts in human form froze. Now when they drew near to the habitation they spotted a good deal of fodder for the animals piled up. This they set on fire, and from the blaze of that fire they entire plain was lit up as though it were high noon. There [the Saljuqs] stood warming themselves and their horses. Then, stringing their bows and baring their weapons they attacked the settlement [battling] as easily as though it were summertime. They put to the sword [virtually] everyone, some 30,000 people, and none of the residents remained alive except for those who had gone journeying elsewhere. [The Saljuqs] remained there for three days. Then, taking away all the accumulated grain, on the backs of oxen, asses, and horses, [taking] goods and a small amount of useful items, and captives, they went off to their own land. Who can record the diverse evils which they wreaked on that place? As a result the entire countryside became devoid of inhabitants, the only survivors being those secured into strongholds.

CHAPTER XVIII

Իսկ թագուհոյն կալեալ զթագաւորութիւնն ամս երկուս, եւ հասեալ ի խորին ծերութիւնն, հիւանդացաւ զհիւանդութիւն, որով եւ մեռաւ իսկ: Որում եկեալ առաջի գլխաւորք քաղաքին՝ խնդրեն, թէ՝ Մինչդեռ կենդանի ես կացո՛ զոք թագաւոր, որպէս զի մնասցէ առանց խռովութեան քաղաքս: Որում հաւանեալ թագուհոյն, հրամայէ զոմն ածել ի գլխաւորաց քաղաքին Միխայիլ անուն, որ իւր հարանցն ժամանակաւ լեալ էր ի պաշտաւնէից պալատանն, այր հասակաւ խոնարհեալ յալիս, եւ ընչաւէտ յոյժ: Եւ կացուցանէ զնա թագաւոր հաւանութեամբ քաղաքին. եւ ինքն զկնի երից աւուրց չոգաւ զճանապարհ ամենայն երկրի, ուր ի միասին թագաւորք եւ տնանկք ըստ դաւթական երգոյն: Իսկ իշխանք աշխարհաց մեծամեծք եւ փոքունք յորժամ լուան զնորա թագաւորելն, եկին ամենեքին նմա ի հնազանդութիւն: Եւ զոր պարտ էր նմա ողոքական բանիւք եւ պարգեւաց առատութեամբ զամենեսեան ուրախ առնել, եւ ընդ ինքեան իշխանութեամբ ի հնազանդութիւն նուաճել. իսկ նա չմարդի գոլով՝ զՌոբովամուն ախտացեալ, զոմանս յիշխանաց պահէր՝ անարժան զոլ իշխանութեանն:

Now after the Empress [Theodora] ruled the realm for two years, and having reached deep old age, she grew ill and died of that illness [A.D. 1056]. [Before she died] the principals of the city came before her and said beseechingly: "While you are still alive, set up somebody as king so that the city will remain without agitation." The queen agreed to this. She summoned one of the principals of the city, named Michael,[87] who, in the time of her fathers, had been an official at the palace, and who was quite old and exceedingly rich. [Theodora] established him as emperor with the approval of the city. Then, after three days, she embarked upon that journey which, as the Davidic psalm says, all mortal kings and paupers must travel. Now as soon as the very great and the small princes of the lands heard about [Michael's] enthronement, they all came forth to tender their submission. While [Michael] should have kept them happy with sweet words and generous gifts and kept them loyally under his sway, on the contrary, since he was uncivil, infected with Robovam's disease, he kept some princes [with him], considering them unfit to rule.

---

87 *Michael* VI Stratioticus, 1056-1057.

Իսկ ընդ մեծամեծսն ատենախաւս եղեալ, ասէ. Կամ ելէք ընդդէմ Պարսից ի պատերազմ, եւ մի՛ տայք զերկիր ապականել. կամ թէ ոչ, զձեր հոռգն հարկեցից Պարսից, եւ պահեցից զաշխարհս ի խաղաղութեան: Որում ոչ հաւանեալ իշխանացն՝ ելին առանց պատասխանւոյ յերեսաց թագաւորին, եւ միաբանութեամբ դաշն արարեալ՝ անցին ընդ ծովն, եւ ժողովեցան զաւրք բազումք, որոց ոչ գոյր թիւ: Որոց առաջնորդք էին Կոմիանոսն որ եւ թագաւորեացն իսկ եւ Կամենասն. եւ ապստամբեալք ի թագաւորէն երդմամբ չափ ոչ հնազանդել նորա թագաւորութեանն: Եւ այս եղեւ ի հինգհարիւր վեց թուականիս մերոյ, յորում հոռոմ դիքտիոնի էր տասն:

Վա՜յ տարւոյն, վա՜յ աշխարհաւեր խորհրդոյն, յորում կործանեալ ապականեցան բնակիչք երկրի. քանզի դարձաւ յառաջին անզարդութիւնն ըստ աշխարհապատում բանին. «Երկիր, ասէ, էր ամայի եւ անպատրաստ. վասն զի մարդ չէր որ գործէր զերկիր»: Զի զոր աւրինակ գեղեցիկ դէմք առն՝ ի ծաղկի հասակի սիրուն եւ ցանկալի տեսողացն ցուցանի, իսկ յորժամ զարդարիչ հոգին մահուամբ բաժանի ի նմանէ, յառաջին պայծառ եւ գեղեցիկ զարդուցն ահարկելի եւ անշուք ցուցանի տեսողացն, նաեւ գութն ընդ նմա հատանի. ըստ այնմ, եթէ «Մոռացեալ եղէ ես որպէս մեռեալ ի սրտէ»: Ըստ նմին աւրինակի եւ զերկիր է տեսանել.

[At court] he said to the grandees: "Either go forth in war against the Persians and prevent the land from being ruined, or else I shall pay the Persians your stipends and thus keep the land in peace." The princes did not accept this. Without replying they quit the emperor's presence, formed an alliance, went overseas and assembled innumerable troops. The leaders [of these forces] were Komianos, who later ruled, and Kamenas. Thus did they rebel from the emperor and swore oaths that they would not submit to his rule. And this transpired in the year 506 of our [Armenian] era [1057], which was the tenth Byzantine indiction.

Alas that year, alas that destructive plan by which the inhabitants of the country were ruined and destroyed! [The land] became unadorned as it had been at the Creation: "The land was desolate and unprepared, for there was no one to work it."[88] It resembled the handsome face of a person in the flower of youth which always appeared very beautiful and agreeable to beholders; but when death has removed that embellishing soul, depriving [the face] of its former glow and beauty, to the beholders it seems ugly, unworthy of respect, frightening, and even unworthy of pity, as is said: "I have passed out of mind, like one who is dead."[89] Thus was the country.

---

88 Genesis 1:1 and 2:5.
89 Psalm 31:12.

CHAPTER XVIII

Զի յորժամ մարդաբնակ շինութեամբ հարստանայ, յայնժամ երկրագործք առատութեան սերմամբ զանդաստանս լնուն. որք յորժամ բուսանին, կանաչագեղ տեսլեամբ զվայրսն վայելչացուցանեն, եւ բարձրաբերձ աճմամբ ի վեր ընձ իւղին. եւ յորժամ զհասկիցն զկերպարանս ի գագաթունսն երեւեցուցանեն, յայնժամ թանձրախիտ բարձրութեամբն ամպաձեւ տեսողացն ցուցանի, եւ ի քաղցրաշունչ աւդոյն՝ ճաւճի, ճեմի զաւրէն ծովային ալեաց: Այսպէս եւ հաւտք անդէից արաւտականաց ի հովիտս դալարաբեր բուսոց առ ցուրտ աղբերակամբք խայտան խաղան, եւ երկիր իբրեւ զդայեակ՝ գեղեցիկ դիմաւք զարդարի նոքաւք, ըստ այնմ, եթէ «Ցնծասցեն դաշտք, եւ ամենայն որ է ի նոսա»:

Իսկ այժմ զնորին հակառակն տեսանեմք. երկիր աւերակ, թափուր ի բնակչաց. քաղաքք կործանեալք, եւ անդաստանք խոպանացեալք եւ փշաբերք, ահագին եւ զարհուրելի անցաւորացն ցուցանի: Նաեւ քաղցրաձայն հաւուց տարմք, որք մարդասէր բարոյիւք ընտանի գոլով մերային ազինս, որ քաղցրանուագ եղանակաւք զվայրսն հնչեցուցանեն, եւ յառաւաւտինսն ճռուական երգովք եւ բարձրաձայն կարկաչիւք զերկրագործսն ի քնոյն դանդաղանաց իբրեւ խթանաւ զարթուցեալ, իւրաքանչիւր արուեստից պատրաստաբար յարդարէին: Բայց այժմ չէնք աւերակք եւ ամայիք եւ անմարդիք, եւ նոցա ոչ գոյ տեղի բնակութեան. զի ո՞ւր տառեղունքն բոյն կառուցանեն, եւ ո՞ւր տկարք ի թռչնոց ի նոսա ապաւինին ըստ սաղմոսին ձայնի. եւ կամ ո՛ւր ծիծառն զիւր վարանից բունիկն յարդարէ՝ աներկիւղ սնուցանելով զառ ի յինքենէ ծնեալսն: Արդ այս աստանաւր զտեղի կալցէ բանս. մեք ի գլխոյն սկիզբն արասցուք դժուարալուր եւ չար պատմութեանս:

For when it was still cultivated and full of people, the agriculturalists filled up their fields with plentiful seeds which, sprouting, dyed all the plains with rich green hues, and growing higher until ears appeared at their tips. Then with their dense height they looked like clouds, undulating in the soft breezes, or rippling like the ocean's waves. So too did the herds and flocks leap and play in evergreen valleys by cold fountains, and the country, resembling a guardian took on a beautiful appearance because of them, as is said [in Scripture]: "May the fields and all upon them rejoice."[90]

Presently we see just the opposite: a country laid waste and empty of inhabitants, destroyed cities, uncultivated fields which produce thorns, reflecting frightful, terrible neglect. The sweet-voiced flocks of birds have also vanished, the birds which by their human-loving nature had grown used to our species, which filled the land with their sweet melodies, with their morning twitter and loud chirpings, which, like a goad would rouse the farmer from lethargic sleep, calling each to his trade. Presently the cultivated places are in ruins, desolate, depopulated, and lacking places of habitation. Where do the storks build their nests? Where may the weaker birds find refuge in them, as is said in the Psalms. Where does the swallow in agitation fashion a nest to fearlessly raise her chicks? Let this matter rest here. We shall return to our sorrowful, unfortunate history.

---

90 Psalm 96:12.

CHAPTER XVIII

Արդ յորժամ յերկուս բաժանեցաւ տունն Յունաց, եւ գաւազանն երկաթի՝ գաւազան եղեգնեայ ջախջախ եղեւ, զոր Ասորեստանեայն զԵգիպտացւոց թագաւորութիւնն նախատելով՝ այսպէս անուանէր. եւ կաթսայն որ Երեմիային յեռանդն ցուցաւ՝ որ ի հիւսիսոյ ի հարաւ ձգէ յայնժամ զցնցուղս եռանդեանն, այժմ ի հարաւոյ ի հիւսիս ահագին եռանդեամբ, եւ կիզեալ ապականեաց զազգս քրիստոնէից: Քանզի ըստ տէրունի հրամանին՝ թագաւորութիւն բաժանեալ ոչ կարէ կեալ, այլ կործանեալ է՝ արդարեւ եղեւ իսկ. քանզի յորժամ Պարսիկք գիտացին զսոցա մարտ եւ զհակառակութիւնս առ միմեանս, համարձակապէս ելին ի վերայ մեր անդադար երթեւեկս առնելով, տարաւ յանգ զաշխարհաւեր կործանումն:

Արդ ի սկսանել տարւոյն, զորոյ զյիշատակն վայիւ արարաք, եւ նոքա իբրեւ զգայլս գիշախանձս՝ որք հանդիպին հաւտի՝ որոյ ոչ գուցէ հովիւ, զի ոչ թէ իւրեանց կերովն միայն շատանան, այլ զամենայն ջանան կոտորել: Նոյնպէս եւ ի Պարսից եկեալ զաւրքն՝ ոչ թէ աւարաւ յագենային, այլ անյագ քաղց մերոյ սատակմանն ունէին. զի զոր աչաւք տեսանէին, անհնար էր նմա ի ձեռաց նոցա պրծանիլ, մեծ բարեգործութիւն համարելով զայն:

When the Greek kingdom was divided in two, the iron scepter became a broken reed (just as the Assyrians insultingly styled the kingdom of Egypt), and the cauldron which was shown to Jeremiah, boiling and spilling over [afflicting] from south to north, now with its ferocious rolling boil spilled over, burning and destroying the Christian peoples from south to north. For, as is said in the Lord's command, "The kingdom divided against itself cannot stand, but is destroyed,"[91] so, truly, did it occur. Because as soon as the Persians realized that [the Byzantine nobles] were fighting and opposing one another, they boldly arose and came against us, ceaselessly raiding, destructively ravaging.

From the very beginning of that year which we recalled above with woe, troops came from Persia resembling ravenous wolves which, upon encountering a flock unguarded by a shepherd, are not content merely with eating their fill, but try to kill all the flock, so the troops from Persia were not satiated by booty alone, but craved our deaths with voracious appetites. It was impossible for anyone they spotted to escape from their hands. They regarded that as a great deed of benevolence.

---
91 cf. Matthew 12:25.

Արդ ի լինել մարտին Հոռոմց, որդի Լիպարտին Իւանէ անուն, որում տուեալ էին ի պարգեւի տեղիս բընակութեան զմեծ աւանն Երիզայ ի գաւառին Հաշտենից, եւ որ շուրջ զնովաւ դաստակերտք, սա իբրեւ լուաւ զայն՝ թէ թագաւորութիւնն յերկուս բաժանեալ է, գնաց եւ խաբանաւք էառ զամուրն Եղանց Բերդ կոչեցեալ, եւ արարեալ զայն ընդ իւրով ձեռամբ՝ դառնայ անդրէն ի գաւառն Աղաւրի, եւ յամուրն որ կոչի Հաւաճիչ: Եւ բարեկամաբար ել քաղաքն ընդ առաջ նորա. եւ դատաւորն որ ունէր զհոգս արեւելից՝ որ յայնժամ անդ հանդիպեցաւ, զոր իբրեւ ետես՝ վաղվաղակի ունել հրամայեաց: Եւ առեալ ի նմանէ զանձ անչափ, եւ ձիս եւ ջորիս եւ զամենայն զոր ինչ եւ նա յարեւելից ժողովեալ էր, եւ զինքն եդ ի յԵղնուտն ի բանտի. եւ ինքն փոյթ ընդ փոյթ չոգաւ ի վերայ ամուր քաղաքին Կարնոյ: Եւ առժամ մի ջանայր խաբանաւք, ասելով թէ՝ Ի թագաւորէն հրաման ունիմ, իմ է քաղաքդ, բացէք զդրունս, զի մտից: Եւ իբրեւ այնու ոչ կարաց հնազանդեցուցանել, ապա մարտ եդեալ, պատերազմաւ կամէր տիրել քաղաքին: Իսկ որ քաղաքին իշխանն էր, վաղվաղակի ծանուցանէր իշխանին որ նստէր յԱնի եւ ունէր զպատիւ մագիստրոսութեան. որ իբրեւ լըւաւ, զմի ի գլխաւորացն հանդերձ զաւրու առաքեաց ի վերայ նորա: Իսկ նա իբրեւ ծանեաւ զայն, ասպատակաւ առ զերկիրն եւ դարձաւ ի տեղի իւր. եւ առաքեաց ի Պարսիկս բերել զաւրս յաւգնականութիւն իւր. այս եղեւ սկիզբն անհնարին չարեացս որ անց ընդ մեզ:

Now during the period of Byzantine warfare, Iwane, Liparit's son, [was alive]. A dwelling place, the great Erizay *awan* in the Hastenic' district, had been given to him as a gift together with the estates surrounding it. When [Iwane] learned that the [Byzantine] kingdom had been split in two, he went and deceitfully took the stronghold called Eghanc' Berd. After taking it, he turned back to the district of Aghor and the stronghold called Hawachich'. The city went before him in friendship. There [Iwane] chanced to encounter the judge who was concerned with [the government] of the East. Instantly he ordered [the judge] arrested and he stripped him of inestimable treasure, horses, donkeys and everything else which he had amassed in the East, and then incarcerated him at Eghnut. [Iwane] hurriedly went against the secure city of Karin. For a while he attempted take it by deception, saying: "I have an edict from the king. The city belongs to me. Open the gates so that I may enter." When he was unable to subdue them in this manner, he fought, hoping to master the city through warfare. Now the prince of the city quickly informed the prince residing at Ani, who held the charge of magister. As soon as the latter heard what was going on, he sent one of his principals together with the troops against [Iwane]. But [Iwane] found out, pillaged that country, then returned to his own place. And he sent to the Persians to bring him auxiliary troops. This was the inception of unbelievable misfortunes which were visited upon us.

Զոր իբրեւ լուան անաւրինացն ժողովք զհրաւէրն, ձայն տուեալ միմեանց, առժամայն ի մի վայր եկեալ, փութապէս առ նա հասանէին. իսկ նա իբրեւ ետես զբազմութիւն զաւրացն, զահի հարաւ. եւ քանզի ոչ զոյր հակառակ ոք, քանզի իշխանն այն, յորոյ պատճառս նոքա եկին, յորժամ զխաւշիւն առ զնոցա գալոյն, մտեալ ի մեծ ամուրն, ամրանայ։ Յայնժամ եկեալ զաւրքն ասեն՝ Մեզ ճանապարհ ցոյց աւարի, զմեզ դատարկ մի՛ դարձուցաներ. իսկ նա անճարեալ, տայ նոցա առաջնորդ յիւրայնոցն, որք ելեալ եւ գիշերազնաց եղեալ ընդ անապատ վայրս, հասին ի վերայ գաւառին Խաղտեաց. Եւ յանհոգս կալեալ զնոսա, ըստ իւրեանց արհինարբու բարուցն, որոց պատահեցան՝ զարսն զամենեսեան սրակոտոր արարին մինչեւ ի Խրթի անտառն Ճանեթոյ. եւ առեալ անչափ առ եւ գերի, դարձան մեծաւ յաղթութեամբ։

Եւ եկեալ առ չարեաց առաջնորդն՝ մեծատուր պարգեւաւք շնորհակալիս մատուցին նմա վասն ճանապարհի յաջողութեանն որ պատահեաց նոցա. եւ ապա գնացին յաշխարհն իւրեանց։ Եւ քանզի տեսին զերկիրն անտէրունչ եւ առանց պահապանի, վասն այնորիկ հուպ ընդ դարձ աւարեալ եղին ի նոյն՝ չարին արբանեակք.

When the infidels heard this invitation, they notified one another, quickly assembled at one place, and speedily reached [Iwane]. Seeing the multitude of their troops, he was awed. For there was none to oppose them. That prince because of whom [the Saljuqs] had come, had secured himself into a great fortress, at the first clamor of their arrival. Then the troops which had come said: "Show us a path of plunder; do not turn us away empty-handed." Having no way out, [Iwane] gave them a guide from among his own men. They went at night, passing over the desolate places, and reached the Xaghteac' district. Finding [the residents] uninformed, in accordance with their own blood-thirsty customs, they slaughtered all males [from Xaghteac'] as far as Xrt'i forest in Chanet'ia. Taking an unlimited amount of loot and captives, they turned back with great triumph.

Then they went to that director of wickedness [Iwane], and thanked him with magnificent gifts for the success which they had encountered on the way. Thereafter they returned to their own land. But because they observed that the country was lordless and without a defender, those satellites of satan soon returned [to Armenia].

եւ իջեալ ի գաւառն Մանանաղու, բաժանեցան յերկուս: Մի բաժինն չոգաւ ի յԵկեղեաց, եւ անկեալ գիշերայն ի վերայ քաղաքին որ ի նմա, եւ զոր ի նմա գտին անպատրաստ եւ առանց զգուշանալոյ: Զորոյ զաղետաւոր եւ զողորմագին չարեացն չեմ բաւական ընդ գրով արկանել. զի ի լուսանալ լալագին առաւաւտուն՝ էր տեսանել տեսութիւն լի խռովութեամբ, որ եւ զքարինս անզամ եւ զանշունչ արարածս բաւական էր յողբս հառաչանաց շարժել. զի ո՞յր ուրուք ի տեսողացն ոչ բեկանէր սիրտն, եւ ոչ զդողի հարկանէր անձն, եւ ոչ խաւարամած միզաւ մթանայր լուսարանք երեսացն. զհրապարակս լի դիակամբք տեսանել, եւ զտունս զընդարձակ սրահս եւ զնրբափողոցս եւ զցանգս այգեաց: Եւ զրեթէ ամենայն սահմանք քաղաքին ներկեալ էր արեամբ կոտորելոցն. ուր եւ զբազումս դեռ ի հոգիս էր տեսանել, հատեալս ի ձայնէ դժուարապէս շնչելով, եւ զայս անողորմաբար չարաչար վիրաւորեալս. զկիսոցն զփորոտիսն հեղեալ եւ զլեարդն հանեալ եւ ի բերանն եդեալ, էր զի կենդանւոյն իսկ ուտել բռնադատէին:

They descended into the Mananaghi district and divided into two parts. One detachment went to Ekegheac' and attacked the city there at night. The city was unprepared and not warned [of the Saljuqs' coming]. I am incapable of recording the disastrous, pitiful evils [visited upon that city]. When day dawned, such a lamentable spectacle of agitation was revealed that it even would have made the very stones and inanimate objects sigh. What spectator's heart would not break, who would not be seized with trembling, whose eyes would not cloud over and grow dim? The [city's] squares, homes, and vast chambers, the lanes and vineyards were choking with corpses. Virtually the entire confines of the city were dyed red with the blood of the slain. There were many who yet lived, unable to speak, breathing with difficulty. As for the severely wounded, [the Saljuqs] mercilessly tore out their intestines and livers, stuck them in their mouths and forced them to eat while they yet lived.

Ո՜վ քո, Աստուած, յայնժամ ներողութեանդ, ո՜վ մերոյ չարեացս առաւելութեան. զի այս երեքտասան ամ է որ զայսպիսի անհանդուրժական կիրս կրեն ազգ քրիստոնէից, եւ չշիջաւ սրտմտութիւն բարկութեան տեառն. այլ տակաւին ձեռն իւր բարձրացեալ է՝ լի բաժակաւ յանապակ գինւոյ արբուցանել՝ արբուցումն չար: Ոչ եւս ի ներումն եւ յողորմութիւն, այլ ի հատուցումն ատելեաց. այսոքիւք պաշարեալ զքաղաքն եւ որ շուրջ զնովաւ գիւղք եւ ագարակք. մինչեւ չմնալ կենդանւոյ ուրուք ի մարդկանէ, բայց եթէ յամուրս ուրեք: Իսկ անաւրինացն լցեալք եւ յագեցեալք աւարաւն, հուր հարեալ քաղաքին, առեալ զգերի եւ զկապուտ գաւառին, դարձան անդրէն: Այսոքիկ վշտամբեր պատմութիւնք քո, ո՜վ քաղաք, ոչ եւս քաղաք ապաստանի, այլ խորխորատ կորստեան ի քեզ բնակողացն, ի բազմադիմի չարեացն սակաւ ինչ նշանա-կեալք:

Եւ եկեալ անաւրինացն՝ հասեալք ի գաւառն Կարնոյ մերձ ի գիւղն որ կոչի Բլուրս, եւ քանզի բնակիչք տեղւոյն շրջապատեալ պարսպաւ զբլուրն՝ ի վերայ հողոյ եդին զհիմունս նորա, ըստ տէրունական առակին, վասն որոյ ի գալ անաւրինացն զաւրէն յորդեռանդն հեղեղի, ի բախելն զնա՝ ոչ կարաց վայրկեան մի կալ ընդդէմ, այլ վաղվաղակի կործանեցաւ, եւ եղեւ կործանումն նորա աշխարհալուր եւ անմոռաց մինչեւ ի կատարած յաւիտենից:

Oh God, for Your forgiveness then! Oh, the great number of our evil deeds! For this is the thirteenth year that the Christians have borne such intolerable disasters, yet the Lord's wrathful anger has not been quenched. Still His hand is raised, with a cup of pure wine to make us drunk, in a foul drunkenness. No more does He forgive and pardon, but would requite us hateful people. Thus were the city, and the villages and fields surrounding it, besieged until there was no living human remaining except for those in the strongholds. The infidels, filled full and satiated with loot, set fire to the city, took captives and the pillage of that district, and then turned thence. Such is your grievous history, oh city! No longer shall you be a city of refuge, but rather an abyss of ruin for those dwelling within you. Here we have recorded but a few of the diverse misfortunes [visited upon Ekeleac' district].

The infidels came to the Karin district, to a village called Blurs, Since the residents of that place had enclosed the hill with a wall whose foundations they had laid on the soil (as in the Lord's proverb), when the infidels came like a raging torrent and struck against that wall, it did not withstand even for a moment, but quickly collapsed. Its collapse was heard throughout the world, and shall be remembered for all time.

CHAPTER XVIII

Արդ զոր նոքա յոյս փրկանաց եւ տեղի ապաւինի կարծէին, եղեւ նոցա գուբ ապականութեան. եւ քանզի որ յայս կոյս գետոյն Եփրատայ էին գիւղք եւ կրաւնաստանք, ամենեքեան անդ էին հաւաքեալք, այլեւ յԱրծինն աւանէ բազումք, յորոց վերայ հասեալ թշնամեացն՝ առժամայն առակեցին զամուրս նորա: Եւ մտեալ ի ներքս՝ ի փայլուն սուսերացն եւ ի ձայնէ լարից աղեղանցն, զդողի հարեալ ամենեցուն յերկիւղէն՝ իբրեւ շղթայիւք կապեալ եղեն:

Եւ քանզի ոչ գոյր իշխան եւ առաջնորդ, որ ահիւ եւ խրախուսանաւք զնոսա յոգի զաւրութեան վեռէր ընդդէմ թշնամեացն, նահատակս քաջս յորդորելով՝ որպէս աւրէն է ամենայն պատերազմողաց՝ վասն այնորիկ անտերունչք գոլով, ի տեսլենէ միայն լքան, լուծան, եւ խռովեցան, սասանեցան եւ ամենայն իմաստութիւն նոցա ընկլաւ: Եւ սկսան ի միմեանց գողանալ զանձինս. ոմանք ի գալ գիշերոյն ընդ պարիսպն իջեալ՝ փախստական եղեն, եւ այլք կամաւք անձնատուր եղեալ. իսկ որք ի ներքս մնացեալ, զպատերազմի հոգս թողեալ, խորափիտս փորեալ, ընդ հողով ծածկէին:

Now for those who thought [the city] would be a place of salvation and refuge, it became a pit of ruin, and because all the villages and religious establishments were on this side of the Euphrates, many people from the Arcn *awan* had assembled there. As soon as the enemy attacked, [the city's] fortifications collapsed, and they rushed in. The flashing of swords and the whizzing of bowstrings made everyone tremble with dread as if bound with chains.

Since there was no prince nor leader there who, by threats and encouragement, might urge them to resist the enemy, urging them to be brave martyrs, as is meet for all warriors, the lordless citizens became horror-stricken at the mere sight [of the Saljuqs]. They lost their senses, they gave up hope and went crazy. And they commenced hiding from one another. Some descended the walls at nighttime and fled, others voluntarily surrendered. Those who remained inside, abandoning all thought of resistance, dug caverns and hid underground.

CHAPTER XVIII

Յորոց վերայ համարձակեալ անաւրինացն՝ սկսան կոտորել զնոսա, ո՛չ պատերազմի աւրինակաւ, այլ իբրեւ զոչխարս արգելեալս ի բակի. զոմանս բուռն հարեալ եւ բերեալ առաջի, սուսերաւ զգլուխն հատանէին: Կրկին մահուամբ բառնային ի կենաց. շողալով սուսերին ի վերայ՝ որ քան զմահ դառնագոյն է, եւ մահու վճռաւ. եւ զոմանս ի դիմի հարեալ սուր ի ձեռին ունելով, եւ ի պատահելն գազանաբար ի վերայ յարձակեալ՝ հարեալ սուսերաւն զսիրտն, առժամայն սատակէին. իսկ զթանձրամարմինսն եւ զհարստակողսն յերկիր ի գուճս արարեալ, եւ պարզեալ զձեռսն ի ցիցս վարեալս՝ ի գետինն պնդէին, եւ կորզեալ զմորթսն եղնգամբք հանդերձ յայսկոյս եւ յայնկոյս ընդ բազուկ եւ ընդ թիկունս մինչեւ ի ծայրս ձեռինն երկրորդի բռնաբար քարշեալ եւ հանեալ, լար աղեղանցն առնէին: Ո՜հ քանի՜ դառն է պատմութիւնս:

Իսկ զերիցանց եւ զկրաւնաւորաց ո՞ր լսելիք տանին զնորանշան չարիսն՝ զոր նոքա կրեցին. զորոց ի կրծիցն ի վեր քերթեալ զմորթս՝ տարեալ երեսաւքն հանդերձ զգլխովն շրջէին, եւ այնպիսի դառն տանջանաւք տանջեալ, յետոյ ապա սպանանէին. որ զի քան զայս զի՞նչ այլ ոք դառն եւ անհնարին տանջանս իմանայցէ, որ եւ ի սրբոց վկայութիւնս չերեւի ուրեք եղեալ:

When the enemy attacked, they cut [the citizens] down, not after the fashion of a war, but as though they were slaughtering sheep penned up in a yard. Some [the Saljuqs] seized, brought forward and beheaded with the sword. They died a double death. More bitter than death was the scintillating of swords above them, then the death verdict. Swords in hand they came upon some, fell upon them like beasts, pierced their hearts and killed them instantly. As for the stout and corpulent, they were made to go down on their knees, and their hands were secured down by stakes. Then the skin together with the nails was pulled up on both sides over the forearm and shoulder as far as the tips of the second hand, forcibly removed, and [the Saljuqs] fashioned bowstrings out of them. Oh, how bitter this narration is!

As for the presbyters and clerics, what ear could bear the unique tortures to which they were subjected? Their skin was flayed from the breast upward, over the face, and then twisted around the head. And only after so torturing them did [the Saljuqs] kill them. Who has heard of more bitter, unbelievable tortures? We have not encountered any in the martyrdoms of the saints.

Արդ այսպիսաւրէն գործով հատին սպառեցին զամենեսեան ի կենաց, մինչեւ խիլ արկեալ, եւ զկենդանւոյն թաղեալսն աշտէիւք չարաչար խոցոտելով սատակէին. որ եւ տանջելոցն վայիւք հնչէին առհասարակ արձագանք լերանցն: Եւ յորժամ վճարեցին զամենեսեան ի կենաց, ապա զանկելոցն զամենեցուն զկուշտսն ծակեալ եւ զլեղիսն հանեալ՝ ի յամանս ժողովէին, գերի կանանցն զհետ իւրեանց ետուն տանել: Այսպէս եղեւ վախճան կործանական բանտին. այսպէս մատնեալք եղաք ի ձեռս արանց չարաց եւ անողորմից, եւ ո՛չ եղեւ մեզ այցելութիւն ի տեառնէ, վասն զի ոչ լուաք նմա մինչեւ ի խաղաղութեան էաք: Նա կոչէր զմեզ աղերսական ձայնիւ ի ձեռն մարգարէիցն. «Եկայք, աւէ՝ լուարո՛ւք ինձ, եւ կեցցեն ի բարութեան անձինք ձեր, եւ եթէ ախորժելով լուիջիք ինձ՝ զբարութիւնս երկրի կերիջիք»: Մեք ապախտ արարաք զբանս նորա. վասն այնորիկ եւ նա ո՛չ լուաւ մեզ ի ժամանակի նեղութեան, այլ դարձոյց զերեսս իւր ի մէնջ: Եւ մատնեալ եղաք ի ձեռս թշնամեաց մերոց, եւ ատելիք մեր նեղեցին զմեզ, եւ արբեցաւ նետ նոցա յարեանց մերոց, եւ սուր նոցա եկեր զմիս անկելոց վիրաւորաց՝ արանցն պատերազմողաց մերոց. եւ գնացին այսու յաղթութեամբ յաշխարհն իւրեանց: Իսկ զթիւ համարոյ անկելոցն եւ գերեացն՝ եաւթն հազար աւացին՝ եւ կրաւնաւորացն՝ վաթսուն:

By such deeds did they kill everyone. They even hunted after those survivors who were buried [in hidden chambers], killing them after wickedly stabbing them through. The mountains all resounded with the screams of the tortured. When [most] of the people had been executed, [the Saljuqs] then split open the sides of the slain, drained the bile into pans, and made the slave women take that along. So ended that bad fortune. So were we betrayed into the hands of wicked, merciless men. Nor did the Lord visit us, since we did not heed Him when we dwelled in peace. He beseeched us through His prophets, saying: "Come, heed Me, and you shall dwell in goodness, and if you hear Me with joy, you shall enjoy the good things of the land."[92] We neglected His words. Consequently, He did not hear us in our time of need. No, He turned His face away from us. And we were betrayed into the hand of our enemies, and straitened by those who hated us. Their arrows drank our blood, and their swords ate the flesh of our fallen wounded fighting men. In such triumph they went off to their own land. It is said that seven thousand [men and women] were killed or captured, and sixty clerics.

---

92 Isaiah 1:18-19.

ԳԼՈՒԽ ԺԹ

Այն զոր յառաջն յիշատակ արարաք՝ թէ յորժամ իջին ի սահմանս Մանանաղւոյ բաժանեցան յերկուս, առաջինն զայս գործեաց զոր գրեցի. իսկ երկրորդն ձիաթափ արագամէտ ընթացիւք ընդ Հանձէթ եւ ընդ Խորձեան, ո՛չ խոտորելով յաջ կամ յահեակ, այլ որպէս նետ որ ի ձեռաց աղեղնաւորին ելանէ, ուժգին ձգմամբ երթեալ նպատակին հանդիպի. նոյնպէս եւ նոքա, ոչ տալով քուն աչաց եւ նինջ արտեւանաց, գիշերագնաց եղեալ, յանկարծակի յեղակարծումն ժամու իբրեւ զկարկուտ քարախառն՝ հեղան ի վերայ բնակչաց քաղաքին հարաւոյ: Եւ քանզի անպատսպարան վայրս ունէր քաղաքն, վասն այնորիկ ծովային ալեաց նմանեալ բնակչացն՝ ծուփս առեալ յետ յառաջ, բայց ելս իրացն ո՛չ գտանէին: Աւա՜ղ գործոցն որ յայնժամ անդր գործեցան: Յորոց վերայ սուր եղեալ անաւրինացն՝ կոտորեցին զմայր առ մանկամբ եւ զորդի առաջի հաւր. եւ առժամայն եղեւ քաղաքն բարեշէն՝ գուբ արեան: Եւ քանզի ի սաստիկ խուճապէն, եւ յանկարծահաս աւրհասէն մոռացեալ եղեւ սէր սիրելեաց եւ գութ արեան, իւրաքանչիւր ոք հնարէր հայթայթանս գտանել՝ զի թերեւս կարիցէ ապրեցուցանել զինքն ի գեհեննաբորբոք բարկութենէն. վասն որոյ փախստական եղեալ ի յայգիսն՝ որ շուրջ զքաղաքաւն էին, յայնս անկեալ ընդ տերեւախիտ որթովքն թաքչէին. զոր ծանուցեալ անաւրինացն, խոյզ արկեալ, աշտէիւք խոցեալ զամենեսեան սատակեցին. որոց արեամբքն ներկեան ողկոյզք խաղողոյն. որք յետոյ սինլքորք մնացեալ էին, զմեռեալս իւրեանց գտանէին ընդ որթովքն, զնոսա ծածկէին ընդ հողով. բայց զայգիսն խղճէին կթել կամ ի խաղողոյն ճաշակել, ասելով թէ մարդոյ արիւնք են ի յուտել:

CHAPTER XIX

Earlier we recalled and described what one detachment [of Saljuqs], which had come to the borders of Mananaghi and divided, accomplished. Now the second detachment raced its horses through Hanjet' and Xorjean [districts], turning neither right nor left but heading straight for its target like the powerful thrust of an arrow shot from the bowman's hand. So [the Saljuqs] went at nighttime, never resting, until suddenly, unexpectedly, they fell upon the residents of the southern city like hail mixed with stones. Because the city had no place of refuge, the residents could find no way out, like ocean waves, surging back and forth. Alas the deeds then performed in that city! The infidels put swords to work and killed the mother with her child, and the son before his father. And that gloriously fashioned city became a cistern full of blood. The extreme suddenness of it, the unexpected anguish caused people to forget their love for dear ones and sympathy for relatives. Each person thought of some way of escape, to perhaps save himself from the burning Gehenna of rage. Consequently, they fled to the vineyards which surrounded the city, and they concealed themselves under the thick leaves of the vines. The infidels learned about this, searched [the vineyards], and stabbed and killed with lances all [those concealed]. The clusters of grapes were stained with their blood. Later on, the surviving dregs [of the city] came forth, located their dead among the vines, and buried them under the earth. Yet their consciences would not allow them to gather or eat those grapes. For they said that those grapes [were filled with] human blood.

Իսկ անաւրինացն պարապեալ ի կոտորածէն, դարձան ի քաղաքն՝ եւ խիլ արկեալ տանցն՝ եթէ ոք զիւր ընչուկն թաքուցեալ էր ուրեք, եւ կամ ի դարանս, մեծաւ հընարագիտութեամբ արտաքս պեղէին: Եւ ապա հուր հարեալ քաղաքին, կիզեալ ապականեցին, եւ առեալ զաւռ եւ զգերի՝ ելին ի տեղւոջէն: Նոյնպէս եւ որ շուրջ զնովաւ գիւղք եւ աւանք՝ զամենեսեան ապականեալ սրով եւ հրով եւ գերութեամբ, մինչեւ ոչ մնալ կենդանւոյ ուրուք՝ որ բանայր զբերանն եւ ճիկ հանէր:

Now when the infidels were finished killing, they returned to the city and started searching through the houses. If anyone anywhere or in a secret hiding place had concealed his belongings, [the Saljuqs] dug them out with great skill. Then they set the city on fire and burned it down, and then, taking booty and captives, they departed. They dealt similarly with the surrounding villages and *awan*s, destroying all of them with fire, sword, and slavery until nowhere was anyone left alive to emit even a feeble cry.

ԳԼՈՒԽ Ի

Կոմիանոս, քանզի առատաձեռն էր եւ գանձիւք հարուստ, բազում զաւրս ժողովեաց իւր: Թագաւորն իբրեւ ետես եթէ պատեհութիւնքն նմա ի դէպ գան եւ ելանեն, յաղերս անկեալ՝ սկսաւ դեսպանս առաքել. պարգեւս խոստանայր եւ զԿիւրապաղատին իշխանութիւնն յաւելեալ տալ նմա՝ Միայն թէ ի խաղաղութիւն դառնաս, որ քրիստոնէից արեանն խնդիր առնեմք. այլ նա ոչ հաւատաց եւ ոչ առ յանձն: Ապա ի սպառիլ դեսպանացն, որ թագաւորին էին մտերիմք ջանային պատերազմի յաղթութեամբ հնազանդեցուցանել զնա:

Եւ հանդէս արարեալ բազում զաւրաց՝ եկին ի վերայ նորա, եւ հասեալք առ միմեանս՝ ճակատեցան ի պատերազմ. ուր բազում արիւնհեղութիւնք եղեն, զորոց ասեն եթէ այնպիսի կոտորած ի մի տեղի ի Հոռոմս չէ ոք տեսեալ. յորում տեղւոջ եւ բազումք ի գլխաւորացն իսկ անկան, եւ այս յերկոցունց կողմանցն. բայց յաղթեաց զաւրէ Կոմիանոսին: Եւ քանզի պատրիարքն ի կողմն Կոմիանոսին էր, զբազումս ի գլխաւորաց քաղաքին միաբանեաց ընդ ինքեան. եւ տարեալ ի ներքս զԿոմիանոս, թագաւորեցուցին: Եւ զՄիխայիլն աբեղայ արարեալ, ի կղզի անցուցին. բայց ասեն թէ ինքն յաւժարութեամբ չոգաւ: Այս ամենայն յաշխարհաւեր տարւոջս գործեցաւ:

CHAPTER XX

[Isaac] Komianos [Comnenus], since he was generous and quite wealthy, assembled about himself many troops. Now when the Emperor[93] saw that conditions seemed favorable to Comnenus, he beseeched him, and started sending emissaries to him, promising him gifts and the authority of Curopalate of the East, if only, he said, [Comnenus] remain at peace, and together with himself avenge the blood of the Christians [slain by the Turks]. But [Comnenus] did not believe this, and did not accept. When nothing was accomplished by the emissaries, the emperor's intimates attempted to subdue [Comnenus] by warfare.

Mustering many troops, they went against him. The two adversaries met and clashed. There was so much bloodshed that people said that such carnage in one place had not occurred before in Byzantium. On the battleground even many of the principals fell, from both sides. But Comnenus' troops were victorious. And since the patriarch was on Comnenus' side, many of the principals of the city united with him. Leading Comnenus inside, they enthroned him. As for Michael, they made him become a monk and set him off to an island, though some say he went gladly. All this took place in that same world-destroying year [A.D. 1057].

---
93 Michael VI, Stratioticus.

ԳԼՈՒԽ ԻԱ

Գաւազան տանջանաց եւ ոչ խրատու՝ առ ի ձեռն Աստուած զԹուրքաստան եւ զտունն Պարսից, եւ նոքաւք դատեաց զմեզ ըստ իրաւի իւրոց դատաստանացն. զի խրատու գաւազանն՝ հայրական է, իսկ տանջանացն՝ դատաւորի, որպէս Դաւիթ զտանջանս մեղաւորաց ասէ. «Բազում տանջանք են մեղաւորաց. եւ խրատք քո ուսուցէ զիս». սմին համաձայն եւ Պաւղոս Եբրայեցւոցն գրէ. «Զի թէ ի խրատու կարգի կայք, ասէ, իբրեւ յորդիս մատուցեալ է ի ձեզ Աստուած»:

Արդ Քրիստոս ի կենարար իւրում աւետարանութեանն, իւրում երկնաւոր հաւրն տարեալ՝ մերձ կացոյց զմեզ նմա յընտանութիւն՝ եւ պատուիրեաց ամենայնիւ նմա նմանաւղ լինել, եւ բարոյիցն քաղցրութեամբ զազգականութիւն պահել հաստատուն, բայց մեք ապստամբեցաք ի մեր քաղցր եւ ի բարի հաւրէն, եւ յընտանութենէն աւտարացաք. վասն այնորիկ ի ժամանակի նեղութեան եւ չարչարանաց մերոց՝ անտես արար զմեզ, եւ մատնեալք եղաք ի ձեռն ազգի աւտարի. եւ զաւրացան ի վերայ մեր թշնամիք մեր, եւ ատելիք մեր յափշտակեցին զմեզ. եւ խոնարհ եղեն մինչեւ ի հող անձինք մեր, եւ յերկեր մածեան որովայնք մեր: Եւ որպէս առ Մովսեսիւ տասն հարուածեալ գաւազանաւն տանջեալ զԵգիպտոս ասէր Աստուած, թէ «Այս է զաւրութիւն իմ մեծ»:

CHAPTER XXI

God took in His hand Turkestan and Persia, the scepter of chastisement, not of teaching, and by means of them He judged us, in accordance with His righteous law. For the scepter of advice is a paternal one, while [the scepter] of torments belongs to the judge. David said about the torments of sinners: "Many are the torments but Your counsel shall teach me."[94] Similarly for sinners, Paul wrote to the Hebrews: "It is for discipline that you have to endure. God is treating you as sons."[95]

Now Christ, in His vivifying evangelism, brought us closer to His heavenly Father, to become familiar with Him. And He commanded that [we] resemble him in all matters, and to preserve that relationship by means of good conduct. Yet we rebelled from our sweet and good Father and were alienated from His association. Therefore, in the time of our need and of our torments, He ignored us, and we were betrayed into the hand of a foreign people. Our enemies grew strong against us, those who hated us ravished us; we were laid low, and our entrails congealed in the ground. It was among us as it was in the time of Moses when God said to Egypt (which had been struck ten times with [the Lord's] scepter): "This is my great might."

---
94   Psalms 31:10; 17:36.
95   Hebrews 12:7.

Նոցա ջուրն յարիւն փոխեցաւ, մեր գետք եւ ջրաշեղջք եւ գրեթէ բովանդակ հող երկրիս՝ յարիւնն ներկաւ յարեանց մերոց. ի նոցա մարմինն խաղաւարտ եռաց, մերս բովանդակ մարմին սրակոտոր եղեալ՝ անդամ անդամ յաւշեցաւ. ի նոսա շանաճանճ եւ մժեխն՝ որ զտիրական դէմս երեսացն շիթոցաւքն հարեալ կուրացուցանէր. իսկ ի մեզ նետիցն յարձակմունքն, որ եւս դառնագոյն վիրաւորեցին. նոցա զերիս աւուրս լոյսն ի խաւար փոխեցաւ, իսկ մեզ շիջաւ իսկ լոյսն, զի լուսոյն իսկ ընդունարանն անկեալ մահուամբ, եւ ոչ եւս յաւելու տեսանել զբարութիւն տեառն ի կեանս իւր. ի նոցա տունս դժուարահայեաց ժիժմակն սողեալ մտանէր, մերս տունք եւ եկեղեցիք, որ սարսափումն գայ ինձ ասել, ապականագործ ախտիւք այլեւ դժուարաւ՝ հոտեալ ապականեցան. ի նոցա անդրանիկսն զընդայ մահաբեր հրեշտակն, մերս բովանդակ տունն բընակչաւքն սպառեալ սատակեցաւ: Ծովն միայն էր ի մէնջ պակաս. բայց թէ կշռես ըստ գործոյն, եւ զայն եւս տեսանես ի մեզ եղեալ. քանզի ո՞ր անդունդք անհնարինք քան զԹուրքաստան կամ զեզերս երկրի խորագոյն է, յորս մեր գերիքն հեռացեալ կորեան իբր ի Կարմիր ծովուն, որ արեամբ նոցին գերեացն ներկեալ էր:

Their water turned to blood. Our rivers and cisterns and virtually all the soil of the country was dyed with our blood. Tumors formed all over their bodies. Our bodies were stabbed by swords, and then hacked apart, limb by limb. Dragonflies and mosquitoes rested upon [the Egyptians] which bit and blinded those lordly visages, but volleys of arrows were our fate, and they wounded more painfully. For three days, [the Egyptians'] day was turned to night. However [in Armenia] the light was entirely extinguished, for the light itself died, nor in its lifetime shall it again see the goodness of the Lord. Horrible looking insects entered their homes, yet [these same pests] crept into our homes and churches—it terrifies me to say it—and polluted them not only with ravaging diseases, but also with an awful stench. The angel of death looked after their first-born sons, while here [in Armenia] whole houses with their inhabitants were wiped out, one and all. The only thing we lacked was the Sea, yet if you judge things by their outcome, you will also find that we too had our Sea. For are there deeper abysses than Turkestan or lands at the ends of the earth, whither our captives were dragged, wherein they were swallowed up as in the Red Sea, which was dyed with the blood of their captives?

Ի նոցանէ զարդ ոսկւոյ եւ հանդերձից խնդրեցին Իսրայէլացիքն ի վարձ՝ ընդ որոց ծառայեցին նոցա. զմեզ ի բնաւիցն կապուտ կողոպուտ արարին, եւ մեք նոցա չեմք ինչ մեղուցեալ: Ոհ, աւա՜ղ եւ վա՜յ ի վերայ անմխիթար կործանմանս: Եգիպտացւոցն երկդիմի էր պատուհասիցն իրաւունքն, մի՝ վասն դառն ծառայութեան, որով նոքա զԻսրայէլ նեղեցին, որոց ի դատ եկեալ Աստուած ասէր. եւ երկրորդ՝ զի ծառայեցին արարածոց, եւ ոչ արարչին որ է աւրհնեալ յաւիտեանս. մեք խոստովանաւղ լեզու ունիմք, թէպէտ ի բարի գործոց թափուր եմք, եւ զնոցա կիրս կրեմք, քանիաւ՞ն ողորմելի եմք եւ ողբոց արժանի: Ո՜վ տէր եւ արարիչ եւ Աստուած, ընդէ՞ր մերժեցեր զմեզ ի սպառ, եւ արարեր զմեզ կոխան հեթանոսաց, ծաղր եւ այպն կատականաց թշնամեաց մերոց: Զարթիր եւ զարթո՛ զզաւրութիւնս քո, եւ եկ ի կեցուցանել զմեզ, Աստուած զաւրութեանց դարձիր առ մեզ եւ հատո՛ դրացեաց մերոց եաւթնպատիկ ի ծոց նոցա:

Արդ այլ քաղաքաց եւ գաւառաց աւերանաց ժամանակն ի պակաս աւուրս յանգէր, ի տասն կամ եւս աւելի կամ պակաս. իսկ քաղաքս այս՝ զորմէ մեր զճառս արկեալ է, սա մինչդեռ ի շինութեանն էր՝ երինջ երեմեան գոլով յաստիս ուժի քաջութեան, ըստ Մովաբու, գիրգ եւ փափուկ գոլով.

The [Egyptians] demanded as payment from the Israelites golden ornaments and clothing in place of serving them. Yet [the Saljuqs] totally stripped and pillaged whatever we had, even though we had done nothing to them. Alas and alack that inconsolable destruction! There was a double justice in chastising the Egyptians: first, God tried them for the bitter servitude by which they had straitened the Israelites; second, because they worshipped created beings and not the Creator Who is blessed for eternity. Although we are devoid of good deeds, nonetheless we have the right belief and the tongue of confession. Why should we be punished the way they were? How much more pitiful are we, and [how much more] deserving of lamentation. Oh Lord, Creator, and God, why did You completely reject us, and cause us to be trampled underfoot by pagans and make us the object of ridicule and derision by our enemies? Arise and awaken Your might, come and save us, and requite our neighbors sevenfold!

Now it took ten days, more or less, [for the Saljuqs] to accomplish the destruction of other cities and districts. As for the city about which we are now speaking,[96] while it was still flourishing, it resembled a three-year-old heifer in the strength of its vigor and bravery, like Moab, it was tender and genteel.

---
96 *i.e.,* Melitene.

որոյ վաճառականքն փառաւորք երկրի, եւ առգնաւղք սո-րա՝ թագաւորք ազգաց, որք ի գահոյս փղոսկրեայս հանգ-չէին, եւ միշտ զպարզեալ գինին ըմպէին եւ առաջին իւղով-քըն աւծանէին: Եւ քանզի ամենայն չարեաց սկիզբն աստի առնու, որպէս եւ Մովսէս զԻսրայելէ ամբաստան լինի, «Գիրացաւ, ասէ, ստուարացաւ եւ սոնքացաւ, եթող զտէր Աստուած զարարիչն իւր»:

Նաեւ Սոդոմայեցիքն յայսպիսի կենաց խանձեալք՝ ան-կան յանհնարին չարիսն, որպէս Եզեկիէլ իսկ յայտ առնէ ի հացի լիութենէ եւ ի յղփութենէ կենաց՝ զմայլեալս զնոսա. նաեւ առաջին մարդն ի դրախտին բարիսն մին աւր ա-նարատ չկարաց վայելել: Եւ զի այսորքիկ են բնութեանս մե-րոյ սահման, յաղքատանալն տրտնջեմք եւ մեղադիր լի-նիմք Աստուծոյ, եւ ի հարստանալն՝ ամբարտաւանիմք, եւ իբրեւ զանմահս՝ զաշխարհէս բուռն հարկանեմք: Վասն այնորիկ փոխ առ փոխ փոփոխմամբն ուսուցանէ զմեզ ի չափու ունել զանձինս, եւ քան զմեր սահմանն աւելի չամ-բառնալ, զի մի՛ մեծագոյնս անկանիցիմք: Քան զհող ա-նարգ եւ խոնարհ այլ զի՞նչ ոք իմացի. եւ մեր սկիզբն ի նմանէ է, եւ դարձն անդրէն ի նոյն. եւ որ բնութեանս մե-րոյ ստեղծիչն է, չկամի թէ ոք կորիցէ, վասն այնորիկ չ-թողու արձակասուն զոք. որքան եւ տեղի լինի խրատու՝ քաղցրութեամբ եւ հայրաբար խրատէ. եւ յորժամ անլուր խրատուն լինիցիմք, տիրական իշխանութեամբն տանջէ. զկէսս ի մեղաւորաց աստ դատի, զի անդ թեթեւագոյն առ-նիցէ զտանջանսն. եւ զկէսս հանդերձելոցն պահէ, եւ են որ աստ տանջին եւ անդ, որպէս Սոդոմայեցիքն. եւ են՝ որ աստ միայն, որպէս Ղազարոսն. եւ են՝ որ անդ միայն, որպէս մեծատունն: Այլ այս աստանաւր զկայ առցէ բանս. մեք ի կարգ պատմութեանս դարձցուք:

Its merchants were the glorious men of the country, while its shoppers were the kings of nations, who rested on ivory couches always drinking clarified wine, and anointing [themselves] with fragrant oils. All evils commence with this, just as Moses condemned the Israelites: "It waxed fat and grew thick, and became sleek, then it forsook Lord God its Creator."[97]

The Sodomites, similarly, led such lives, and fell into unbelievable evils, as Ezekiel revealed, enraptured by the plentitude of bread and a rich existence. Even the first man was unable to enjoy the blessings of Paradise for a day untainted. Such is our nature: when growing poor, we grumble and blame God, while when growing rich we become insolent and like immortals subjugate the land. Therefore, constantly changing our condition, we are taught to know our limits and not to ascend above our bounds, so that our fall not be all the greater. Does anyone know anything more dishonored or lowly than the soil? Yet we originated from it and return to it. However, the creator of our nature does not want anyone to be lost, and therefore does not allow any to live abandoned. As much as is possible and when it is appropriate, He advises us sweetly and with paternal counsel, but when we do not heed His counsel, He torments us with His lordly authority. Some sinners He tries in this world, so that in the next their torments will be the lighter, Others He keeps for the next world [to punish]. And there are those, like the Sodomites, who were punished both in this world and in the next. There are those, like Lazarus, who [are punished] in this world only; others such as the wealthy are punished in the next world solely. Let this discussion be closed here. We now return to our narration.

---

97 Deuteronomy 32:15.

CHAPTER XXI

Արդ վշտաբեր տարւոյն յաշուն հասանելոյ, մինչդեռ Հոռոմք զթագաւորացն աղմկաւն էին պատանդեալ, ի մտանել արեգ ամսեանն, դարձեալ ա՛յլ զաւր ել ի Պարսից, թէ յառաջնոցն եւ թէ նոր՝ ոչ գիտեմ. եւ ընդ անապատ տեղիս այնպէս զգուշութեամբ չոգաւ, որ չկարաց ոք իմանալ՝ մինչեւ եհաս ի գաւառն որ կոչի Կամախ, եւ ապա անդ բաժանեալ յերկուս, կէսն չոգաւ մինչեւ ի Կողոնիա, եւ ըստ իւրեանց սովորութեանն առեալ զերկիրն յաւարի. զոր մեք ի դարձին զանցանելն ապա իմացաք։ Իսկ կէսն՝ ուշ եղեալ Մելիտինոյ, հասին ի վերայ նորա գիշերաւ. եւ քանզի գունդ մի հեծելազաւր ի Հոռոմոց կայր պահապան քաղաքին, ի հասանել հինին յանկարծակի գրոհ տուեալ արտաքս ելին։ Եւ ի պատահելն իւրեանց՝ բազում կոտորածս առնէին յերկոցունց կողմանցն եւ ի լինել պատերազմին, քաղաքն՝ որքան ելանել կարաց, նա զերծաւ. եւ մարտիկ արքն որ մնացին, այն զհետ փախստականին չոգան. իսկ զոր ի քաղաքին ըմբռնեցին, զամենեսեան սրակոտոր արարին, կացեալ ի քաղաքին աւուրս երկոտասան, եւ ի հիմանէ բրեալ ապականեցին զնա եւ զդաստակերտս նորա շուրջանակի։ Եւ այս եղեւ ամբարտաւանութեան նոցա հատուցումն յանկաշառ եւ յարդարադատ տեառնէ, որ հատուցանէ իւրաքանչիւր զարժանն ըստ գործոց իւրոց։

During autumn of that grievous year, while the Byzantines were occupied with the clamor of kings [succession squabbles], when the month of Areg[98] had come once again another army arose from Persia, but whether it was the same one that had come before, or a new one, I do not know. They crossed the desert places with such caution that no one knew [they were coming] until they reached the district called Kamax. Then [the Saljuqs] divided up. One group went as far as Koghonia, and, as is their wont, they ravaged the country. We learned about their passage subsequently. The other group headed for Melitene, and reached it at night. There was a brigade of Byzantine cavalrymen guarding the city, and so, when the brigands arrived, [the Byzantines] suddenly sallied forth to attack. When the two forces clashed, many were killed on both sides. Meanwhile, during the battle, those who left the city were able to save their lives. The warriors who remained to fight on [eventually] fled after the fugitives. As for those seized in the city, [the Saljuqs] put them all to the sword. They remained there for twelve days, digging through and ruining the city and its surrounding estates. This was the recompense of incorruptible, righteous God for the arrogance [of the people of Melitene]. God requites each in accordance with his deeds.

---

98 *Month of Areg:* October, 1957.

Բայց գաւառք յԵկեղեաց ի վայր, ընդ որ գիշերաւ անցին, յորժամ գիտացին զեղեալ չարիսն Մելիտինոյ, ժողովեցան բազում զաւրք աղեղնաւորացն եւ կալան զկիրճս ճանապարհին: Իսկ անաւրինացն՝ քանզի այլ ճանապարհի անտեղեակ էին, եւ զլերինսն թանձրամած ձիւն ծածկեաց, նոքա անճարացեալ հինգ ամիս զձմերոցն ի գլուխ մինչեւ ի նաւասարդի ամիս՝ ի տեղին դադարեցին, եւ զերկիրն ի յուսոյ կենաց բարձին. եւ զանհնարին չարիսն՝ զոր անդ գործեցին, թողին յիշատակ ազգաց յազգս. զի զտղայսն եւ զայլ ապաժամեանսն նշաւակ եդեալ, աշտէիւք եւ նետիւք խաղալով, չարաչար խոցոտելով՝ սատակէին, եւ ոչ կաթէր ի բնութիւն նոցա գութ ողորմութեան. թողում ասել զորս ի գրկաց ծնողացն առեալ զտըղայսն զքարի հարկանէին. իսկ զբարեշուք կանանցն եւ որք ի սենեկի սնեալ էին աղջկունք, զնոցա խայտառականս զի՞նչ պիտոյ է մեզ եւ ընդ գրով արկանել. տեսանե՞ս զչափ չարեացն յորժամ Աստուած ի ձեռաց թողու, թէ քանի՞ անհնարին է:

Now when [the inhabitants of] the districts located below Ekegheac' (through which [the Saljuqs] passed by night) learned about the evils visited upon Melitene, they assembled numerous troops of archers and seized the passes of the road. Since the infidels did not know about any other road, and since the mountains were covered with heavy snow, they were obliged to stay right where they were for five months of winter, from its inception until the month of Nawasard.[99] The country despaired of life. [The Saljuqs] left a remembrance forever of the unbelievable inequities they occasioned there. They took the young boys and other little children and used them as targets, wickedly piercing and killing them with lances and arrows. Nor did any feelings of pity find their way into their natures. I need not mention the children who were torn from their parents' embrace: the boys were hurled against rocks, while the attractive women and girls who had been reared in comfort were disgraced. Why should I record it? Do you see how unbearable the measure of tribulations are when God withdraws His hand from us?

---

99 November, 1057-March, 1058.

Եւ վասն զի պակասեաց կերակուր մարդոյ եւ անասնոյ, նոքա ի բռնութենէ կարեացն հարկեալ, ելին ընդ Խորձեան ի վեր. եւ քանզի ի նոցա երկիւղէ ճանապարհք հատեալ էր, եւ ձիւն թանձրութեամբ դեռ ունէր զերկիրն, նոքա կրկին առնէ՛ին զընթացսն. յառաջ զձի եւ զջորի երամակ արարեալ՝ դատարկ վարէին, եւ ճանապարհ բանային, եւ ապա զգերին եւ զաղխն յետոյ տանէին. եւ այնու ընթացիւք եկին մինչեւ ի գլուխ գաւառին ի գիւղն որ կոչի Մորմրեանս: Եւ քանզի բերդ ունէր գիւղն, ժողովեալ էին ամենայն բնակիչք տեղւոյն: Իսկ Պարսիկն յորժամ եհաս անդ, իջեւանս արար, քանզի կարծեաց՝ թէ հեծեալ կայ ի բերդին. կուռ հարեալ ձեանն՝ պատրաստութիւն արար պատերազմի: Եւ երթեալ, որ գլխաւոր էր նոցա բերդին առաջի, սկսաւ բանս ինչ խաւսել առ որ ի բերդին իշխանն էր. բազում շատրուանաւք ծածկեալ էր զձիւնն. յորոյ վերայ նստեալ ասպար առաջի ունելով, եւ մեծամիտ ամբարտաւանութեամբ դժոխալուր բանս բարբառէր. եւ որ ի յամրոցին իշխանն էր՝ դիպաւ ժամու մնացեալ, ի թիւրիլ ասպարին, եւ նա զփողիցն հարեալ նետիւ՝ առ ժամայն սատակեաց:

Victuals for man and beast gave out. Therefore [the Saljuqs], driven by the severity of their need, went up toward Xorjean [district]. But because the roads were cut because of [the people's] fear of them, and since snow still thickly covered the country, they went twice as quickly as before. They allowed herds of horses and donkeys to run ahead unimpeded, thus opening a path. Then the captives and baggage went. In this fashion they reached the edge of that district and the village named Mormreans. Now this village had a fortress, and for that reason all the inhabitants of the place had assembled there. When the Persians reached it, they encamped, since they thought that there was a cavalry force within the fortress. Packing down the snow, they commenced preparing for battle. Their chief went before the fortress and started saying something to the prince of the fortress. He had covered the snow with numerous pavilions and was sitting on [one of] them, with a shield before him speaking harsh words with arrogant conceit. The prince of the stronghold, who had been awaiting an opportune moment, [acted] when the shield curved over to one side. He shot at [the Saljuq's] throat with an arrow, and killed him instantly.

Եւ քանզի զաւր ի Հոռոմոց զայր ի յետոյ, որք առժամայն փողս հնչեցուցին, զոր լուեալ անաւրինացն, փախստական եղեն. իսկ որ ի բերդին էին, ելեալ զգերի եւ զաւար որքան կարացին՝ ի ներքս տարան. բայց Հոռոմն չէր եկեալ յառաջ: Իսկ Պարսիկն յորժամ ետես եթէ չիք այլ զաւր, դարձ արար ի վերայ՝ եւ յաւարառուացն որոց հանդիպեցաւ՝ զնոսա կոտորեաց, եւ զմնացեալսն առ եւ դարձաւ: Եւ երթեալ մերձ ի սահմանսն Եղնուտին, ելին եւ նոքա եւ մարտ եղեալ թափեցին բազում գերիս, եւ լցան աւարաւ, զոր առեալ մտին ի բերդն: Իսկ արիւնարբու զաւրացն պարտաւորեալ ի շիփս եղեալ, եւ ի մտանել նոցա ի սահմանս Տարաւնոյ, իջին զաւրք ի լեռնէն Սիմն կոչեցեալ, զոր մարդկան սովորութիւնք Սանասունք ասեն ըստ անուան նախնւոյն իւրեանց. եւ ի դիմի հարեալ, յաղթեցին եւ կոտորեցին զամենեսեան. եւ զառ եւ զգերի թափեալ, դարձան ուրախութեամբ փառաւորելով զԱստուած:

Ի սոյն ամի այրեցին զգեղեցիկ ապարանս սուրբ Կարապետին, զոր Հրահատ ոմն ի գործակալաց մեծին Գրիգորի որդւոյ Վասակայ՝ մեծաւ ջանիւ շինեալ էր, մինչ երկրին տէր էին. զժամատունն որ առաջի սուրբ Կարապետին, զոր գեղեցկայարմար պատրաստութեամբ յարդարեաց ի փառս եւ ի պատիւ մեծի վկային եւ կարապետին Քրիստոսի. նաեւ զայլ շինուածսն եւ զփայտակերտ եկեղեցին զոր սուրբ Գրիգոր կոչեն: Եւ էր թուականիս մերոյ ամք հինգհարիւր եաւթն յորժամ այս այսպէս եղեւ:

Then a Byzantine army came up from behind, and immediately started sounding their horns. Hearing this, the infidel fled, while those within the fortress came out and took as many captives and as much loot as they could back inside. However, the Byzantines did not advance. Now when the Persian(s) saw that another army was not there, they turned around and killed whomever they encountered, gathered up the loot, scooped up the rest, and turned back. Going close to the borders of Eghnut, [the people there] similarly sallied forth, battled with them, freed many captives, filled up with booty, and then went back inside the fortress. Having been defeated, the blood-thirsty beasts were thrown into confusion. When they entered the boundaries of the Taron [district], an army descended from Sim mountain, customarily styled Sanasunk' after their forebear. This army struck at them, vanquished, killed [virtually] all of them, retrieved captives and booty, and returned in joy, glorifying God.

During the same year, [the Saljuqs] burned down the beautiful residence of the blessed [monastery of] Karapet [the Precursor, John the Baptist] which had been built with great labor by a certain Hrahat, one of the colleagues of Vasak's son, the great Gregory, when he was lord of the country. They also burned the belfry located in front of St. Karapet (which had been built in a gorgeous style to the glory and honor of the great martyr and precursor of Christ), as well as other structures, and the wooden church called St. Gregory. This occurred in the year 507 of our [Armenian] era [1058].

ԳԼՈՒԽ ԻԲ

Յակոբոս եպիսկոպոս ոմն որ ունէր զվերակացութիւն եկեղեցեաց տանն Հարքայ, սա ի սկզբան իւրոյ իշխանութեանն առաքինական կերպարանս յանձին ցուցանէր՝ քըրձազգած, պահեցաւղ, բոկագնաց: Եւ ընտրեաց իւր քահանայս, որ յար ընդ ինքեան շրջէին, խոշորազգեստս եւ անպաճոյճս, հատեալս ի հեշտալի կերակրոց. եւ միշտ սաղմոսական երգոցն պարապէին: Եւ այսու կերպարանաւք ի զարմանս շարժեաց զհեռաւորս եւ զմերձաւորս, եւ ամենայն ոք ցանկայր զնա տեսանել: Եւ որք յոյժ վիսացեալք էին ամբարտաւանութեամբ վասն իշխանութեան, այնքան եռուն ի հնազանդութիւն նմա զանձինս, որ թէ եւ զհոգիս հանել հրամայէր՝ չէր ոք որ ընդդիմանայր, եւ կամ իշխէր բանալ զբերանն եւ ճիկ հանել: Բայց կեղծաւորութիւն էր այն, եւ ոչ ճշմարտութիւն. քանզի պտուղն է ծառոյն ծանուցիչ՝ որպէս ի տեառնէ իսկ լուաք: Նաեւ առաքեալ նմին համաձայն գրեալ, ասէ, թէ «Եւ սատանայ իսկ կերպարանի ի հրեշտակ լուսոյ. զի՞նչ թէ եւ պաշտաւնեայք նորա կերպարանին ի ձեւ առաքելոցն Քրիստոսի»: Զի զոր աւրինակ զմահացու դեղսն յընտանի կերակուրսն խառնեն, եւ որք առնուն՝ իբրեւ զկերակուր ճաշակեն, եւ ի մահացու դեղոցն ըմբռնին. այսպէս եւ կարթընկէցք կերովք թաքուցանեն զկարթսն, զի ի կերոյն խաբեալ՝ ձուկն ի կարթէն ըմբռնեսցի, նոյնպէս եւ անաւրէնութեան մշակքն. քանզի զիւրեանց կորստեան վիհն չհամարձակին յայտնի ցուցանել ումեք. վասն զի եւ ո՞վ իսկ հաւանէր այնմ թէ եւ կարի ի մտաց անկած էր, խորասուզիլ կամաւք ի խորխորատ, յորմէ չիք հնար ելանել:

CHAPTER XXII

There was a certain bishop named Yakobos who held the superintendency of the churches in Hark'. At the inception of his rule, he displayed himself as a virtuous man, wearing a hair shirt, keeping fasts, and going about barefoot. He selected priests who circulated around with him, [men who] wore coarse unadorned clothing, who had forsworn sumptuous foods, and who continuously were occupied with the singing of psalms. In this fashion, he had moved many people to wonder, far and near, and everyone wanted to see him. Those who had grown haughty with conceit because of their authority, so gave themselves up to him in obedience that if he had ordered them to die, none would have resisted nor dared open his mouth to warble. But this was all a sham, not the true state of things. For the tree is judged by its fruit, as the Lord said. In a similar vein the Apostle wrote: "Satan even disguises himself as an angel of light, so it is not strange if his servants also disguise themselves as Christ's apostles."[100] Just as poison is mixed with ordinary food, and those who eat of it—thinking it to be ordinary food—are poisoned, just as fishermen conceal the fishhook with bait so that the fish will be deceived and caught by the hook, so do those who serve impiety. They dare not display to anyone their own pit of perdition. Otherwise, who in his right mind would willingly sink into an abyss from which there is no exit?

---

100   2 Corinthians 11:13-14.

CHAPTER XXII

Վասն այնորիկ մերով բարեպաշտ կրաւնիւք կերպարանին առ ի զպարզամիտսն խաբելոյ, եւ քաղցրական բանիւք պատրեն զմիտս անմեղացն. քանզի բանք նոցա իբրեւ զքաղցկեղ ճարակին. զի որպէս ախտն այն դժուարին է առ ի բժշկել, այսպէս եւ ի նոցանէ ըմբռնեալքն հազիւ կարեն կալ յակաստանի:

Վասն նոցա իսկ պատուիրէ տէրն մեր ի կենարար իւրում աւետարանութեանն. «Զգո՛յշ լերուք ի սուտ մարգարէիցն որ գան առ ձեզ ի հանդերձս գառնենիս, եւ ի ներքոյ են գայլք յափշտակողք». նաեւ առաքեալն զնոյն ուսուցանէ Փնլիպպեցւոցն, խրատեալ ի տէրունական հրամանացն. «Զգո՛յշ լերուք ի շանց անտի, զգո՛յշ լերուք ի չար մշակաց անտի»: Քանզի յարտաքին թշնամնոյն զգուշանալ դիւրին է. բայց ի ցեղակցութենէ պատերազմացն դժուարին է ապրիլ, որպէս Հաբելի եւ Յովսեփայ դիպեցան իրքն: Արդ սոքա թէ յայլալեզու ցեղից էին, յորմէ՛ եւ էին, մեզ զգուշանալ դիւրաւ էր. բայց որպէս գրէ երանելին Յովհաննէս, թէ «Առ ի մէնջ ելին, այլ ոչ էին ամենեքեան նոքա ի մէնջ». եւ այսմ գիտումն լինել դժուարին է:

For this reason, they wrap themselves up in our pious faith to deceive the gullible, and they dupe the innocent with sweet words. For their words spread like cancer and just as that illness is difficult to cure, so the people ensnared by [deceivers] are hardly able to sustain themselves.

Indeed, our Lord Himself had them in mind [when He said] in His vivifying evangelization: "Beware of false prophets who will come to you in sheeps' clothing, for underneath they are ravaging wolves."[101] Counseling the Lord's commandments, the Apostle similarly taught this to the Philippians "Look out for the dogs, look out for the wicked servants."[102] It is easy to beware of external enemies, but difficult to be saved from the wars of [your own] clansmen—as Habel and Joseph learned. Should [the enemy] be from a people which speaks a foreign language, it is easy for us to beware. But, as the venerable John wrote: "They went out from us, but they were not of us,"[103] it is not easy to recognize them.

---
101 Matthew 7:15.
102 Philippians 3:2.
103 1 John 2:19.

CHAPTER XXII

Համալեզուք եւ համացեղք, ի միոյ ականէ բղխեալք քաղցր ջուր եւ դառն. թէպէտ սուրբն Յակովբ յանհնարինս ասաց զայս, բայց սակայն առ մեւք եղեւ այս. ի քաղցր ականէս յայսմանէ՝ զոր գերափառ առաջնորդն մեր հնգետասան ամաց քրտնալիր աշխատութեամբ իջեալ ի խորս երկիր, եւ ի խորութենէ փորուածոյն բղխեցոյց մեզ աղբիւր յորդախաղաց ուղխիւք, ըստ Եզեկիէլի տեսողութեանն՝ ականակիտ եւ յստակ, յոր հերձուածողական ժանգաբուղխ առուքն ոչ կարացին մուտ առնել: Քանզի պատուար ճըշմարտութեանն ի վերայ վիմի հաւատոյ հաստատապէս ամրացեալ էր, մինչեւ ի ժամանակս վերջինս.

Զոր եւ ինքն իսկ Լուսաւորիչն մեր մարգարէական հոգւովն տեսեալ, զի գառինքն գայլք եղեն եւ արեան ճապաղիս հանէին: Եւ այս եղեւ ի բազմանալ անաւրէնութեան մարդկան ի վերայ երկրի, եւ ի ննջել բարի տանուտեառն որ ցորենոյն էր սերմանաւղ. ապա թշնամնոյն ճարակ գտեալ, ցանեաց որոմն ի մէջ ցորենոյն ըստ աւետարանական առակին: Խառնեցաւ եւ դառնութեան մըրուրն ընդ կենեղուտ ջրոյն որ ի տանէ տեառն աղբիւրանայր. բայց կանուխ յայտնեցաւ վարդապետաց եկեղեցւոյ, որք զորոմն վնասակար արմատաքի խլեցին ի յանդէ հաւատոյս մերոյ, եւ զմրուրն դառնութեան քամեալ ի բաց պարզեցին՝ առողջացուցանելով զջուրսն աղիւն ճշմարտութեան ըստ սրբոյն Եղիսէի կանխայարդար յարմարմանն: Եւ այսորքիկ այսքան.

Those who share the same language, and who belong to the same people—who spring from the same fountain—[may be] sweet and also bitter water, even though St. James said that this was impossible. Nonetheless, such was the case regarding our people. [Bitter water indeed did flow] from that same sweet fountain which our great leader [St. Gregory] caused to flow for us from the depths of the earth (after fifteen years of fatiguing labor in Xor Virap), a copiously flowing fountain, similar to the one in Ezekiel's vision, limpid and clear, into which pestilential, heretical streams could not run. For the bulwark of truth had been firmly secured to the rock of faith—until recently.

Truly, our Illuminator himself [St. Gregory] saw in prophetic spirit how lambs became wolves and caused a carnage of bloodshed. This occurred when human iniquity multiplied in the country, when the goodly householder, the sower of grain, reposed, when the enemy, finding a way, sowed weeds among the grain, as in the parable in the Gospels. The dregs of bitterness mixed with the life-giving water which flowed from the House of the Lord. However, [the heresy of the T'ondrakeans] was quickly exposed by the *vardapet*s of the Church who uprooted the harmful weed from the meadow of our faith, who strained and purified the dregs of bitterness and brought health to the waters with the salt of truth, like the prophet Elijah. We have said enough about this matter.

Բայց ժա՛մ է ի գլուխ ճառին դարձուցանել զբանս, որպէս զի հաւատարիմ լիցի մեզ ասացեալս: Արդ անդրանիկ արքանեակն եւ համաշունչ հայրն ամենայն չարեաց՝ յորժամ յաստիս ուժի զաւրացաւ կեղծաւորական բարի համբաւն՝ զոր համբաւեցին զնմանէ անմիտ մարդիկ, սկսաւ այնուհետեւ ի նպատակ հաւատոյ մերոյ նետաձիգ լինել, որոյ սլաքն մխեալ էին կայծակամբք կաղնւոյ: Քանզի յոյժ խաւանակ էր այրն, եւ ճարտարալեզութեամբ կախարդէր զբազմաց լսելիս. եւ կարծէր այնու հիմամբ տապալել զեկեղեցի սուրբ. եւ ոչ ած ի յիշումն զտէրունական հրամանսն եւ զանվրէպ խոստումնն առ Պետրոս, թէ «Դու ես վէմ, եւ ի վերայ այդր վիմի շինեցից զեկեղեցի իմ, եւ դրունք դժոխոց զնա մի յաղթահարեսցեն»: Ո՛չ հաւատաց այսմ, այլ առանձնական բանս իբրեւ զմարդոյ ուրուք լուաւ. վասն որոյ ի պայքար մտեալ, կարծէր սափրել զփառս եկեղեցւոյ, որպէս պոռնիկ կինն այն ի հնումն՝ զհերսն Սամփսոնի, զի մատնեսցէ այլազգեացն զանպարտելի անձն այսինքն աւցտողաց ճշմարտութեանն զեկեղեցի սուրբ, զոր գնեաց պատուական արեամբն իւրով տէր մեր Յիսուս Քրիստոս, եւ պսակեալ փառազարդեաց ամենայաղթ խաչին, կանգնելով ի նմա սեղան խորհրդական յաւրինակ եդեմական կենաց ծառոյն՝ որոյ պտուղն անմահացուցիչ՝ ստուգապէս զմարմին կենարարին ծանեաք, ըստ իւրում անսուտ հրամանին, թէ «Որ ուտէ զմարմին իմ, զմահ մի՛ տեսցէ յաւիտեան»:

Now it is time to return to the narration so that our words be supported. [Bishop Yakobos], the first-born disciple, the sharer of opinions of the father of all evil, seeing how much his falsely-good reputation had grown—[a renown] which stupid people noised about—began shooting arrows at our faith, arrows whose heads had been tempered with oak embers. For he was an extremely great publicist, and he bewitched the ears of many with his oratory. On such a foundation he thought he could overthrow the blessed Church. He did not recall the Lord's command and unswerving promise to Peter: "You are a rock and upon this rock shall I build my Church, and the gates of Hell shall not overcome it."[104] But [Yakobos] did not believe this; rather, he considered these singular words those of an ordinary man. Therefore, he entered battle, thinking to shear the Church of its glory, just as in ancient times the prostitute had shorn off Samson's locks so that the unconquerable man would be betrayed into the foreigners' hands. [Yakobos] also wanted to betray the holy Church into the hands of the sowers of discord, that Church which our Lord Jesus Christ ransomed with His honored blood, and glorified and crowned with the invincible Cross, erecting in it an altar of mystery, resembling the Tree of Life in Eden, whose immortal fruit was the very body of the life-giver, in accordance with His truthful command: "Whosoever eats of my body shall never die."[105]

---
104   Matthew 16:18.
105   John 6:56-58.

CHAPTER XXII

Արդ տե՛ս դու զնորա մեքենաւոր խորամանկութիւնն, թէ ո՛րպէս աւձաձեւ խարդախանաւք հնարէր հեղուլ զապականիչ թոյնսն յառողջսն հաւատով: Զառաջինն՝ ընտրութիւն սկսաւ առնել ի մէջ քահանայից ըստ արժանաւորութեան, եւ անարժանիցն ասաց լռել. եւ իբրեւ այսու հաճոյ թուեցաւ բազմաց՝ ապա ի վերայ սորին եւ այլ միւս եւս յաւել. քանզի արժանաւորացն հրամայէր ի տարւոջն երիս միայն մատուցանել պատարագս: Եւ զի ի Նիկիական կանոնսն գրեալ է. Թէպէտ եւ յոյժ մեղաւոր իցէ, պա՛րտ է զխոստովանութիւնն ընդունել, եւ տէրունական մարմնոյ եւ արեանն հաղորդեցուցանել, եւ պատարագաց եւ ամենայն քրիստոնէական կարգաց արժանացուցանել՝ զայս նա բնաւ եւ յականջալուրս ոյ ընկալաւ: Այլ այսպէս ուսուցանէր, թէ որ ինքն իւրով անձամբն՝ որով մեղաւն եւ նովիմբ չապաշխարեաց, նմա ո՛չ յիշատակք աւգնեն եւ ոյ պատարագք. եւ իւր կամարարաւքն ի հենգն արկեալ ծիծաղէին, եւ զանասունսն բերեալ առաջի կացուցանէին, եւ այսպէս ասէին. Ա՛յ տառապեալ չորքոտանի, թո՛ղ թէ նա զիւր ժամանակն մեղս արար եւ մեռաւ, դու զի՞նչ մեղար որ ընդ նմա մեռանիս: Եւ առ այս յերկուս բաժանեցան ժողովուրդք, յոմանց ընկալեալ եղեւ այս, եւ յոմանց ոչ. եւ իբրեւ ամենայն մարդ ի ծուփս եւ ի տարակուսանս անկեալ կայր, եւ խնդրէին զելս իրացն իմանալ. նաեւ որք ի ժամանակին յանապատս եւ ի քարանձաւս առանձնական ճգամբք միշտ զհաճոյսն Աստուծոյ կատարէին, մեծաւ հառաչմամբ եւ արտասուալից պաղատանաւք խնդրէին այցելութիւն ի բարերար տեառնէն:

Behold now his adroit cunning, see how with serpent-like duplicity he schemed to inject his polluting poison into those healthy in the faith. First, he began selecting among the priests, according to their worth, telling the unworthy to be silent. When this pleased many folk, [Yakobos] then added something to it: he ordered those worthy [priests] to perform mass but three times a year. Now it is written in the cannons of [the Council of] Nicea that although an individual be extremely sinful, his confession must be accepted, he must be given communion in the body and blood of the Lord and be made worthy of masses and all Christian rituals. But [Yakobos] refused to accept this. On the contrary he taught that if the sinner himself did not individually repent, neither memorials nor masses would help him. Then with his accomplices, subjecting [the sinner] to ridicule, they laughed at him. The animal [brought for sacrifice] would be led forward and they would say: "Unfortunate beast, it is bad enough that he, during his lifetime sinned and died, but how did you sin that you must die with him?" At [such teachings] the people divided into two groups: some accepted this, but others did not. Everyone was confused and doubtful and sought some resolution of the matter, this included those who at that time were ever doing God's will, in retreats and caves, [and who] requested a visitation from the beneficent Lord, with great sighs and tearful entreaties.

Այլ եւ երկիցս ժողով եղեւ բազում հարց եւ հայրապետաց եւ քահանայից եւ խառնիճաղանճ բազմութեանց՝ որոց ոչ գոյր թիւ: Բայց զի իշխանք գաւառին ամենեքեան ի նորա կեղծաւորական կերպարանացն իբրեւ շղթայիւք կապեալ էին, խոստանային պատերազմի աւրինակաւ մեռանել յառաջ՝ քան թէ զնա ի ձեռս ժողովոյն տայ: Եւ նա Նեստորաբար ի տան նստեալ մեծաւ խրախուսանաւք ի ձեռն պատգամաց՝ առնէր ժողովոյն պատասխանի, յուսացեալ յիշխանացն աւգնականութիւն եւ ոչ յԱստուած. ոչ ածեալ զմտաւ զդաւթական երգսն, թէ «Բարի է յուսալ ի Տէր, քան յուսալ յիշխանս». կարծէր վատշուէրն՝ մարդկան աւգնականութեամբ յաղթել ճշմարտութեանն: Այլ Աստուած՝ որ ոչ թողու զգաւազան մեղաւորացն համարձակել ի վիճակս արդարոցն, զի մի՛ ի չարութիւն արդարքն զձեռս իւրեանց ձգեսցեն. որ զկամս երկիւղածաց իւրոց առնէ, եւ աղաւթից նոցա լսէ. որ առնէ ի մրրիկս հանդարտութիւն, եւ ածէ յերաշտութեան անձրեւ, եւ զայն՝ միոյ արդարոյ աղաւթիւք, նա յայց եկ մեզ եւ արար փրկութիւն ժողովրդեան իւրոյ, որ գիտէ ըստ խորին իմաստութեան իւրոյ ի հեռուստ հիմն արկանել մեծամեծ իրաց, եւ աստ տնտեսեաց որքան արդեաւք էր աւգտակարագոյն. եւ եղեւ այսպէս:

Now on two occasions assemblies were held which included an inestimable number of people, numerous [church] fathers, patriarchs, priests, as well as the laity. However, since all the princes of the district were bound as if by chains to [Yakobos'] deceptive pretensions, they vowed they would die in battle before handing him over to the gathering. Meanwhile [Yakobos], resembling Nestorius, sat at home greatly encouraged, and sent replies to the meeting by means of messengers. Placing his hopes on the princes' aid, not on God, he did not think about the Davidic psalm which says, "It is better to rely on the Lord than on princes."[106] The wretch thought that he could vanquish truth with human assistance. God, however, does not permit the strength of sinners to approach the righteous, so that the righteous not extend their hands toward evil. [God] works the will of those who fear Him, He hears the prayers of those who pray to Him, [God] stilled the tempests and brought rain in time of drought, all for the prayers of one just man, and He also visited us and saved His people. Through His deep wisdom God knows how to lay the foundations for very great matters from afar. Indeed, in this matter too He also disposed of things in a very helpful way. [Events] transpired as follows.

---

106 Psalm 117:8.

CHAPTER XXII

Կրաւնաւոր ոմն անուն Եսայի ի Կարին գաւառէ՝ ի բարեպաշտ տոհմէ, որ վասն բարի համբաւոյն երթեալ յարեալ էր ի նա, յորժամ այսպիսի յոյզք եւ խնդիրք զարթեան ի վերայ նորա, նա ուշադրութեամբ դէտակն կալաւ ի վերայ. քանզի յոյժ իմաստուն էր այրն, եւ յոյժ մտերմութիւն ցուցեալ առ նմա՝ մի ի հաւատարմացն նորա ցուցանիւր. եւ տեսեալ եւ տեղեկացեալ նորա մծղնեայ կրաւնիցն, անյապաղ երթեալ պատմեաց սուրբ հայրապետին Սարգսի: Որոյ լուեալ, եւ ի վերայ հասեալ գործոյն, կոչէ առ ինքն քաղցրական բանիւք զթշուառական անձն, եւ ըստ արժանւոյն հատոյց նմա. քանզի ի քահանայական կարգէն լուծեալ, եւ աղուեսադրոշմ կերպարանաւք խարան յերեսս նորա եդեալ, քարոզն առ նմին աղաղակէր, թէ՝ Որ ի սրբոյ Լուսաւորչին հաւատոյ սողոսկեալ յանաւրէն Թոնդրակեցեացն ի մարդադէմ գազանաց փարախն մտեալ միաբանի, դատ եւ իրաւունս զայս կրեսցէ: Եւ հրամայէ ի բանտի արգելուլ զամենաթշուառ անձն, քանզի կամէր թէ զղջանայ թերեւս, եւ խոստովանի ի բաց կալ ի պիղծ աղանդոյն. զի յոյժ ողորմէր կորուսեալ անձինն:

Այլ քանզի ըստ Երեմիայի բանիցն՝ ոչ հուրն զայրելն մոռանալ կարէ, եւ ոչ հնդիկն զսեւութիւնն, եւ ոչ ինծ զխայտութիւնն, այսպէս եւ ոչ չարն զիւր չարանալն. քանզի եւ գիշերի հատեալ զբանտն եւ փախստական եղեալ, անցանէ յաշխարհն Յունաց՝ եւ հասանէ ի թագաւորանիստ քաղաքն Կոստանդնուպալիս. եւ չարախաւս լինի զհաւատոյս մերոյ. եւ խնդրէ մկրտիլ ըստ նոցա կարգացն:

There was a certain cleric from the Karin district named Esayi, descended from a pious family, who, attracted by [Yakobos'] renown for goodness, went and became his adherent. Now when the investigations arose regarding [Yakobos], [Esayi] carefully kept watch over matters. He was an extremely learned man, and displayed great intimacy toward [Yakobos], declaring himself to be one of [Yakobos'] adherents. Observing and becoming informed about [Yakobos'] incestuous faith, [Esayi] went at once and informed the blessed patriarch Sargis. Now when the latter heard this, and as events continued to unfold, he summoned that wretched man to him with mild words, and requited him as was meet. For he removed him from the ranks of the priesthood, and, branding [Yakobos'] face with the likeness of a fox, he loudly preached: "Whoever quits the faith of the blessed Illuminator and crawls into the fold of those beasts with human faces, the impious T'ondrakeans, and unites with them, shall bear the same judgement and punishment." [Sargis] ordered that this most wretched man be confined in prison, since he wanted him to repent yet and to promise to stand clear of that loathsome sect. For he was greatly concerned over the loss of a soul.

But as Jeremiah said, the fire cannot forget to burn, the Indian cannot lose his darkness, and the leopard cannot lose its spots, so too the evil person cannot quit his evil ways. For at night [Yakobos] broke out of jail, and fled across Byzantine territory until he reached the royal city of Constantinople. There he slandered our [Armenian Apostolic] faith and requested baptism according to their [Orthodox] rites.

Իսկ նոքա ըստ իւրեանց իմաստութեանն տեղեկացեալ, եւ ի վերայ հասեալ գործոյն՝ ոչ առնուին յանձն. այլ ասէին, թէ՝ Զոր Հայոց խոստեալ եւ անարգեալ վասն հաւատոյ՝ եւ մեք չընդունիմք: Եւ իբրեւ չյաջողեցաւ նմա այս, ելեալ գայ անցանէ ի գաւառն Ապահունեաց ի բնակարանն սատանայի, յաստուածուրաց ժողովն եւ ի գազանաց գառագիղն, որ կոչի Թոնդրակս. եւ անդ առժամանակ մի զանխլաբար որջացեալ: Բայց ասեն՝ թէ եւ նոքա չընկալան զնա վասն առաւել պղծութեանն. վասն որոյ ելեալ ի լեառն Խլաթայ, եւ անդ յիւրայոցն գտեալ յագարակս եւ ի բացագոյն տեղիս, առ նոսա դադարէ. եւ անցուցեալ անդ զաւուրս իւր, երթեալ չարապէս մեռանի ի քաղաքն որ կոչի Մուհարկին: Ոչ երթեալ ըստ գրոց կանոնի եւ ոչ համաձայնեալ քրիստոնէից, ի բաց թողլի է. վասն որոյ մեռաւ իբրեւ զէշ, եւ թաղեցաւ իբրեւ զգէշ, չար յիշատակ թողեալ զկնի իւր. զի ամենայն որ լսիցէ զպատմութիւնս զայս, անէծս արձակեսցէ զհետ նորա:

[The Byzantines] in their wisdom became knowledgeable about the matter and comprehended what it was. They refused [Yakobos' request] saying instead: "Whomever the Armenians have refused and dishonored regarding the faith, we also do not accept." Not succeeding in this, [Yakobos] arose and came to the Apahunik' district, to that residence of satan, the assemblage of atheists, that lair of the beasts called T'ondrak, where, temporarily, he nestled in secret. It is said, however, that the people there similarly did not accept him because of his excessive impurity. Consequently, he left that place and went to the mountain of Xlat' where he found his own folk settled there on fields and in open places, and he tarried with them. Having spent some time there, he departed for the city called Muharkin[107] where he wickedly perished. Whoever does not live according to the cannons of the Bible, and does not unite with the Christians will be rejected. Therefore [Yakobos] died like an ass, and was buried like one, leaving behind [to posterity] an evil memory, such that everyone who hears this narration will curse him.

---

107 *Muharkin:* Martyropolis.

ԳԼՈՒԽ ԻԳ

Կունծիկ ոմն շնանուն աբեղայ որ բնակէր մաւտ ի բերդաքաղաքն որ կոչի Շիրնի, որ դեռ եւս այսաւր ագարակին զնորայն անուն կոչեն. սա հնագոյն գոլով աւուրբք՝ ունէր յինքեան զպղծութեան խմորն. քանզի ուսեալ էր ի շնաբարոյ աբեղայէ ումեմնէ՝ որ համբաւէր զինքենէ՝ թէ յԱղուանից է. բայց նա անդրանիկ էր սատանայի, եւ շտեմարան խորհրդոց նորա, ուստի ծուխ հնոցի գեհենոյն մշտաբորբոք ընդ բերան նորա ելանէր, յորմէ բազումք դեղ առեալ սատակեցան: Արդ այս Կունծիկս ժիր մշակ գոլով սատանայի՝ որսացաւ զկին ոմն, որում Հրանոյշ կոչիւր. որ էր ի գլխաւոր եւ յընտիր ազգէ եւ տէր ագարակի եւ սահմանակից նորա: Եւ իբրեւ լցաւ ի նորա մահաշունչ թիւնիցն՝ ոչ շատացաւ իւրով կորստեամբն, այլ զբազումս սատարս իւրոց խաբիցն յարդարեաց: Եւ նախ եւ առաջին զերկու կանայս, որ էին նորա տոհմակիցք. որոց անուանքն կոչին այսոքիկ, միումն Ախնի եւ միւսումն Կամարայ, որ էր արդարեւ կամարար սատանայի: Եւ երկոքեան սոքա քորք հարազատք, սոքա պոռնկական մոլեգին ախտիւն, որպէս աւրէն է նոցին փարախին, եւ կախարդական արուեստիւ՝ վարդապետք եղեն սատանայի, յորս զաւրացաւ հայրն ամենայն չարեաց. որք «Սրեցին որպէս սուսեր զլեզուս իւրեանց, ըստ սաղմոսական երգոյն, եւ լարեցին զաղեղունս իւրեանց յիրս դառնութեան» նետաձիգ լինել յուղիղսն սրտիւք. որք հարին եւ կարեվէր սատակմամբ վիրաւորեցին զբազում անմեղ ոգիս:

CHAPTER XXIII

There was a certain adulterous monk named Kuncik who dwelled near the fortress-town of Shirni (which to this day is the name given to its field). Being of an advanced age, [Kuncik] had within him the ferment of impurity. He had studied with a certain churlish monk who claimed to be from Aghuania, but was in fact satan's first-born son and the storehouse of his plans. Therefore smoke from the furnace of Gehenna was ever billowing forth from his mouth, and many were poisoned therefrom and died. Now this Kuncik, satan's diligent servant, gave instruction to a certain woman named Hranoysh who belonged to a principal and fine line, mistress of field(s) and [Kuncik's] neighbor. Once infected by that death-bringing poison, [Hranoysh], dissatisfied with her own perdition, prepared many others as accomplices for their heresy. First and foremost were two women, her clanswomen who were named Axni and Kamara (truly the willing accomplices of satan). These two were actual sisters, infected with that outrageous dissolute disease which is typical of their fold, and by the art of sorcery they became satan's *vardapet*s, and the father of all evil made them strong. "They whet their tongues like swords, and aimed bitter words like arrows," aiming at the hearts of the righteous. They struck and mortally wounded many innocent souls.

CHAPTER XXIII

Եւ քանզի ի հայրենի ժառանգութենէ ունէին գիւղս երկուս, զնոսա կաղաղս եւ հանգրուանս պատրաստական արարին վիշապ աւձին կամակորի, յորս բունեալ սաստկապէս եհեղ զմաղձն իւր. եւ նոքա մատռուակեալ, շուրջ զինքեամբք բնակողացն արբուցին ի կորուստ. վասն սորին այսորիկ գրեաց Մովսէս. թէ «Սրտմտութիւն վիշապաց է գինի նոցա, սրտմտութիւն իժից՝ անհնարին առ ի բժշկութիւն»:

Իշխան ոմն Վրվէռ անուն՝ սոցին ջատուկ կանանցս եղբայր կամարար եղեալ, սա յառաջ գոլով առողջ ի հաւատս, յառաջադէմ էր ի հանդէս բարեպաշտութեան, մինչ զի կրաւնաստան շինեաց յիւրում ժառանգութեանն՝ ճըգնաւոր եղբարս ժողովեալ ի նմա. եւ ընդարձակ սահմանաւք՝ անկարաւտ պահէր զկեանս նոցա, որոց առաջնորդն Անդրէաս անուն ճանաչի, յոյժ անուանի ի կրաւնաւորական մրցմունս: Առ սոսա գայր իշխանս այս յամենայն ամի ի պահս քառասնորդացն, եւ հանդիսակից լինէր նոցա մինչեւ յաւուրս մեծի պասեքին, եւ բազում այլ գործս բարեաց ցուցանէր ի սոցա սպասաւորութիւն. նաեւ յաղքատասնութիւնս եւ ի քահանայից հնազանդութիւնս՝ քան զբազումս յառաջադէմ ցուցանիւր: Զսա կարթեալ չարին ի ձեռն կանանցս այսոցիկ, որք ապականագործ ախտիւ պոռնկեցան ընդ նմա անխտրապէս, ոչ ածեալ զմտաւ զարեան մերձաւորութիւնն. քանզի այսոքիկ են կաղաղք կորստեան նոցա:

[These two sisters] possessed two villages from their patrimonial inheritance which they turned into dwellings and dens for that crafty dragon-snake. [Yakobos] nested therein and violently spewed forth his bile. [The sisters collected the poison] and, serving as cup-bearers, gave it to the folk living about them to drink themselves to ruin. It was about such people that Moses wrote: "Their wine is the poison of serpents, and the cruel venom of asps, impossible to heal."[108]

There was a certain prince named Vrverh who became the willing brother to these sorceresses. Previously he had been correct in the faith, and forward in pious deeds, to the point that he had constructed a clerical retreat on his patrimonial lands and assembled ascetic brothers therein. Within its extensive confines he kept them free from want. Their director was known as Andreas, a man greatly renowned in clerical competitions. This prince [Vrverh] would visit them each year during the fast of Lent, and remain with them until Easter day itself, doing much to serve their needs. He proved himself more forward than many when it came to charity for the poor and in showing submission to the priests' wishes. The devil ensnared him by means of those women who indiscriminately copulated with him, those diseased prostitutes, thinking nothing about consanguinity. Such are their dens of perdition.

---

108 Deuteronomy 32:33.

Սոյն այս է եւ չորրորդ դուստր սողոմոնեան տզրկին. վասն սորին պատուիրէ աստուածային առաքեալն, «Մի՛, ասէ, ի ցաւս ցանկութեան, որպէս եւ այլ հեթանոսքն, որ ոչ ճանաչեն զԱստուած»: Տեսանե՞ս զի հեթանոսական է ախտն այն. տե՛ս որպիսի՛ հանդէս առնէ վասն նորա աստուածային երջանիկն Սողոմոն. «Որդեակ, ասէ, պահեա՛ զքեզ ի խառնակութենէ աւտար կանանց, զի զորս գտանէ յանմիտ մանկանց, քաղցրական բանիւք հաւանեցուցանէ մնալ առ ինքեան. քանզի մեղր կաթեցուցանեն շրթունք կնոջ պոռնկի, որ ժամանակ մի քաղցրացուցանէ զքիմս հաւանելոցն, եւ յետոյ դառնագոյն գտանի քան զլեղի. քանզի առեալ տանի զհիմանիս իւր իբրեւ զշուն տոռնեալ, եւ իբրեւ զզուարակ ի զենումն, եւ իբրեւ այծեամն խոցեալ նետիւ զլերդակողմն. եւ ոչ կարէ բուժիլ ի նմանէ մինչեւ հասուցանէ զնա մահու հանդերձ ի դժոխս, քանզի թափք դժոխոց է տուն նորա»:

Այսորքիւք թակարդեալ ողբալին այն Վրվէռ, մերկացաւ զպարկեշտութիւն, անկաւ ի հաւատոց, եղեւ թշնամի Աստուծոյ եւ սրբոց նորա. եթող զտէրն՝ որ սուրբ աւազանաւն ծնաւ զնա, մոռացաւ զԱստուած՝ որ մարմնով եւ արեամբ իւրով կերակրեաց զնա:

This is the leech's fourth daughter that Solomon spoke of and about which the divine Apostle commanded: "[Fall not] into the passion of lust like heathens who do not know God."[109] Do you see that this disease is pagan? See how the divinely blessed Solomon set this forth: "My son, keep yourself from adultery with foreign women for whomever they find foolish enough, they shall convince to remain with them through their honeyed words. For the lips of a loose woman drip honey, and her speech is smoother than oil; but in the end she is bitter as wormwood. For she will take her lovers, bound like dogs, and drag them off like a calf for slaughter, and she will [kill you] just as a goat shot by an arrow in the liver. There is no cure for it until in death you reach Hell, because her home is the abyss of Hell."[110]

Trapped by them, that lamentable Vrverh lost his prudence and fell from the faith, becoming the enemy of God and His saints. He forsook the Lord in whose blessed font he had been baptized; he forgot God Who had nourished him with His body and blood.

---
109 1 Thessalonions 4:5.
110 Proverbs 5:3.

CHAPTER XXIII

Ելեալ ի տանէ, անկեալ ի պատուոյ, մոռացաւ զուխտն աստուածեղէն, հեռացաւ ի ճգնաւորական կարգացն հաղորդութենէ. եւ որ երբեմն կրաւնաւորաց ժողովարան էր տեղին՝ զոր մեծամեծ ծախիւք եւ աշխատութեամբ շինեալ էր, ուր դասք սաղմոսասացաց եւ պարք պաշտաւնէից քաղցրաձայն երգովք ընդ վերին զաւրսն միաձայնութեամբ զԱստուած աւրհնէին, այսաւր լռեալ են ձայնքն, յաւեր յանմարդի է տեղին: Եւ յետ այսորիկ զի՞նչ.

Երթեալ թշուառականն միաբանեցաւ ընդ չարադեւ կանայսն, եւ զագարակսն՝ որ իւրեանց բնական տեղիք էին, զորն յառաջ սակաւ մի յիշեցաք, որոց անուանքն կոչին միումն Կաշէ եւ միւսումն Աղիւսոյ, զբնակիչս տեղեացն զամենեսեան ընդ ինքեանս միաբանեցին. եւ ապա դիւական կատաղութեամբն մոլեալ, զեկեղեցիսն՝ որ յիւրեանց աւձաբնակ տեղիսն ի վաղնջուց շինեալ էին, զայն ի խոպան դարձուցին: Եւ յանդաստանացն՝ ո՛ւր եւ դիպաւղ ժամ հանդիպէր նոցա, զփրկութեան մերոյ զնշանն եւ զտէրունական յաղթութեան զզէնն՝ որով ընկլաւ մահու յաղթութիւնն եւ բարձան առ ի մէնջ առածք կամակոր թշնամւոյն, յորս երանելին Պաւղոս զարարածովքս զանց արարեալ ի նորին զաւրութիւնն պարծէր, «Մի լիցի ինձ, ասէ՝ պարծիլ, բայց միայն ի խաչն տեառն մերոյ Յիսուսի Քրիստոսի», նոքա վրէժխնդիր լեալ հաւրն իւրեանց սատանայի, խորտակէին անամաւթաբար: Բայց որովհետեւ զխաչն յիշեցի, ածից ի պատմութիւնս եւ այլ սքանչելեաց զրոյցս, որ ամենեցուն սարսափումն բերէ լսողացն:

Having left the house, he fell from honor. He forgot the divine covenant, and withdrew from communion with the ascetic orders. The site which had been an assembly-place for clerics, which he had constructed with very great expense and labor, where groups of psalm-sayers and clerics with divine accompaniment sang sweet songs glorifying God, is now silent, ruined and desolate. What do you suppose happened next?

The wretched man went and joined up with those diabolical women. And they joined to themselves all the inhabitants of those fields which naturally belonged to them and which we spoke of a little earlier, namely, Kashe and Aghiwsoy. Frenzied with diabolical rage, they ruined those churches which they had long since had constructed in their snake-infested places. Whenever they found an opportune moment, to avenge their satanic father, they unashamedly destroyed the symbol of our salvation, the weapon of the Lord's victory [the Cross] in the villages. It was through the Cross that the victory of death was set at naught and the temptations of the wily Enemy were removed. The venerable Paul, ignoring created beings, took pride in its power, saying: "I boast of nothing except the Cross of our Lord Jesus Christ."[111] Since I have mentioned the Cross let me add to this narration a wondrous account which will strike all listeners with trepidation.

---

111 Galatians 6:14.

CHAPTER XXIII

Ի հատուածս լերինն Պախրայ որ այժմ կոչի Գայլախազուտ, առաջին հարցն աւան ինչ էր զոր Բազմաղբիւր կոչեն. ուր զԱստուածային նշանն բազմապայծառ վայելչութեամբ կանգնեալ էին. որ եւ զանուն գեղջն ի նոյն փոխեալ՝ Խաչ անուանեն մինչեւ ցայսաւր: Յաւուր մեծի Պենտեկոստէին ի գիշերին եկեալ՝ որ նոր կիւրակէն կոչի, կամարար մշակքն սատանայի, մրճով հարեալ զթագ Աստուածընկալ նշանին՝ մանրեալ յերկիր ընկեցին, եւ ինքեանք զան խլաբար յաւձաբնակ յորջս իւրեանց երթեալ մտանէին. ընդ որ հիացաւ երկին ի վերուստ, եւ երկիր առհասարակ զարհուրեալ զդողի հարկանիւր. զայն արարուած ողբոց արուսեակն, եւ սգաց երեկորեայն խորնի: Արդ ըստ սովորական կարգաց ի հաւախաւսի ժամուն յարուցեալ երիցուն՝ եկն առաջի խաչին, զմեծի կիւրակէին պաշտաւնն կատարել. եւ տեսեալ զքանչելի տեսութիւնն՝ ձեռն զաւձեաւք արկեալ պատառէր զհանդերձն, եւ բարձրաձայն կանչիւք զբնակիչս տեղւոյն ընդոստ առժամայն ի նորա տեսիլն հաւաքէր. որոց տեսեալ ի մեծամեծ զարմանսն, զկական բարձեալ բախէին զկուրծս եւ դառնային. եւ էր ամենեցուն յայնժամ արանց եւ կանանց, ծերոց եւ տղայոց միաձայն մի ողբք հառաչանաց: Եւ մինչդեռ նոքա յայս տագնապի կային, յանկարծակի ծագեաց ի նոսա գիտութիւն՝ ըստ Աստուծոյ անճառ իմաստութեանն:

In a section of Paxra mountain which presently is called Gaylaxazut, there was an ancient *awan* named Bazmaghbiwr[112] wherein a resplendently stunning Cross had been erected. Because of this Cross the village was renamed Xach',[113] even to the present. At night on the day of great Pentacost, called "new Sunday," those willing servants of satan came and, striking the crown of the divine symbol with hammers, smashed it and threw it to the ground. Then they went secretly and entered their snake-infested lairs. [At their deed] the sky above was stupefied and the earth was afflicted with trembling. In the darkness of evening, Aurora lamented and mourned that deed. Now according to ordinary custom, at cockcrow the presbyter arose and went before the Cross to perform the ceremony for great Sunday. Observing that frightful scene, he grabbed his own collar and tore his clothing. Then crying loudly for the inhabitants of the place to immediately come forth, he gathered them. Seeing [the damaged Cross] they were stupefied, shrieking loudly, and beating their breasts, they returned home. Then everyone, men, women, the elderly and the young, lamented sighing in unison. While they were so fraught, suddenly through God's ineffable wisdom, they had a thought.

---

112 *Bazmaghbiwr*: "Many Fountains".
113 *Xach'*: "Cross".

CHAPTER XXIII

Ի գիշերին՝ յորում այն գործեցաւ, յանկարծակի ձիւն անկեալ, զերեսս երկրի սպիտակացուցանէր, որ զհետ անաւրինացն կալեալ՝ տարեալ ի նոցա կաղաղսն կացուցանէին: Եւ առժամայն ազդ արարեալ երջանիկ հայրապետին Սամուիլի. որոյ լուեալ բազում ժողովով անդր հասանէր. եւ զգաւառին եպիսկոպոսս եւ զերիցունս եւ զհարսն առ ինքն հաւաքեալ, երթեալ նոքաւք՝ զանաւրինացն զկաղաղսն կիզեալ ապականեաց, նզովելով զինչս եւ զստացուածս նոցա, որպէս Յեսու յառաջինսն՝ զԵրիքովայն, զի մի՛ ոք իշխեսցէ առնուլ ինչ: Եւ վեց ի նոցանէն՝ զորս վարդապետս ասէին լինել չար եւ պիղծ կրաւնիցն, զնոսին ձերբակալ արարեալ, գայ ժողովով ի քաղաքագիւղն որ կոչի Ջերմայ, եւ աղուեսախարանաւք զդէմս նոցա դրոշմել հրամայէ, զի եղիցին այն նոցա նշան յաւիտենից՝ յայտնի եւ ճանաչելի ամենեցուն. զի մի՛ ոք տգիտաբար հաղորդեսցի ընդ նոսա, այլ իբրեւ զչար գազան հալածական լիցին յամենայն մարդկանէ: Յետ այնորիկ աւրհնեալ զժողովուրդն՝ որ աշխատակից նմա եղեն, արձակէ ի խաղաղութիւն:

The evening that this [deed] was wrought it had suddenly begun to snow, whitening the face of the land. So, following the footprints of the impious, they were led to their dens. Immediately they notified the blessed patriarch Samuel, who arrived at the spot with a great multitude. Gathering up the district's bishops, presbyters, and fathers, he took them and went and put to the fire the lair of the impious, cursing their goods and property just as in the past Joshua cursed Jericho so that no one would dare to take anything from it. He further arrested six of them who were styled the *vardapet*s of that wicked and foul religion, and came with the crowd to the town named Jerma. And he commanded that their faces be branded with the sign of a fox, so that eternally that would serve as a notice to them, clear and recognizable to all, so that no one in ignorance would commune with them, but rather that they be hounded by all as evil beasts. After this, [Samuel] blessed the people who had been his colleagues, then sent them off in peace.

CHAPTER XXIII

Իսկ ի գալ ամարայնոյն առաքի ի թագաւորէն դատաւոր իրաւանց աշխարհին, որում անուն էր Եղիա. որոյ հասեալ ի գաւառն Եկեղեաց, ընդ առաջ երթայ նմա ամենաչարն Վրվէռ. եւ ամբաստան լինի զմեծարգի հայրապետէն Սամուիլէ, եւ զայլ եպիսկոպոսացն որ ընդ նմա էին, եթէ՝ Զիմ տունն յաւարի տարան, եւ զգիւղն աւերեալ հրդեհ արարին: Եւ բազում զանձուց եւ ընչից պարտս ի վերայ նոցա կացուցանէր: Զոր իբրեւ լուաւ դատաւորն՝ առաւել եւս ի բարկութիւն բրդեալ, առաքէ զինուորս բերել ստիպաւ զերանելի եպիսկոպոսունսն առաջի իւր: Իսկ ի գալ զինուորացն, գրէ գլուխ եպիսկոպոսացն հրովարտակս առ վիճակաւորս եկեղեցւոյ, առ երիցունս եւ առ անապատաւորս, զի առանց իրիք ինչ զմտաւ ածելոյ առ նա ժողովեսցին: Եւ ի հասանել համբաւոյն, որպէս թէ յԱստուծոյ տեսչութենէն ազդ լինի առ ամենեսեան. առանց յապաղանաց բազմութիւն մարդկան ի մի վայր ժողովեցան, ոչ միայն քահանայիցն, այլ առաւել աշխարհականաց՝ զորս ոչ ունիմ զհամարոյ նոցա զչափ ընդ գրով արկանել. եւ երթեալ ժողովոյն բազմութեամբ մինչեւ յեզր գետոյն Եփրատայ, ուր Մանանաղի ի նմա խառնի: Եւ լինի յայնմ ժամու եկք անձրեւի. եւ ի յորդութենէ անձրեւին զարթեաւ Եփրատէս եւ գայր լի դարիւ եւ դարիւ: Իսկ զինուորքն բերեալ նաւ՝ փութացուցանէին անցուցանել զծերունի եպիսկոպոսն զՍամուէլ եւ զնորին եղբաւրորդին զԹէոդորոս յայնկոյս յաւանն որ կոչի Կոթէր, քանզի եւ դատաւորն անդ իսկ էր.

Now when summer arrived, the [Byzantine] emperor sent a judge, whose name was Eghia, to see after the affairs of the land. When he reached the Ekegheac' district, that most wicked Vrverh went before him and accused the very respectworthy patriarch Samuel and the other bishops with him, saying: "They robbed my home, and burned down the village." Moreover [Vrverh] made them accountable for debts of many treasures and goods. When the judge heard this, becoming increasingly enraged, he sent soldiers to bring before him speedily the venerable bishops. As soon as the soldiers arrived, the head of the bishops wrote commands to the clergy, to the presbyters and the cenobites that they should assemble by him forthwith. Upon receiving the news—it was as though everyone were informed through God's providence—immediately a multitude of people assembled in one place, not merely priests, but especially laymen, and so vast was their number that I am unable to record it. They went in a body to the confluence of the Euphrates and the Mananaghi rivers, to the banks of the Euphrates. It so happened at that time that rain started to fall, and swollen from the downpour, the Euphrates had risen and coursed fully. The soldiers, having brought a boat, were hastening to take across the aged bishop Samuel and his brother's son T'eodoros, to the *awan* called Kot'er, since the judge was there.

CHAPTER XXIII

Բայց ժողովուրդն բուռն հարեալ զեպիսկոպոսացն, ոչ ետուն ի ձեռս զինուորացն: Իսկ նոքա ասեն. Նախ զսուսա անցուցանեմք, եւ ապա զժողովուրդդ. եւ այսու բանիւ հաւանեցուցեալ զնոսա, առեալ զեպիսկոպոսունսն հանդերձ նաւովն անցուցին յայնկոյս: Եւ դադարեցուցեալ զնաւն եդ ի բանտի զեպիսկոպոսսն. զոր իմացեալ ժողովոյն զխորամանկութիւն նոցա, զի ոչ դարձուցին զնաւն ի նոսա՝ որպէս խոստացան բարձր ձայնիւ եւ յորդորական բարբառով զմիմեանս քաջալերէին, մեռանել անցանել ի ջուրսն, քան թէ յառաջնորդսն հաւատոյ լուտանաց բանս լսել: Եւ քանզի երեկոյացեալ էր ժամն, եւ արեգակն զցնցուղս ճառագայթից յինքն ծրարեալ ի մայրն դառնայր՝ համարձակութիւն տալով երկնակաճառ արփւոյն, յայնժամ դասք քահանայիցն յառաջ մատուցեալ, ո՛չ խորհըրդով խաչին զջուրսն բաժանէին, այլ զնոյն ինքն զտէրունական զյաղթութեան նշանն ունելով ի ձեռս՝ եւ բարձեալ ի վերայ ուսոց, քաջապինդ հաւատովք հարկանէին զբարձրակոհակ կոյտս ջուրցն, յորմէ որպէս խոտերախ ձի ի սանձից ճմլեալ տեղի տայր անցի ժողովրդեանն, ոչ ոք վնասեալ յայնքան բազմութենէն եւ ոչ մի:

However, the people, forcibly holding the bishops, did not permit the soldiers to touch them. Now [the soldiers] said: "First we shall ferry across those [bishops], and then, the people." Thus did they get the people to consent. Then, taking the bishops, they ferried them to the other shore. Stopping the boat, they placed the bishops in prison. When the people perceived [the soldiers'] duplicity—for they had not returned to them the boat as they had promised—they commenced encouraging each other with loud voices and exhortatory expressions, saying that it would be better to die crossing the waters than to permit the overseer of the faith to hear rebukes. It was evening. The sun was setting, having dispersed of its rays, and giving boldness to the stars which adorned the sky. The priests, coming forward, divided the waters, not [striking the water] with the mystery of the Cross, but rather, holding that symbol of the Lord's triumph in their hands and raised to their shoulders, and with unwavering faith, they split asunder the lofty billows, which, resembling an intractable steed suddenly bridled by the strength [of their faith] gave way for the people to pass over. Not one person was injured out of the entire multitude.

Որք իբրեւ անցին, զգոհացողական երգսն զցայգն ամենայն Աստուծոյ նուագէին, առաջնորդ պարու իւրեանց ունելով զանարատն Մարիամ, որ է Եկեղեցի սուրբ, ունելով զթմբուկն ի ձեռին, այսինքն զհաւատոյն ճշմարտութիւն, ոչ անձայն եւ անարուեստ ի հերձուածողական գէճ ախտիցն եղեալ, այլ ջերմութեամբ ըստ Հոգւոյն սրբոյ ցամաք գոլով եւ ի հնչողական երգսն պատրաստական, որք բախեալ դաւթական կնտնտոցաւն՝ հնչեցուցանէին յամենեցունց լսելիս. «Աւրհնեցէք զտէր, զի սքանչելիս արար», եւ որ զհետ սորա անկցին բանք. եւ այսու բարձրաձայնութեամբ հանէին զգիշերն ամենայն ի գլուխ յաղաւթսն Աստուծոյ:

Իսկ դատաւորն յորժամ լուաւ զաստուածային տընտեսութիւնն եւ զհրաշս սքանչելեացն, ծանեաւ՝ թէ այցելութիւն առնէ մերոյ ազգիս տէր: Ի սաստիկ հիացմանէն ի դողման եղեալ՝ յաղաւթս ապաւինի եւ զԱստուած յաւգնականութիւն կարդայ, զի Մի տգիտաբար, ասէ, խոտորեցայց յիրաւանց քոց, տէր: Եւ ի լուսանալ աւուրն, քանզի միաշաբաթ էր երթեալ յեպիսկոպոսարանն որ Փրրիսն կոչի, եւ զիրաւացի դատաստանն եղեալ՝ ի դատ եւ յիրաւունս կացուցանէ զգլխաւորս ժողովոյն. եւ հրամայեն անարժանին եւ պարտաւորելոյն Կրվեռայ գալ ի հանդէս իրաւանց: Եւ քանզի է կենդանի ինչ, զոր սեպեանս կոչեն, զորմէ ասեն՝ թէ զամենայն գոյն փոխէ, զի յորսորդացն ապրեսցի՝ նոյնպէս եւ նա ի զաւրանալ ճշմարտութեանն՝ ետես եթէ ոչ կարէ զդէմ ունել, քանզի ի ծագել լուսոյն՝ սպառի խաւարն, եւ ի յայտնել ճշմարտութեանն՝ կորնչի ստութիւնն:

When they had crossed, they spent the entire night singing songs of thanksgiving to God. As leader of the troop they had the spotless Mariam (which is the blessed Church) holding in her hands a drum (which is correctness of faith); they were not silent and without art as are those conquered by dissolute heretical diseases, rather, being pure in fervor of the holy Spirit, ready with ringing songs, with the plectrum of David's lyre they made to resound within the hearing of all: "Bless the Lord, for He worked a miracle,"[114] etc. Praying to God with such songs, they made light the entire night.

Now the judge, when he heard about the divine dispensation and the miracle-working, realized that the Lord was visiting our [Armenian] people. In trembling from extreme amazement, he prayed prayers of atonement and called on God's aid: "I not, ignorantly," he said, "distort Your laws, Lord." When day dawned, it was a Sunday. The judge went to the bishopric, named P'rris, seeking a just trial and entrusted the case to the chiefs of the people. They commanded the worthless and guilty Vrverh to appear at the trial. There is a creature known as the cuttlefish about which it is said that in order to escape the hunters, it changes colors. So was [Vrverh] when he observed the strengthening of justice, which he could not resist; for when the light dawns, darkness is dispelled, and when truth appears, falsehood vanishes. What could he do, what ruse could he find?

---

114 Psalm 97:1.

Եւ ապա զի՞նչ առնէ, եւ որպիսի՛ հնարս իմանայ. Հռոմ խոստանայ լինել, եւ լինի յորդեգիրս եպիսկոպոսին՝ որոյ անուն Եպիսառատ յորջորջիւր՝ կաշառով գողացեալ զմիտս նորա: Որոյ եկեալ առաջի ատենին՝ աղերսիւ խնդրէ զնա իւր ի շնորհս, եւ դատաւորն զնոյն կամի. քանզի եղբայր անաւրինին իշխանական պատուով եւ քաջասիրտ արութեամբ յընտրելոց եւ ի ծանաւթից թագաւորին էր, յորմէ յոյժ ակնածէր դատաւորն. ուստի եւ տայ զնա եպիսկոպոսին յաւանդ, որպէս եւ խնդրեաց: Իսկ զայլսն զորս եւ զտին ի նորին ընկերացն՝ մեծամեծ հարուածովք եւ զանիւ տանջեալ, հալածական արարին աւերելով զտունս նոցա. եւ ժողովն աւրհնեաց զդատաւորն, եւ արձակեցան խաղաղութեամբ:

Բայց դատաստանքն Աստուծոյ կանխեալ ի վերայ նորա, որ թէպէտ ի պատուհասից զերծաւ, այլ ի ձեռաց ամենագիտին ոչ կարաց ապրիլ. քանզի յանկարծակի վառեցաւ մարմին նորա տապով՝ որպէս դՀերովդէին, եւ մատունք ձեռաց նորա չորացեալ՝ ոչ կարէին առ կերակուր նպաստաւորել մարմնոյն. այլեւ կերակուրս զոր ճաշակէր տառապանաւք, մուտ կերակրոյն փակեալ էր, զներգործութիւն աղբոյն վերադարձութեամբ վճարէր մինչեւ յաւր մահուան իւրոյ. յետոյ եւ մարմինն իսկ գողութեամբ ապականեցաւ: Բայց նա ոչ եկն ի զղջումն, եւ ոչ յիշեաց զիւր զառաջին բարեպաշտութիւնն. այլ նովին դիւական աղանդովն վերեցաւ՝ մինչեւ բարձաւ ի կենաց. եւ տանջանք մարմնոյն միշտ յուշ առնէին զյիշատակ գեհեննին յոր տանջելոց էր:

He promised that he would become a Roman [Chalcedonian], and, bribing a bishop named Episarhat, he agreed to become his adopted son. The bishop appeared at the trial and beseeched them to grant him [Vrverh], and the judge agreed. This was because the brother of the impious one, through his princely station, bravery and valiance was one of the king's acquaintances and select [companions], and the judge was very considerate of this. Consequently, he gave [Vrverh] to the bishop, as the latter had requested. However, as for those of [Vrverh's] comrades they found, after subjecting them to severe torments and beatings, they persecuted them and ruined their homes. The assembly blessed the judge and adjourned in peace.

However the verdict of God quickly fell upon [Vrverh] who, although able to escape punishment [from men] was unable to flee from the hand of the Omniscient. For, suddenly, his body burned with fever—like unto Herod—and because his fingers had so dried up, he was unable to eat; whatever he was able to get down, he then threw up, since his esophagus was blocked. So he remained until his death and then, his body decayed with leprosy.[115] However, he did not repent, nor did he remember his previous piety. Rather, he remained inflamed with that same diabolic heresy until he quit this life. The aches of his body were a constant reminder of Gehenna where he is being tormented.

---

115 Alternatively, syphilis.

Բայց զնոցա մծղնէ զգործն անպատշաճ համարեցաք ընդ գրով արկանել, քանզի կարի աղտեղի է. եւ զի ոչ ամենայն ոք պնդակազմ է լսելեաւք, բազմաց մեղացն յիշատակ ի խտղտանս ձգէ զլսաւղսն, եւ ի կատարումն գործոյն իսկ ածէ. վասն այսորիկ եւ ես խոյս ետու յայնմանէ: Այլ որ յայտնի է ի նոսա, եւ մեզ ասելի է՝ այսոքիկ են: Զեկեղեցի եւ զեկեղեցւոյ կարգաւորութիւն բնաւ ոչ ընդունէին. ոչ զմկրտութիւնն, եւ ոչ զմեծ եւ զսարսափելի խորհուրդ պատարագին. ոչ զխաչ եւ ոչ զկարգաւորութիւն պահոց: Այլ մեք ճշմարիտ հաւատացեալքս սրբոյ Երրորդութեանն՝ պինդ կալցուք զխոստովանութիւն անշարժ յուսոյն, զոր ուսաք ի սուրբ հարցն. եւ ի նոցա աստուածուրաց ժողովոյն ի բաց դարձուցուք զերեսս, անէծս ի վերայ նոցա առաքելով:

However, their incestuous deeds being too foul, we regarded it as inappropriate to set it down in writing, because everyone is not steadfast when it comes to the audible, and because the narration of many sins could arouse the listener even to doing the same. Consequently, I have avoided it. However, what is known about them, and what I have heard about them is this: they do not accept the Church or Church ritual at all—not baptism, not the great and awe-inspiring mystery of the mass, not the Cross, not the observance of fasts. But let us, the true Believers in the Holy Trinity, firmly keep the doctrine of confirmed light which we learned from the blessed Fathers. Let us, turning away from their atheistic assembly, heap curses upon them.

ԳԼՈՒԽ ԻԴ

Եւ արդ ընդ բազում, հեթեթանաւք եւ ընդ ցնորիւք անկան ազգ մարդկան, յաղագս ցոփութեան եւ անխոնարհելի մըտաց՝ ապաստան եղեն ի գործս իւրեանց. հսկայս կորովիս եւ բարձրահասակս, անդիմահարս եւ անմարտնչելիս՝ աստուածորդիս իւրեանց անուանեցին: Եւ ոմանք աշտարակաւ ամրացեալք՝ անմատոյց ունելով զբարձրութիւն, ոչ կամեցան ճաշակել ի բաժակէ բարութեան տեառն, որպէս այն առաջին շինուածն անմտութեան՝ բազմաշխատն եւ դիւրակործանն. այսպէս եւ բնակիչքն Երիքովի, յաղագս ամրութեան աշտարակացն՝ ոչ համարեցան զինքեանս ընդ այլ Քանանացիսն, թէ տիրէ նոցա աջ տեառն կամ սուր ամենակալին մերձեսցի առ նոսա: Զի տէր է որ շինէ եւ քակէ, տայ զամուրս ի դողումն եւ զբարձր աշտարակս ի կործանումն. զի եւ աշտարակն որ էր ի սնարսն Լիբանանու, զոր շինեաց Դաւիթ, եւ ամրացոյց սուսերաւ եւ վահանաւ հակառակ Դամասկոսի, ոչ եղեւ խափան եւ դիմահար Եղերայ, որ յարեաւ սատան Սողոմոնի. զի սրբութիւնն է ամրութիւն, եւ պարիսպ ընտիր գործք աստուածպաշտութեան:

CHAPTER XXIV

The human race, subject to many delusions and illusions, because of lust and impropriety, has sought refuge in its deeds. The powerful, tall giants who could not be withstood or competed against, styled themselves gods. Some, fortified with towers, regarding their height as impregnable, did not want to taste from the cup of the Lord's goodness—resembling the foolish builders of that first structure which was built with great difficulty but easily demolished; or like the residents of Jericho, who, because of the fortification of towers, did not consider themselves Canaanites and did not think that the right hand of the Lord ruled them too, or that the sword of the Omnipotent would near them. For it is the Lord who builds and destroys, makes strongholds tremble and lofty towers collapse. The tower on the mountains of Lebanon which David built and fortified with swords and shields against Damascus, did not withstand Solomon's adversary Eder, nor did it impede his attack, because the fortress is holiness, while the choice wall, is pious action.

Եւ արդ դարձցուք անդրէն ի կարգն ըստ յառաջագրելոցդ. մի՛ սակաւ կամ փոքր համարել մեղս՝ որք ոչ զըղջանան կամ ապաշխարեն, կամ ձգեն յինքեանս զմերձակայ եւ զսահմանակցացն զպատուհասն՝ որ ըստ յանցանացն հանդիպի. ողբալ նոճւոյն յաղագս մայրւոյն, եւ դըժնկին յաղագս ձիթենւոյն: Զի ոչ եթէ ամենեքեան արժանի են մահու, ըստ տեառն հրամանին, յորոց աշտարակն ի վերայ անկաւ, այլ մերձակայիցն եւ յայլոց մեղաց ըմբռնումն, եւ հեռաւորացն խրատն եւ զգուշութիւն: Զի ոչ եթէ վաղ իմն գործեցաւ, կամ բազում ժամանակ ընդ մէջ անցեալ աղաւաղեաց զանցս աղէտիցն որ ընդ Արծն եղեւ. վասն զի ոչ սակաւք էին որ աչաւք տեսին, եւ ոչ լըսելեաց կարաւտացան. զի բազում աշխարհ եւ քաղաք ա՛յն էին որ ապրեցան յայնմ հինէ. այլ ստամբակեցան ի միտս իւրեանց, եւ ամրութեամբն ապստամբեցան ո՛չ ի մարդկանէ՝ այլ յԱստուծոյ, որ տայ զբարձր աշտարակս ի կոխումն եւ զքաղաքս ամուրս ի հողաբլուրս: Ոչ իմացան եւ ոչ առին ի միտ զահ տեառն եւ զսպառնալիս որ ի նմանէ. եւ զմրուր բարկութեան եւ զսրտմտութեան՝ որ ի նմանէ խոնարհի յարբումն մեղաւորաց, սպառեալ համարեցան. մանաւանդ ամուրն Անի եւ որ շուրջ զնովաւ դստերք իւր՝ առաւել յամբարտաւանութիւն կրթեալ՝ ընդդէմ երկնից կայթս հարկանէին. մինչեւ շարժեաց Աստուած զթագաւորն Պարսից փոխանակ ինքեանն՝ տեսանել թէ զի՛նչ գործի ի նմա: Եղեւ գործ պատերազմի յերկիրս Հայոց ընդարձակեցուցանել զբնակութիւնս իւրեանց, եւ տիրել ի վերայ սահմանի այլոյ թագաւորութեան. եւ էր թըւականիս մերոյ ամք հինգհարիւր երեքտասան:

Now let us return to our former narration. Let it not be considered few or insignificant the sins of those who will not regret or repent, or who fail to see the punishment of people close to them and neighbors—punishment which occurs according to the crime[s committed]. The cypress must weep for the pine, the buck-thorn for the olive, because it is not that all upon whom the Tower collapsed, according to the Lord's command, were without distinction worthy of death, but rather that kin and others understand the sins, while those at a distance learn from them and take care. The calamitous events which took place regarding Arcn had not occurred long ago, nor had much time passed that they became clouded over. Many had witnessed them with their own eyes and had no need to listen, for many districts and cities had been saved from that raiding. However, they revolted and rebelled not against mankind, but against God Who levels to the ground those lofty towers and transforms secure cities into mounds of earth. [The people] did not understand or remember the Lord's dread and threats, nor the dregs of His rage and wrath, [Whose cup] He lowers for sinners to drink from. They considered [that cup] empty. [This was] especially so for the fortress of Ani and her daughters surrounding which had learned arrogance even more, and clapped their hands against Heaven; while God moved the king of Persia to come in His place and to see what was going on there. There was warfare in the country of Armenia for [the Saljuqs] wanted to enlarge their holdings and rule the borders of the other [Byzantine] kingdom. This transpired in 513 of our [Armenian] era [1063/64].

Արդ եկեալ հասանէր թագաւորն բազում բիւրուք եւ անթիւ սպառազինաւք. մտեալ յաշխարհս մեր՝ ահ եւ երկիւղ հասուցանէր հեռաւորաց եւ մերձաւորաց. կոխէր, տապալէր զաշխարհս բազումս, մինչեւ եհաս ի քաղաք՝ որ զմեղս իւր ի կատարումն լրիւ իւրով ունէր: Կանգնեաց զխորանն իւր ընդդէմ քաղաքին Անւոյ, եւ տարածեաց զբանակս իւր ընդ լայնութիւն երկրին: Զանայր, հնարէր՝ զի զդուռն երկաթի եւ զնիգս պղնձի ի բաց խլեսցէ, որ կայր ընդդէմ թագաւորութեանն իւրոյ. եւ անյոյս լեալ յաղագս ամրութեանն՝ թէպէտ եւ զմարտն սաստկացուցանէր, կամէր չուել: Եւ զայն ոչ գիտացեալ թէ էարկ տէր ի մէջ պահապանացն եւ իշխանացն երկպառակութիւն եւ անմիաբանութիւն, ամբոխումն եւ բաժանումն. եւ անդէն թողեալ զգործ պատերազմին՝ ի փախուստ դարձան, եւ խուճապեալք յերկիւղէն՝ ոչ ոք յազգայինսն կամ ի կարեւոր բարեկամսն հայեցաւ, այլ իւրաքանչիւր ոք ահիւ ըմբռնեալ: Եւ տեսեալ զայս սպառազէն զաւրացն՝ որ արտաքոյ մարտնչէին, հանդէպ ինքեանց ի վերայ պարսպին ճանապարհ առնէին, եւ իբրեւ զկուտակումն ալեաց ծովու ի ծոց քաղաքին հեղուին, եւ զպարսկական սուրն ի գործ արկեալ, ո՛չ ումեք խնայէին: Իսկ բազմութիւն արանց եւ կանանց յապարանս թագաւորացն դիմեալ՝ իբր թէ կարիցեն ապրել, եւ այլքն ճողոպրեալ յամուրն որ Ներքի բերդ կոչի: Իսկ որ ի մէջ քաղաքին ամրացեալ էին, իբրեւ գիտացին թշնամիքն թէ անպատրաստ են, ե ոչ գոյ ի նոսա այր պատերազմաւղ կամ կերակուր եւ ըմպելի, փաղփաղակի շուրջ պատեալ եւ շտապ տագնապի հասուցանէին, մինչեւ յակամայ արտաքս հանին:

Now the [Saljuq] king came with many myriads of armed troops and entered our land, spreading dread and terror among those far and near. He trampled on and overturned many lands until he reached the city [of Ani] which had reached the limit of sinfulness. He pitched his tent opposite the city of Ani and spread his army throughout the breadth of the country. He tried and devised stratagems to destroy that [city] gate of iron and the locks of copper which opposed his kingdom, but because he grew disheartened because of the fortification [of the place], although the battle was growing more intense, he wanted to depart. He did not know that the Lord had implanted discord, disunity and chaos between the guards and the princes. Just then, [the guards] leaving off fighting, took to flight; and, confused by fear, no one looked with concern upon his relatives or important friends. Rather, each was seized with fright. When the armed [Saljuq] troops which were fighting outside saw this, they made way over the wall, and poured into the city like the foaming billows of the sea. Putting the Persian sword to work, they spared no one. Now the multitude of men and women applied to the kings' palace as if they could save themselves there, while others fled to the stronghold called Nerk'i ["Inner"] fortress. As for those who were holed up within the city, when the enemy saw that they were unprepared, lacking fighting men, food or drink, [the Saljuqs] surrounded them and terrified them so much that unwillingly they came forth.

CHAPTER XXIV

Անդ էր տեսանել զվիշտս եւ զտագնապս իւրաքանչիւր հասակի. զի ի գրկաց մարցն յափշտակեալ լինէին մանկունք անողորմաբար զքարի հարեալ, եւ մարքն արեամբ եւ արտասուաւք զմանկունս իւրեանց թանային. զհայր եւ զորդի մի սուր խողխողէր. զի ծերք եւ երիտասարդք, քահանայք եւ սարկաւագունք զմի սրոյ ճաշակ մահու ընկալան. զի լցաւ քաղաքն լի ծայրիւ եւ ծայրիւ, եւ ճանապարհ էր մարմին սպանելոցն. զի ի բազմութենէ կոտորելոցն եւ յանթուելի դիականցն՝ վտակն մեծ, որ անցանէ առ քաղաքաւն, ներկանէր արեամբ. եւ գազանք վայրի եւ ընտանի՝ եղեն գերեզման դիականցն. վասն զի ոչ գոյր որ թաղէր եւ հարկաւոր հողովն ծածկէր զխողխողեալսն: Այլ եւ ի ճարպոյ անիրաւութեան ի նմա գործելոցն տոչորեցաւ բարձրաշէն եւ գեղեցկայարմար ապարանքն, եւ եղեւ ամենայն բնակութիւնն իբրեւ հողաբլուր. եւ վաշխն եւ նենգութիւնն որ ի նմա՝ խափանեցաւ:

Այս է բաժին անիրաւ քաղաքաց, որ շինեն զինքեանս արեամբ աւտարաց, եւ ի քրտանց տնանկաց փարթամանան, եւ ի վաշխից եւ յանիրաւութեանց զտունս իւրեանց ամրացուցանեն. եւ ինքեանք զմիտս իւրեանց անողորմ ունելով առ աղքատս եւ տնանկս՝ միայն հեշտութեան եւ փափկութեան սպասեն, եւ ի գործոց աղտեղութեան ո՛չ խորշին, այլ միայն արբեալ լինին ի ցանկութեանցն որ զնոսա ըմբռնեալ ունին: Եւ արդ զի՞նչ լինի նոցա ի հասանել բարկութեան տեառն. սպառին եւ պակասին որպէս մոմ յերեսաց հրոյ, եթէ թագաւոր իցէ եւ եթէ իշխան, որպէս ծանեաք ի գրելոցս: Բայց թագաւորն Պարսից բազում գաւառաց տիրեալ եւ անթիւ աւարաւ դարձաւ յաշխարհն իւր:

One could see there the grief and calamity of every age of humankind. For children were ravished from the embraces of their mothers and mercilessly hurled against rocks, while the mothers drenched them with tears and blood. Father and son were slain by the same sword. The elderly, the young, priests and deacons also died by the same sword. The city became filled from one end to the other with bodies of the slain, and [the bodies of the slain] became a road. From the countless multitude of the slain, and from the corpses, that great stream which passed by the city became dyed with blood. Wild and domesticated beasts became the cemeteries of those corpses, for there was no one to cover over the bodies of the slain with the needed earth, no one to bury them. The lofty and beautiful palace was burned because of the injustices committed within it, while all [other] structures were transformed into mounds of earth. The usury and treachery there ended.

This is the fate of unjust cities which are built with the blood of others, are made luxurious by the sweat of the bankrupt, and which fortify their homes with usury and injustice, having no pity for the poor and indigent. They expect only pleasure and comfort and do not desist from foul activities. Rather, they are drunk from the desire which has seized hold of them. What becomes of such when the anger of the Lord strikes? They wither and are destroyed like wax in fire, be they kings or be they princes, as we have seen from what has been narrated. But the king of Persia, having ruled over numerous districts, returned to his own land with inestimable booty.

ԳԼՈՒԽ ԻԵ

Եւ արդ ո՛չ է պարտ անհաս եւ անձեռնարկելի իրաց պատմող լինել, կամ ընդ գրով արկանել, զորոց ոչ այլոց աշխատութիւն տուեալ է մեզ, եւ ոչ յումեքէ պահանջեցաւ ի մէնջ, եւ ոչ մեք կարաւղ եմք ձեռն արկանել. վասն այնորիկ բազում ինչ հարկաւոր պատմութեանց որ ընդ սոքաւք են՝ անտես արարաք, այլոց թողլով ճարտարաց եւ հարուստ մտաց, զի թերեւս պահանջեսցէ ոք ի նոցանէ. եւ այսու նախանձ արկից կարողացն. բայց տուգանք ոչ սակաւ համարեցաք՝ զանց առնել զերկուց թագաւորացն զհանդէս պատերազմի. այլ փոքր բանիւ զմեծամեծ իրս վճարեցուք:

Բայց թագաւորն Դիոգէն որ էր վաթսներորդ ի մեծէն Կոստանդիանոսէ՝ ըստ համարոյ թագաւորացն, փոքր ինչ աւելի կամ նուազ, իբրեւ ետես զի թագաւորն Պարսից ոչ սակաւ աշխարհ հատուած արար ի յիւրմէ թագաւորութենէն, եւ զկողմնակալսն Յունաց փախստական արար, եւ ինքն մեծաւ աւարաւ եւ գերութեամբ դարձաւ յաշխարհ իւր. ապա եւ թագաւորն Յունաց զկնի տասն ամաց գործ պատերազմի յանձն առնոյր ըստ նախանձու եւ արիական բնութեանն. զի մի՛ անարի եւ վատ երեւեսցի, եւ զկնի ինքեան վատ յիշատակ թողցէ: Խրոխտալով եւ մեծաւ ցասմամբ իբրեւ ի վերայ ցամաքի ընդ ծով անցանէր, եւ զետեղեալ յաշխարհին Բիւթանացւոց, անհուն բազմութիւն յինքն կուտէր: Զի դեռ ունէր զլայն եւ զընդարձակ թագաւորութեանն զսահմանն, ի հովտացն Փիւնիկեցւոց՝ ուր է մեծն Անտիոք, մինչեւ յամուրն Վան, եւ զամենայն երկիրն Ռըշտունեաց յանդիման Հերայ:

CHAPTER XXV

Now there is no need to record or narrate in writing incomprehensible or extremely difficult matters since no one has imposed such a task upon us nor demanded it of us. Nor are we capable of such. Therefore, many important accounts included among such categories, we have omitted, leaving them to [writers] more eloquent and intelligent than we. Perhaps someone may request it of them, and [perhaps] I am encouraging the capable to undertake [such a task]. However, since omission of an account of the war between the two monarchs would damage [this history] not a little, we regard it as necessary to dispense with such a great event [even if only] in an abbreviated fashion.

Emperor Diogenes[116] was more or less the sixtieth monarch after Constantine the Great, according to the enumeration of emperors. When he saw that the king of Persia had taken not a small part of his kingdom, and had put to flight the Greek lieutenants and taken back to his own land great booty and many captives, [the Byzantine emperor] ten years later decided to make war, in order not to appear unmanly and frightened, and in order not to leave to posterity a bad impression of himself. With arrogance and in great rage, he crossed the sea, as though traversing the land. Halting in Biwt'ania, he assembled a countless host, for yet did he possess a broad and extensive kingdom whose borders stretched from the valleys of Phoenicia (where the great [city of] Antioch stands) as far as the fortress of Van, and the entire Rhshtunik' country opposite [the district of] Her.

---

116 Romanus IV Diogenes, 1068-1071.

Իբրեւ ետես զայսքան բազմութիւն զաւրաց ի մի վայր ժողովեալ, ամբարտաւանեալ հպարտացաւ ի միտս իւր չըր-յաղթիլ յերկրածին թագաւորաց, եւ ոչ զբան մարգարէին ածէր զմտաւ, թէ ոչ բազմութիւն զաւրաց կարիցեն ապրեցուցանել զթագաւորն, եւ ո՛չ զհսկայ՝ զաւրութիւն իւր. այլ աջ եւ բազուկ ամենակալին:

Արդ խորհուրդ իմն անվայելուչ ի միտ արկանէր, եւ բազում զաւրս ի ձեռն սպարապետաց ընդ այլ ճանապարհ արձակէր. եւ ինքն բազում ամբոխիւ յարեւելս ճանապարհ կալեալ գայր, հասանէր ի մեծ քաղաքն Թէոդուպաւլիս. եւ անդ զայրուձի կազմէր: Չարաչար են մեղք, եւ զորդեգրութիւն եւ զիմաստութիւն մերկացուցանէ ի գործելեաց. բայց առաւել եւս ամբարտաւանութիւնն, որով վարին իշխանք եւ թագաւորք, եւ ո՛չ հաւանին յիշատակաւ առաջին ամբարտաւանիցն եղծելոցն. զի նոյն ախտս այս չարութեան՝ ապականիչ է ամենեցուն որ կրեն զսա. զի ոչ եթէ այլ ոք դիմակաց է ամբարտաւանին, այլ Աստուած է հակառակ՝ ըստ առակողին: Վասն որոյ ոչ ետ թոյլ զաւրացն հանգիստ առնուլ մինչեւ զայցեն ժողովեսցին ի նա ա՛յլ բազմութիւնքն, եւ զիրեարս յորդորեսցեն ի քաջութիւն եւ յարութիւն եւ լինիցին մեծ բանակ՝ թշնամեացն սոսկալի, այլ իւրովքն կամեցաւ զգործ պատերազմին յաջողել: Վաղվաղակի ուր թագաւորն Պարսից բանակեալ էր, անդր հասանէր առ սահմանաւքն Մանազկերտ գաւառի. եւ անդ զիւր արքայական խորանն հարկանէր յանդիման Պարսից գնդին, եւ շուրջ զիւրեաւ ամրացուցանէր, եւ աւր պատերազմի սահմանէր:

Seeing such a multitude of troops assembled in one place, he arrogantly grew proud, thinking it impossible to be vanquished by any kings born of this earth. But he did not remember the words of the prophet that the king does not triumph through the multitude of soldiery, nor does the giant [triumph] because of his strength, but rather through the right hand and arm of the Omnipotent.

Now with an infelicitous plan [the emperor] sent numerous troops under commanders along a different road, while he himself with a great host traveled East until he reached the great city of T'eodupolis, where he arranged the cavalry. Sin is dreadful and sinners are denied the wisdom and adoption of God, but most unbearable of all is arrogance held by princes and kings, unschooled by the memory of arrogant folk in the past who were destroyed. That wicked disease destroys all who become affected by it, because the adversary of arrogance, according to the Proverbs, is none other than God himself. Consequently, [the emperor] did not allow his troops to rest until the other masses of soldiery arrived, such that encouraging each other onward to bravery and valor, they might have formed one great army, capable of terrifying the enemy. No, [the emperor] wanted to win the war using only those men he then had with him. He quickly reached the place where the king of Persia was encamped, by the borders of the district of Manazkert. There did he pitch his royal tent, opposite the Persian brigade, and he fortified the area around himself and designated the day of battle.

Բայց թագաւորն Պարսից խորամանկութեամբ առ երկիւղի զպատերազմելն խնդրէր. զի մի՛ ցրուեալ զաւրացն եկեալ՝ զթագաւորն ամրացուցեն, եւ անմարտնչելի նմա ճակատն լինիցի: Լաւ համարէր երկու մասին քան թէ երից ընդդէմ կալ. շտապ տագնապի յարուցանէր, մինչեւ անդէն ակամայ յունական ճակատն կազմէր ընդդէմ կազմ ճակատուն Պարսից: Եւ իբրեւ խրոխտալով առ իրեարս յարձակէին, եւ պատերազմական հանդիսիւ ընդ միմեանս բաղխէին, եւ դեռեւս ոչ երեւէր եւ ոչ միոյ գնդի պարտութիւն. անդէն փաղփաղկի մեծ գունդ մի՝ առ որս չիք ի նոսա աստուածպաշտութիւն, ապստամբեալ ի թագաւորէն Յունաց՝ ի կողմ թշնամեացն յաւելուին: Վասն որոյ բազում բեկումն զաւրացն եղեւ. եւ յայնմ հետէ յապաղանաւք եւ ոչ քաջութեամբ ի դասն մատչէին, եւ զՊարսիկսն գրգռեալ՝ ժիր եւ անմարտնչելիս կազմէին: Բայց թագաւորն Յունաց անպատճառ եւ անտեղեակ՝ լի ցասմամբ կայր ընդ զաւրս Հայոց եւ ընդ ազգն, եւ ընդ ակամբ հայէր ի նոսա. բայց իբրեւ ետես միամտութեամբ զպատերազմն եւ զքաջ արանցն զնահատակութիւնն, որ ոչ զանգիտէին ի կորովի աղեղնաւորացն Պարսից, այլ արութեամբ ընդդէմ կային հանդիսին, եւ ոչ զթիկունս դարձուցանէին. թէպէտեւ բազումք ի սիրոյ թագաւորին բաժանեցան, սակայն միամտութեամբ նոքա զմահ յանձն առին. զի եւ զկնի մահու՝ միամտութեամբ քաջութեան վայելուչ յիշատակ թողցի. ապա սէրս անդէպս ցուցանէր, եւ պարգեւս անձեռնարկելիս խոստանայր:

But the wily king of Persia out of fear sought to start the fight before the scattered troops could arrive to strengthen the emperor and make it impossible for him to fight. He considered it better to fight against two masses than against three. Therefore, he hurried and sped up the pace of preparations until the Greeks were forced to come out against the prepared and organized Persians. And when, both sides had let loose with their insults, and clashed with one another in military order, when neither side appeared the defeated side, then suddenly a great brigade devoid of piety, rebelled from the Byzantine emperor and crossed over to the side of the enemy. As a result, many soldiers were killed, and thereafter they fought without resolve and not bravely and in an organized fashion. At this the Persians became aroused and turned bold and unconquerable. But since the Byzantine emperor was uninformed of what had transpired and did not know the reason [for the turn of events] he had filled up with rage against the Armenian troops and people and looked upon them with hatred. Yet, when he saw them fighting with dedication, when he saw the boldness of those braves who did not fear the able Persian archers, but rather were stoutly resisting and not turning tail and did not abandon the king as many had (no, instead they risked death so that after death they would leave a good name of loyal bravery), then did he display great affection for them and promise them unheard of rewards.

CHAPTER XXV

Անդ ի վեր հայեցեալ թագաւորն՝ յորում բազմեալն էր, եւ նկատեալ հայէր առ ախոյանսն. եւ տեսեալ յիւրոց զաւրացն խուճապեալ եւ ի փախուստ դարձեալ, անդ եւ անդր վաղվաղակի զսպառազինի եւ զինուորի ձեւ զգեցեալ, եւ իբրեւ զփայլակն հասանէր ի ճակատ մարտին: Եւ ի քաջ արանցն Պարսից բազումս դիաթաւալ կացուցանէր, եւ շտապ տագնապի զաւրացն առնէր: Այլ զայն ո՛չ իմանայր թէ զաւրավար զաւրացն տեառն ո՛չ էր ընդ նմա, որ Յեսուայ երեւեցաւ եւ տայր զյաղթութիւնն. եւ ոչ ել տէր ընդ զաւրս մեր զինու եւ վահանաւ, եւ ոչ եհան սուր ընդդէմ թշնամեացն եւ արգել. եւ ոչ տէր զաւրութեանց ընդ մէջ իւր ածաւ, եւ ոչ եղջիւր փրկութեան եւ յուսոյ եղեւ մեզ տէր: Այլ յինքն ամփոփեալ զզաւրութիւն իւր ի մէնջ, եւ մատնեաց զմեզ ի ձեռս թշնամեաց մերոց եւ ի նախատինս դրացեաց մերոց. եւ իբրեւ զոչխար ի զենումն ետ: Աղեղունք մեր փշրեցան, եւ զէնք մեր խորտակեցան. զաւրականք մեր տկարացան եւ լքան. զի եբարձ տէր զզաւրութիւն իւր եւ զհիրտ քաջութեան ի զաւրականաց եւ յիշխանաց մերոց. առ զուսեր եւ զկարողութիւն ի նոցանէ՝ եւ ետ թըշնամեացն, յաղագս անպատշաճ վարուց նոցա:

Now the emperor looked up from where he was seated, and he observed the champions, and he saw his troops in confusion and flight. So he quickly arose and dressed and armed himself like a warrior and reached the field of battle like a streak of lightning. He made corpses of many of the Persian braves and quickly struck terror into the troops. But he did not know that the general of the Lord's troops who had appeared to Joshua and given him victory, was not with him. Nor did the Lord come to our troops with weapon and shield, nor did He unsheathe His sword against the enemy and stop them. And the Lord of power did not intervene nor was He for us a horn of salvation and hope. Rather, He kept His strength to Himself and betrayed us into the hands of our enemies and to the insults of our neighbors, and He gave us as lambs for slaughter. Our bows turned to dust, our weapons were destroyed, our forces weakened and deserted, for the Lord had taken away His power and the desire for valor from our troops and princes. He took from them sword and ability, and gave it to the enemy, because of our improper conduct.

Արդ զայն աշխարհակալ եւ զմեծ աթոռոյ տէր, իբրեւ զստրուկ մի անարի մեղացն՝ ձերբակալարարեալ՝ առաջի թագաւորին Պարսից կացուցանէին. այլ Աստուած՝ որ հարկանէ եւ բժշկէ, որոյ անբաւ է քաղցրութիւն մարդասիրութեանն, եւ ոչ ի սպառ ի վայր հարկանէ զոր խրատէն, այլ սակաւ փորձութեամբ ներէ՝ զի գիտասցուք մեք զմեր տկարութիւնս, խնայեաց եւ մեծարեաց զիւրոյ պատուանդանի աթոռոյ զտէրն, եւ արկ ի սիրտ գազանամիտ թագաւորին Պարսից զսէր եւ զխնամ իբրեւ ի վերայ եղբաւր սիրելւոյ. բազում դիւրութեամբ եւ խնամով արձակեաց զնա:

Եւ արդ զոր Աստուած ազատեալ ի ձեռանէ այլազգւոյն կորզեալ եհան, որ իւրքն էին՝ նենգութեամբ եւ խայտառականաւք խաւարեցուցին զլուսարանս նորա եւ սպանին, եւ անջնջելի արիւն ի վերայ այնմ թագաւորութեանն հեղին: Յայնմ հետէ բարձաւ զաւրութիւն յիշխանաց եւ ի զինուորաց, եւ ոչ տուաւ յաղթութիւն այնմ թագաւորութեան. եւ իշխանք նենգութեամբ եւ մախանաւք առ իրեարս կային, եւ զդատաստանաց իրաւունս բարձին. միայն զաշխարհն աւերէին եւ ոչ փրկութիւն գործէին: Մինչեւ բարկացեալ սրտմտութեամբ տէր՝ հրաւիրեաց զազգս բազումս ի վրէժխնդրութիւն ինքեանց, ի Լուսնալերանց եւ ի մեծէ գետոյն որ անցանէ ի հիւսիսակողմն Հնդկաց, այլալեզու եւ չար ազգաց գալ հեղուլ իբրեւ զջուրս բազումս ի վերայ աշխարհաց մերոց, արկանել զհիմունս իւրեանց առ եզերբ ծովուն Ովկիանոսի, եւ կանգնել զխորանս իւրեանց յանդիման քաղաքին մեծի. եւ լնուլ զամենայն աշխարհս արեամբ եւ դիակամբք, եւ բառնալ զկարգս եւ զկրաւնս քրիստոնէութեան:

Now they took [the Byzantine emperor]—that world-ruling lord of a great throne—and stood him before the king of Persia as though he were a frightened, guilty slave, hand-cuffed. But God, who strikes and then heals, whose humane benevolence is without limit, does not destroy the one He is advising. Rather, He pardons us after a little temptation so that we understand our weakness. He kept and pardoned that occupant of his foot-stool by kindling affection and concern in the heart of the beast-minded king of Persia, who looked upon [Diogenes] as upon a beloved brother. And he released him graciously and with much care.

But the one whom God had freed from the hands of foreigners was blinded by his own folk, treacherously, shamefully and then killed. And indelible blood rained upon that kingdom. Thereafter the power of princes and soldiers ended, and triumph was no more given to that kingdom. And the princes dealt treacherously and spitefully with one another, and justice of the court was ended. They achieved only the land's destruction, not its salvation. Meanwhile the Lord became filled with rage and sent many [foreign] peoples for vengeance. [He brought] from the Mountains of the Moon and from the great river crossing northern India, wicked peoples speaking foreign tongues to flood like gushing water over our lands; to establish their headquarters by the shores of Ocean Sea and to pitch their tents opposite the great city, filling up our entire land with blood and corpses and eliminating the orders and religion of Christianity.

CHAPTER XXV

Բայց իբրեւ ետես թագաւորն Պարսից Ալբասլան զայնքան յաղթութիւն՝ որ ի ձեռն իւր եղեւ, եւ զաջողակ երից պատերազմացն, զի զառաջինն թէպէտ եւ անառ մնաց Մանազկերտ՝ սակայն բազում աշխարհ սրով եւ գերութեամբ տապալեաց. եւ երկրորդն զԱնի խողխողմամբ սրոյ եւ հրակիզութեամբ ամայի եւ անապատ արար. վասն այնորիկ աներկիւղ եւ խրոխտ մտաւք զայ ընդ առաջ թագաւորին Յունաց: Եւ ուխտ եդեալ ի մտի, եթէ ի բուռն արկանի՝ սիրով եւ պատուով արձակեմ զնա յիւր թագաւորութիւնն: Եւ երդմամբ դաշինք հաստատեալ, զի խաղաղութիւն եղիցի ընդ Պարսից թագաւորութիւնս եւ ընդ Յունաց: Բայց իբրեւ եղեւ բարձր ի գլուխ եւ յայսմ պատերազմիս, եւ զոր ինչ կամէրն եղեւ եւ ի գլուխ եհաս. եւ յորմէ դողայրն եւ զարհուրէրն՝ կապանաւք առաջի իւր յոտին կացուցեալ կայր իբրեւ զմի ի ծառայից իւրոց. յայնժամ ապա յիշեաց զդաշինսն զոր եդ ընդ Աստուծոյ, եւ յարուցեալ նստոյց զնա ընդ աջմէ իւրմէ. եւ իբրեւ զբարեկամ հաւատարիմ մեծարեաց զնա, եւ ուխտ եդ ընդ նմա, թէ՝ Յայսմ հետէ մի՛ եղիցի ընդ իս եւ ընդ քեզ խռովութիւն. այլ խաղաղութեամբ զթագաւորութիւն քո ունիցիս, եւ մեք զպարսկական տէրութիւնս. բայց զոր առի պատերազմաւ՝ ինձ լիցի, եւ այլ մի՛ արշաւեսցուք յաշխարհս ձեր:

The king of Persia, [Sultan] Alp-Arslan [1063-1072], then observed his great triumphs and the victories of the three battles he had waged. While it is true that the first time Manazkert remained impregnable, nonetheless he was able to overturn many lands with the sword and captive-taking. Furthermore [during] the second [invasion] he overturned Ani with the stabbings of swords, and then he set it on fire, leaving it a desert. Because of such [victories, Alp-Arslan] fearlessly and proudly went before the Byzantine emperor. But he had made this vow to himself that should he capture him [Diogenes] he would free him to return to his kingdom with affection and honor. He had confirmed this with an oath so that there be peace between the Iranian and Byzantine kingdoms. So, when he emerged triumphant from this [last] battle as well, when what he had wanted to come to pass did in fact transpire, and when the one whom he had dreaded and quaked at stood there before him, bound, like one of his servants, then did [Alp-Arslan] recall that compact which he had made with God. [Alp-Arlsan] elevated [Diogenes] and seated him on his right. And he exalted him as a faithful friend and made an oath with him that "hereafter let there be no discord between you and me; rather, rule over your kingdom in peace, and we shall do the same with respect to the Persian lordship. But I shall keep what I took in battle, and no longer invade your land."

CHAPTER XXV

Եւ արձակեաց զնա մեծաւ պատուով։ Զկնի այսր իբրեւ ետես եթէ դաւաճանութեամբ յիւրոց նախարարացն ըմբռնեալ եղեւ, եւ յաչիցն զրկեցին, եւ ոչ եհաս ի թագաւորութիւնն, այլ չարչարանաւք մեռաւ, լի եղեւ խռովութեամբ եւ ցասմամբ, կամէր զսիրելւոյն հատուցանել, եւ անդէն ժամանեաց նմա մահ, եւ ել յաշխարհէս զկնի ամենայն երկրածնաց, ուր ի միասին են թագաւորք եւ տնանկք։

[Alp-Arslan] freed him with great honor. Subsequently when [Alp-Arslan] learned that [Diogenes] had been captured by his own lords and treacherously blinded, that he had not reigned as monarch but rather had been tortured to death, then did he fill up with wrath and rage. He wanted to avenge the one who had become dear to him. But then death overtook [Alp-Arslan, d. 1072] and he quit this world, following all those fashioned of earth, to [the place] where kings and paupers [dwell] together.

ՅԻՇԱՏԱԿԱՐԱՆ

Կարեւոր համարեցայ առ սիրելի եղբայրս մեր գրով յիշեցուցանել վասն գիտութեան ծանուցելոց իրաց, որպէս սկիզբն եղեւ բանիցս ճառել զԱստուծոյ նախագիտութիւնն, զանքաւութիւնն՝ սակաւ բանիւք: Թէ որպէս արագաքայլ եւ աշխարհահայեաց գեղեցիկ եւ լուսաւոր տարրն՝ զի մինչդեռ էր կատարելապէս լուսով, եւ զմիջակն ունէր ճանապարհի ընթացս, երագընթաց շարժմամբ ընդ ճանապարհն ճեպէր ի կիսագունդն անստուեր, զերկիր ընդ ինքեամբ ունելով, բազմաժամանակեայ մեղաց նիւթեալ լայնատարած պատմուճան, արկեալ զնա ինքեան: Եւ այնպէս թանձր պարուրեալ շուրջ զնովաւ, որ զանհնարին փայլումն ճառագայթիցն արգել. եւ որ ոչ է ական համարձակ տեսանելի՝ նուաստագոյն քան զաստեղս երեւեալ, միայն բոլորն երեւէր: Որ ցուցանէր ինքեամբ աւրինակաւ՝ զանստուեր եւ լուսաւոր կարգս եկեղեցւոյ խաւարաւ փակեալ. եւ զպայծառութիւն ոգւոց եւ զճառագայթս ճանապարհի առաքինութեան, անտեսանելի եւ աղջամղջին եղեալ: Զի յայնմ հետէ՝ զոր յառաջագոյն ասացի, յորում էր թուականն Հայոց չորեքհարիւր ութսուն եւ երկու, մինչեւ ցայժմ՝ ուխտ սրբութեան եւ կարգ եկեղեցւոյ քայքայեալ ապականեցան: Եւ ոչ համբաւ խաղաղութեան կամ աւետիս բարեաց լուաք. եւ ոչ մի արձան յաղթութեան կանգնեցաւ՝ ոչ թագաւորաց եւ ո՛չ իշխանաց:

COLOPHON

I considered it important to remind our beloved brothers, in written form and to explain the obvious and familiar events, just as in the beginning we had briefly occasion to discourse on the providence and limitlessness of God. [Events may be compared with] the quickly-moving, beautiful, luminous element which faced earthward. For while it was fully lit, it was in its mid-course, speedily headed toward earth a shadowless hemisphere, wearing an expansive robe woven of sins committed over a long period. But that robe which it had donned, so thickly enveloped it that it blocked those unbelievably brilliant rays. And [the comet's intensity], which had been so strong that the eye could not gaze at it, then became weaker than the [distant] stars and merely its outline was visible. By its example [the comet] symbolized the eclipse of the luminous, shadowless orders of the Church; as well as the turning to invisibility and darkness of the soul's brightness and the bright rays on the path of virtue. For afterwards, as I mentioned above, from the time of this [celestial event which took place] in the year 482 of the Armenian Era [1033/34], until the present the covenant of holiness and the Church's order(s) have decayed and become corrupt. Nor did we hear of any talk of peace or news of good things; nor were any monuments to victory erected, neither by kings nor princes.

Եւ ոչ այդ միայն, նաեւ ոչ մարթացին կրաւնաւորք զդիմի հարկանել պատերազմասէր դիւին. այլ տկարացեալ եւ անզաւր եղեալ, անժուժկալ եւ կամակոր՝ ընդ ձեռամբ թշնամեացն անկեալ, խռովութեամբ եւ բարկութեամբ լի եւ պատարուն եղեւ երկիր։ Զի ոտն առ ոտին եղեւ ճըշմարիտ մարգարէութիւն խաւարումն նորա. զի յայնմ հետէ յարձակեցան թշնամիք ի վերայ մեր, եւ զգեցուցին մեզ հանդերձ սգոյ եւ տրտմութեան, եւ բարձաւ ուրախութիւն յաշխարհէ։

Արդ իբրեւ այնպիսի աղէտք տարակուսանաց եւ աշխարհահեծ երկունք տարածեցաւ ի վերայ ամենայն երկրի, եւ ել հուր հարաւային եւ եկէզ զամուրս բարձունս, եւ զաշտարակս անմատոյցս իբրեւ զմոմ հալեալ սպառեաց, պակասեալ նուազեցան թագաւորք եւ իշխանք, եւ յոյս ակնկալութեան ապաստանի բարձաւ ի մէնջ։ Այլ տարածեցաւ առհասարակ ի վերայ մեր բարկութիւն սրտմտութեան տեառն. զի քակեցան տունք աղաւթից, եւ աւծեալ իւղով սրբութեան քարինք՝ հիմն ապարանից այլազգեաց արկան. եւ պաշտաւն սրբութեան բարձաւ ի միջոյ, եւ եղաք յայպն եւ ի նախատ հեթանոսաց. եւ մաշեցաք եւ կորացաք, եւ յերկիր կցեցան մէջք մեր. եւ եղաք իբրեւ զոսկերս ցամաքեալս, յորում ոչ գոյր յոյս շնչոյ կամ կենդանութեան. եւ յանցանք հարցն մերոց ի մեզ լցեալ կատարեցաւ, խնդրել ի մէնջ զպարտիս վրիժուց նախնեացն մերոց։

This was not all: for the clerics were unable to resist the war-loving *dew*; rather, weakened and turned powerless, intemperate and crooked, they fell under the enemy's hand. The land became full of discord and anger. Step by step the prophecy of its eclipse became actualized, because afterwards our enemies attacked us and made us wear the dress of mourning and sorrow; and joy quit the land.

Now when such disastrous tribulations and world-shattering misfortunes spread throughout the entire country, the southern fire rose up and burned those lofty strongholds and impregnable towers as though they were made of wax, the kings and princes grew weak and declined, and hope of an expected refuge left us. Rather, the Lord's wrath was visited upon us one and all. For the houses of prayer were pulled down, and the foundations of palaces for the foreigners were laid with stones which had [previously been] anointed with holy oil; the blessed sacrament ceased and we became the object of the pagans' ridicule and insult. We were abused, became lost, and were leveled to the ground; and we became like dried bones lacking any hope of breath or life. And the sins of our fathers were visited upon us, as vengeance for the sins of our ancestors was demanded of us.

Եաւթնապատիկ հատուցումն ի ծոց մեր ընկալաք. վասն զի անուն քրիստոնէութեան ի նախատինք եւ յայպն կատականաց համարեալ լինէր: Զի իրաւունք եւ դատաստան բարձաւ ի մէնջ, եւ արտաասուաց եւ հառաչանաց մերոց տեղի ո՛չ գոյր. զի բարեպաշտութիւն նոցա յայն էր՝ զրկելն եւ կողոպտելն եւ սպանանելն զմեզ: Չար թուէր նոցա հարկաւոր զգեստն որ զխայտառակութիւնս մեր ծածկէր, այլ յորժամ տեսանէին զմեզ մերկս եւ ծանակս՝ այնու առաւել ուրախանային. զի ի բազում վշտացն՝ որ պատահէր մեզ, երիթացեալս եւ խռուացեալս իբրեւ ստուեր շրջէաք ի վերայ երկրի դողալով եւ զարհուրելով. կերակուր մեր անզաւր, եւ ըմպելի դառն յերկիւղէ եւ ի սպառնալեաց տերանց մերոց. վասն զի ոչ համարէին թէ գոյ մեր Աստուած յերկինս, եւ կամ աղաւթք մեր եւ պաղատանք առ նա հասցեն: Զի կամեցաւ տէր այնպիսի խոշտանկանաւք լլկել զմեզ, եւ հալածել եւ չարչարել, եւ զամենայն հասակ արկանել ընդ տանջանաւք. արտաքսել եւ մերժել զմեզ յերեսաց իւրոց, որպէս պատժապարտս եւ յանցաւորս. ցրուել եւ հեռացուցանել զմեզ ընդ ազգս աւտարս, զի թերեւս կասեցէ զստամբակ եւ զանհնազանդ միտս մեր եւ զխստերախս, արկանել զմեզ ի ներքոյ խրատու գաւազանին իւրոյ իբրեւ զԻսրայէլ յաւուրսն Եղիայի, եւ զՍամարիա յաւուրսն Եղիսէի: Վասն զի գոյր առ նոսա մասն յուսոյ, զթագաւորացն եւ զիշխանացն վերակացութիւն, եւ որ քան զամենայն վերագոյն՝ զշնորհալից եւ զուրախարար բան մարգարէիցն, որ այսու զաւրանային՝ եւ ընդդէմ կարէին կալ նեղութեան փորձութեանցն, զոր ընդունէին ի տեառնէ:

The punishment was visited upon us sevenfold, for the name Christian was considered an object of deriding jokes and insults. Right and the law quit us, nor was there room for our tears and sighs, since their [Saljuq] piety consisted of depriving, robbing and killing us. The clothing necessary to cover our nakedness seemed evil to them. Thus, when they saw us naked and disgraced, yet more did they rejoice. From the many disasters visited upon us we became lean and wasted and circulated about the country trembling and in horror. Our food gave us no strength and our drink was bitter from fear and from the threats of our lords. Because they did not believe that we possessed a God in heaven or that our prayers and supplications would reach Him. For the Lord willed that we be afflicted by such punishments, that we be persecuted and tormented, that every age be tortured, that we be exiled and denied His presence, as folk worthy of punishment and guilty; that we be dispersed and sent far away to live among foreign peoples, so that perhaps our rebellious, disobedient and unbridled natures be restrained, and that we be subjected to His scepter of counsel as was Israel in the days of Elijah, and Samaria in the days of Elishah. Yet they in any case, still had a ray of hope, the supervision of kings and princes and—what is more important—they had the gracious enlivening words of prophets by which they were fortified and were able to withstand the straitening trials visited upon them by the Lord.

Իսկ մերս ծանրագոյն եւ առաւելագոյն է քան զամենեսեան, անթագաւոր եւ անիշխան. անտերունչ եւ անվերակացու՝ ըստ հոգւոյ եւ ըստ մարմնոյ, եւ ոչ գոյ մի տեղի ապաստանի գտանել մեզ. այլ նուաղեալ եւ հնազանդեալ եմք ի ներքոյ թագաւորութեան հեթանոսաց կալ, եւ զպաստիկ հարուած գաւազանի նոցա աւր ըստ աւրէ ընդունել. զի որով ոչ ծառայեցաք տեառն՝ ծառայեսցուք այլազգեաց, եւ որով քամահեցաք զերկիւղ տեառն, երկիւղիւ սոցա տագնապեսցուք աւր ըստ աւրէ. եւ վասն զի զպաշտաւն տեառն պղերգութեամբ մատուցաք, պաշտեսցուք եւ սպասաւորեսցուք սոցա ի տուէ եւ ի գիշերի: Զի ո՛չ եթէ ըստ յանցանաց մերոց խրատեաց զմեզ, այլ գըթութեամբ եւ ողորմութեամբ արկ զմեզ ի բովս խրատու յաղագս զգաստացուցանելոյ զմեզ եւ պիտանիս առնելոյ:

Զի եթէ դիցես զմեղս մեր ի կշիռս, ծանրագոյն է քան զխրատ մեր՝ զոր ընկալաք ի քէն, եւ թեթեւագոյն պատուհաս քո քան զպարտիս մեր. զամենայն զբաւսանս տանջանաց ա՛րկ ի վերայ մեր, այլ յերեսաց քոց մի՛ զմեզ մերժեր, տէր. եւ զամենայն ալիս փորձութեան յարո՛ ի վերայ մեր, այլ ի սիրոյ քո մի՛ մերժեսցես զմեզ, տէր: Լա՛ւ է անկանել ի ձեռս քո եւ ընդունել ի քէն խրատ եւ պատուհաս, քան թէ ի բաց կալ ի քէն անխրատաբար. լաւ է մերձենալ առ ի քեզ չարչարանաւք եւ նեղութեամբ, քան թէ հեռանալ ի քէն եւ կեալ անդորրութեամբ եւ դիւրութեամբ: Շատ է մեզ այս՝ զի անուն սուրբ քո կոչեցեալ է ի վերայ մեր, համարելով զմեզ քեզ ի ժառանգութիւն, ստանալ զմեզ քեզ ժողովուրդ նորոյ ուխտիս պատուական արեամբ: Արդ մի՛ թողուր զմեզ ի ձեռանէ քումմէ վասն արարչական կամաց քոց, զի մի՛ ի սպառ չարչարիցիմք ի հեթանոսաց յատելեաց քոց. զի այս ամենայն եւ առաւելագոյն քան զգիր մատենիս եկն ի վերայ մեր վասն մեղաց մերոց:

Our situation is more difficult and serious than anyone else's, for we are without king, prince, lord or overseer, spiritually and physically, and we were unable to find a single place of refuge. Rather we are weakened and obedient under pagan kings and bear severe blows from their scepters every day. For since we did not serve the Lord, we must serve foreigners; and since we disdained fear of the Lord we are now daily consumed with fear [of the Saljuqs]. Because we worshiped the Lord lazily we must now revere and serve them day and night. Still, God did not punish us according to our crimes, but rather with kindness and mercy did He hurl us into the furnace of counsel, to bring us to our senses and make us useful.

For if You put our sins in a balance-scale, they will weigh more than the punishments which we have received from You, and Your torments are lighter than our guilt. Lord, subject us to all torments and misfortunes, but abandon us not; bring down upon us all trials and disasters, but, Lord, only deprive us not of Your love. It is better to place ourselves in Your hands and accept counsel and agony from You than to stand away from You, unschooled. It is better to approach You with torments and difficulties than to depart from You and dwell in tranquility and ease. To us it is important that Your blessed name be upon us, that we be considered [worthy of Your] inheritance, that You accept us as Your people of the New Covenant [sealed] with the venerable blood [of Christ]. By Your creative will, withdraw not Your hand from us so that we not be totally worn out by the torments of those pagans who hate You. For all of this and more than was written in this book was visited upon us because of our sins.

Եւ արդ շատ համարեցաք զամենայն ծփանս ալեկոծութեան գրել, որ եղեւ յաւուրս մեր. եւ մասնաւորս բաժանել, որ ինչ հանդիպիւր յանցնիւր տեղեաց, աշխարհաց եւ քաղաքաց, զոր ինչ կրեցաք ի հեթանոսաց: Զի ոչ մի աւր, կամ միոյ ժամանակի հանդիպեցաք անդորրութեան կամ դիւրութեան. այլ ամենայն ժամանակ աւուրց մերոց լի եղեւ խռովութեամբ եւ նեղութեամբ. եւ աւր ըստ աւրէ յաւելոյր եւս ի չարչարանսն եւ ի տառապանսն: Եւ ոչ ոք ի նոցանէ բարեմիտ եղեւ առ մեզ, թէպէտ եւ բազում ամաւք բնակեցան առ մեզ. ոչ արգելաւ սրտմտութիւն նոցա որպէս իժի, եւ ոչ եղեւ յագումն ագահութեան նոցա իբրեւ հրոյ. զի ամենայն խորհուրդք նոցա որ վասն մեր. ի չարութեան են, եւ բանք նոցա լի նենգութեամբ: Վասն զի ամենայն առաւաւտու նորագոյն սկիզբն չարեաց առնէին. զի այն էր խորհուրդ նոցա ամենեցուն՝ մաշել եւ սպառել զմեզ իբրեւ զհնացեալ ձորձս, եւ բառնալ զյիշատակս մեր ի միջոյ իւրեանց, զի բնաւ մի՛ հայեսցին եւ տեսցեն զմեզ կենդանիս. այլ եղիցին գերեզմանք մեր անհետ ի ներքոյ ոտից նոցա:

Վասն այնորիկ կարաւտացաք հին ժամանակագրացն պատմութեան, զի ըստ պատշաճի եւ յարմարական բանիւք իւրեանց դրոշմեցեն զայս գիր մատենի, զներկայից եւ զանցելոց զհանդիպումն անսխալապէս ի մի հաւաքելով որ ինչ եղեւն, թողլով զկնի իւրեանց յիշատակս իրացն՝ որ եղեն, որպէս ցուցանէ առաջնոցն պատմագրութիւնն:

Now we consider sufficient what we have written about the turbulent disasters occurring in our day, what we bore from the pagans, and we have presented this divided up according to place, land, and city, in sections. For we encountered not one day or time of tranquility or ease. Rather the entire time of our days was full of agitation and difficulty and yet more torments and disasters occurred as time progressed. Nor was there one of them [of the Saljuqs] well-disposed toward us despite the fact that they have lived among us for many years. Resembling the viper, their rage did not let up; resembling the fire, their greed had no bounds. For whatever they proposed regarding us was evil. Their words were full of treachery. Therefore, each morning dawned with them effecting yet another evil. Such were all of their plans: to wear out and exhaust us as an old coat, and to efface any memory of us in their minds, so that they would not look and find us alive. No, our cemeteries were to vanish under their feet.

For narrating this account, we should have had the ancient chroniclers of history who would have stamped this book with their proper and appropriate words, bringing together without error what transpired in the present and the past, leaving behind themselves an account of what had happened. Accounts of our predecessors have done this.

Իսկ որ աստ յայսմ մատենիս գրեցան՝ ո՛չ լիով, այլ միայն զսկիզբն իրացն որ եղեւ եւ անց ընդ մեզ, զի ոչ զկատարումն իրացն կարացաք բովանդակ զմտաւ ածել կամ գրել. բայց զայս ամենայն յաղագս այնորիկ եղաք, զի ընթերցջիք եւ գիտասջիք, եթէ մեղքն եղեւ այս ամենայնի պատճառ որ էանց ընդ մեզ: Զի հայեցեալ ընդ մեզ՝ զարհուրեսջիք երկնչել յերեսաց տեառն, եւ դողալ յահէ զաւրութեան նորա. կանխել յառաջագոյն խոստովանութեամբ եւ ապաշխարութեամբ՝ վաղ ժամանել քան զշարժել պատուհասին, եւ ընդդէմ կալ:

But as to what we have written in this book, it is not complete, but merely the beginning of things that happened, and what we experienced, for we were unable to put in writing or remember everything. However, we have set all of this down so that you would read and know that the causes of it all were our sins; and so that looking upon our writing you would be terrified by the face of the Lord and tremble with dread at His strength; and so that through confession and atonement done in advance you might stay His punishments, and not [have to] withstand them after they have descended.

Index

Alp Arslan, 321-323.

Abkhazia(n), 9; 11; 15; 23; 37; 43; 47-49; 113; 171.

Aghuania, 279.

Aleppo, 57.

Ani, 15; 17; 99; 101; 109-115; 165; 199; 225; 303; 305; 321.

Antioch, 57; 71; 311.

Arcn (see Erzurum).

Armenia(n), 13; 27-29; 45; 65; 77; 93; 97-99; 107; 115-117; 125-127; 159; 165-167; 171; 179; 199; 205; 213; 219; 227; 247; 259; 275-277; 295; 303; 315; 325.

Ashot IV, 13-17; 93; 99; 199.

Babylon, 33; 47; 171; 199; 213.

Bagrat III, 9-11.

Basen, 37; 125; 183; 215.

Basil II, 5; 11; 19; 25; 33-37; 41; 45-57; 71; 195-197.

Biblical references,
  Genesis,
    1:1, 219.
  Genesis (cont.),
    2:5, 219.
    19:23-24, 153.
  Exodus,
    5:2, 121.
    8:19, 121.
  Deuteronomy,
    7:10, 23.
    27:17, 145.
    32:15, 251.
    32:33, 281.
  1 Samuel,
    2:9, 47; 159.
    2:10, 87; 159.
    24:6, 89.
  Psalm,
    3:7, 185.
    10:1, 151.
    14:2, 93.
    17:36, 245.
    17:41, 209.
    23:4, 185.
    31:10, 245.
    31:12, 219.
    44:21, 93.
    67:31, 147.
    77:61, 155.
    80:13, 109.
    90:5-6, 5.

INDEX

Psalm (cont.),
    96:12, 221.
    97:1, 295.
    112:9, 87.
    117:8, 273.
    118:9, 61.
    129:7, 83.
Proverbs,
    1:28, 211.
    5:3, 283.
    29:4, 197.
Isaiah,
    1:15, 211.
    1:16-17, 123.
    1:18-19, 237.
    2:11, 93.
    3:16, 147.
    3:24, 149.
    5:8-9, 147.
    8:6-7, 7.
    11:9, 13.
    19:11, 159.
    34:11, 93.
    47:6, 47.
    56:9, 127.
    65:24, 211.

Jeremiah,
    9:23-24, 87.
Lamentations,
    1:4, 107.
Joel,
    1:4, 127.
    2:3, 11.
    38:11, 119.
Jonah,
    3:9, 129.
Matthew,
    5:20, 149.
    7:15, 265.
    12:25, 223.
    13:19, 77.
    16:18, 269.
    21:41, 75.
    21:44, 59.
    23:2, 91.
    25:34, 211.
Mark,
    3:24, 9.
Luke,
    13:4-5, 123.
John,
    6:56-58, 269.

INDEX

John (cont.),
   15:21, 153.
   16:2, 153.
Acts,
   13:22, 89.
Romans,
   12:15, 125.
   13:1, 91.
   13:2-3, 91.
2 Corinthians,
   11:13-14, 263.
Galatians,
   6:14, 285.
Philippians,
   3:2, 265.
1 Thessalonians,
   4:5, 287.
Hebrews,
   4:13, 93.
   12:7, 245.
   13:5, 209.
1 Peter,
   1:18-19, 109.
1 John,
   2:19, 265.
Black Mountain, 57.

Bulgars, 9; 71.
Byzantine, 5; 11; 17; 21; 27; 31-35; 43; 47; 55-59; 63-69; 73-75; 99-101; 111-113; 159; 165-167; 179; 191; 219; 223-225; 253; 259; 277; 291; 311; 315; 319-321.
Byzantium, 11; 19; 113; 205-243.

Cappadocia, 53.
Constantine VIII, 51-57.
Constantine IX, reign of, 85; 93; 97; 199.
Constantinople, 9; 33; 41; 49-51; 55; 59; 71; 167; 197; 275.

David III Kuropalates, 5; 7; 35-39; 113.
Daylamites, 189.
Dvin, 113-115; 199.
Erzurum, 19; 37; 115; 119; 125; 143-145; 171; 183; 225; 231-233; 303.

Gagik I, 13-15.
Gagik II, 101; 109-113.
George I, 11; 15-23; 41-45; 53.
Georgia(n), 15; 19; 33; 47; 55; 105; 163.

INDEX

Hovhannes-Smbat III, 15-17; 29; 93; 99.

Isaac I Komnenos, 243.

Karin (see Erzurum).
Kars, struck terribly, 169.
Khachik II, 165-167.

Melitene, 111; 249-265.
Michael IV, 69-83.
Michael V, 79-81.
Michael VI, 217; 243.

Persia(n), 15; 41; 47; 53; 73-75; 105; 125-127; 151; 199-201; 213; 219; 223-225; 245; 253; 257-259; 303-307; 311-321.
Phokas (family), 31-33.
Romanus III, 57-63; 67; 71.
Romanus IV, arrest of, 311-323.

Tachiks (Tachkastan), 61; 71; 115; 299.
Theodosiopolis (see Erzurum).

Seljuks, 135-137; 153; 161-163; 171; 175; 179; 187-189; 201; 215; 227-229; 233-241; 249; 253-259; 303-305; 329-331.

Taron, 13; 125; 201; 259.
Tayk', 5-7; 11; 21; 31; 125; 179.
Theodora III, 81; 201; reign of, 217-241.
Tondrakian movement, 263-277; in Mananaghi, 279-298.
Tughril-Beg, 171-195; 199.

Vagharshakert, 19; 41.
Vagharshavan, 119.
Van (Lake, Fortress), 195; 311.
Vanand, 21; 179.
Vaspurakan, 35; 53; 119; 159.

www.sophenearmenianlibrary.com

SOPHENE

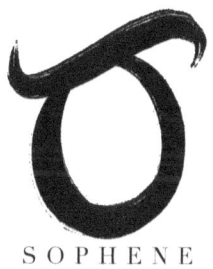

www.ingramcontent.com/pod-product-compliance
Lightning Source LLC
Chambersburg PA
CBHW021428080526
44588CB00009B/460
* 9 7 8 1 9 2 5 9 3 7 5 5 8 *